16	3	2	13
5	10	11	8
9	6	7	12
4	15	14	1

Rio - 1988

Hans Ulrich Gumbrecht

MODERNIZAÇÃO DOS SENTIDOS

Tradução
Lawrence Flores Pereira

editora 34

EDITORA 34

Editora 34 Ltda.
Rua Hungria, 592 Jardim Europa CEP 01455-000
São Paulo - SP Brasil Tel/Fax (011) 816-6777

Capa, projeto gráfico e editoração eletrônica:
Bracher & Malta Produção Gráfica

Revisão técnica:
Kathrin Rosenfield

Preparação dos originais:
Adma Fadul Muhana e Geraldo Gérson de Sousa

1ª Edição - 1998

Catalogação na Fonte do Departamento Nacional do Livro
(Fundação Biblioteca Nacional, RJ, Brasil)

Gumbrecht, Hans Ulrich
G86m Modernização dos sentidos / Hans Ulrich Gumbrecht. — São Paulo: Ed. 34, 1998
320 p. (Coleção Teoria)

ISBN 85-7326-098-X

1. Gumbrecht, Hans Ulrich. I. Título. II. Série.

CDD - 801

MODERNIZAÇÃO DOS SENTIDOS

I.
ABERTURA

1. CASCATAS DE MODERNIDADE

Quem opera com problemas e conceitos como os de modernidade e modernização, períodos e transições de período, progresso e estagnação — pelo menos quem o faz dentro do campo da cultura ocidental e está interessado em discutir a identidade do próprio presente histórico — não pode deixar de confrontar-se com o fato de uma sobreposição "desordenada" entre uma série de conceitos diferentes de modernidade e modernização. Como cascatas, esses conceitos diferentes de modernidade parecem seguir um ao outro numa seqüência extremamente veloz, mas, retrospectivamente, observa-se também como se cruzam, como os seus efeitos se acumulam e como eles interferem mutuamente numa dimensão (difícil de descrever) de simultaneidade.

Devido à etimologia daquelas palavras que, em línguas européias diferentes, derivam do latim *hodiernus* (i.e. "de hoje"), tem sido possível, desde o final da Antigüidade, usar o adjetivo "moderno" para estabelecer distinções entre o estágio presente e o anterior da história das instituições.[1] É improvável, portanto, que uma expressão como *papa modernus* se refira a um papa especificamente "cabeça aberta" (ou mesmo "progressista"), mas simplesmente ao "papa atual", num momento cronológico determinado. Embora esse uso se mantenha bastante vivo, os problemas interessantes referentes à "modernidade" provêm exclusivamente de um nível distinto de suas significações, ou seja, da interferência entre conceitos diferentes de período que estão acoplados a esse único significante. Há uma noção de *Início da Idade Moderna* que, enfatizando acontecimentos famosos como a descoberta do Novo Mundo ou a invenção da imprensa,[2] subsume os movimentos e as mudanças que criaram a impressão de "deixar para trás" o que fora até então chamado de "Idade das Trevas". Se essa modernidade-Renascença foi o principal objeto de fascínio do século XIX, os historiadores atuais têm se mostrado mais preocupados, em contrapartida, em descrever um *processo enormemente complexo de modernização epistemológica cujo centro eles situam entre 1780 e 1830.*[3] É a essa própria transição que se referia Hegel — como situação contemporânea — quando deu à sua filosofia a condição de encaminhar a história a um fim e defendeu, numa tese complementar, que a arte perdera suas funções para a humanidade. Em aparente contradição com o conceito hegeliano de "fim do período da arte", uma terceira noção de modernidade, freqüentemente especificada como *Alta Modernidade*, tem um campo de aplicação muito mais estreito. Evoca uma época especificamente produtiva nas histórias ocidentais da literatura e das artes, durante as primeiras décadas do século XX, época marcada, particularmente, por programas radicais e experimentos audaciosos.[4] Embora possa ser verdade que o conceito de *Pós-modernidade* surgiu, pela primeira vez, com a descrição de determinadas características estilísticas que permitiram estabelecer uma diferença entre a literatura e a arte alto-modernas, de um lado, e as do final do século XX, de outro,[5] não há dúvida de que, nesse meio tempo, esse conceito mais recente de modernidade transformou-se no ponto focal de uma nova discussão epistemológica que busca determinar a identidade do nosso próprio final do segundo milênio, atentando especificamente para a sua condição de construtora de temporalidade.

Iniciar um ensaio apontando quatro configurações e conceitos diferentes que se confundem facilmente porque todos eles podem ser representados com o mesmo termo "Modernidade", pode parecer um gesto que torna por demais previsível o argumento subseqüente. Não deveria propor a seguir definições mais transparentes que nos permitam distinguir claramente os quatro períodos diferentes da Modernidade? Com certeza, não estou negando que um maior grau de consenso no uso de tais conceitos seria proveitoso. Mas, por outro lado e acima de tudo, convém insistir em que, diferentemente dos conceitos sistemáticos, os problemas inerentes às noções históricas não podem ser resolvidos via definições transparentes ou mesmo consensuais. Em vez de obter clareza por meio de definições, o historiador está obrigado à tarefa de desenvolver descrições cada vez mais complexas e sofisticadas dos momentos e das situações do passado — descrições que podem refletir-se em conceitos de período sempre mais complexos. Afinal, não deveria ser nosso interesse dispensar o passado, controlando-o em conceitos eficientes, mas somente pôr a nós mesmos e ao nosso presente em confronto com as imagens mais ricas possíveis da alteridade histórica. Portanto, quando tento enfatizar as diferenças entre as quatro modernidades mencionadas, minha meta principal é analisar e usar a dinâmica de sua seqüência em cascata como uma pré-história que nos ajudará a focalizar o *status* histórico peculiar ao nosso próprio momento. Nesse procedimento hermenêutico bastante convencional de confrontar passado e presente há algo, no entanto, muito menos convencional em jogo. Poderia muito bem acontecer que a viabilidade de tal contraste dependesse do cronótopo "tempo histórico" — o qual, freqüentemente, compreendemos equivocadamente como um fenômeno meta-histórico, não obstante a sua ocorrência esteja limitada (no máximo) ao período de tempo das diferentes modernidades. Se acontecesse que, nessas cascatas de modernização ou através delas, o cronótopo do tempo histórico tivesse chegado ao seu fim, a descrição do passado não funcionaria mais — pelo menos, não mais necessariamente — como um segundo plano para a identificação do presente. Nesse caso, a análise histórica das cascatas de modernização teria o *status* de uma *mise-en-abîme* para esse tipo de análise e para o cronótopo "tempo histórico" como seu pré-requisito principal.

Início da Modernidade

A seqüência de inovações que, como já propus, pode ser representada metonimicamente pela invenção da imprensa e pela descoberta do continente americano aponta para a emergência do tipo ocidental de subjetividade — para uma subjetividade que está condensada no papel de um observador de primeira ordem[6] e na função de produção de conhecimento. Durante a Idade Média, ao contrário, a auto-imagem predominante do homem o teria apresentado como parte de uma Criação divina, cuja verdade ou estava além da compreensão humana, ou, no melhor dos casos, era dada a conhecer pela revelação de Deus. Mais do que produzir conhecimento novo, a tarefa da sabedoria humana era proteger do esquecimento todo saber que tivesse sido revelado — e tornar presente esta verdade revelada pela pregação e, sobretudo, pela celebração dos sacramentos.[7] O deslocamento central rumo à modernidade, por conseguinte, está no fato de o homem ver a si mesmo ocupando o papel do sujeito da produção de saber (o qual, no contexto da teologia protestante, muda o *status* dos sacramentos para o de meros atos de comemoração). Em vez de ser uma parte do mundo, o sujeito moderno vê a si mesmo como excêntrico a ele, e, em vez de se definir como uma unidade de espírito e corpo,[8] o sujeito — ao menos o sujeito como observador excêntrico e como produtor de saber[9] — pretende ser puramente espiritual e do gênero neutro. Esse eixo sujeito/objeto (horizontal), o confronto entre o sujeito espiritual e um mundo de objetos (que inclui o corpo do sujeito), é a primeira precondição estrutural do Início da Modernidade. Sua segunda precondição está na idéia de um movimento — vertical — mediante o qual o sujeito lê ou interpreta o mundo dos objetos. Penetrando o mundo dos objetos como uma superfície, decifrando seus elementos como significantes e dispensando-os como pura materialidade assim que lhes é atribuído um sentido, o sujeito crê atingir a profundidade espiritual do significado, i.e., a verdade última do mundo. A intersecção dessas duas polaridades — entre sujeito e objeto, entre superfície e profundidade — constitui, séculos antes da institucionalização da Hermenêutica como subdisciplina filosófica, aquilo que podemos chamar de "campo hermenêutico".[10] O campo hermenêutico produz o pressuposto de que os significantes da superfície material do mundo nunca são suficientes para expressar toda a verdade presente na sua profundidade espiritual, e, portanto, estabelece uma constante demanda de interpretação como um ato que compensa as deficiências da expressão. Embora existam boas razões para pensar que o campo hermenêutico atingiu, ao longo do século XVIII, um momento culminante de complexidade e de aceitação geral, é certo que ele ainda embasa nossas noções convencionais de literatura, arte e mesmo de conhecimento. Isso é tanto mais impressionante quando se pensa que, desde o final do Iluminismo, o campo hermenêutico passou por uma série ininterrupta de desafios e crises.

Modernidade Epistemológica

O que talvez nos separe mais claramente do Início da Modernidade é a sua confiança — confiança cega, como muitas vezes constatamos — no conhecimento produzido pelo observador de primeira ordem. Entre o Início da Modernidade e nosso presente epistemológico há um processo de modernização, abrangendo as décadas em volta de 1800, que gerou um papel de observador que é incapaz de deixar de se observar ao mesmo tempo em que observa o mundo. Esse papel corresponde, exatamente, à descrição das recém-emergentes *Sciences humaines*, com cujo aparecimento Michel Foucault, em seu livro *Les mots et les choses*, assinala o limiar discursivo de 1800.[11] Mas é sinônimo também da definição que Niklas Luhmann faz do observador de segunda ordem (embora Luhmann não nutra nenhum interesse específico em historicizar seu conceito). Além de um aumento de complexidade em relação ao papel institucionalizado — e, somente daqui em diante, auto-reflexivo — de sujeito, a emergência do observador de segunda ordem acarreta três outras transformações epistemológicas importantes.

Ao se observar no ato de observação, em primeiro lugar, um observador de segunda ordem torna-se inevitavelmente consciente de sua constituição corpórea — do corpo humano em geral, do sexo e de seu corpo individual — como uma condição complexa de sua própria percepção do mundo. Ao mesmo tempo, aquelas superfícies materiais do mundo a que apenas a percepção pode referir-se (mas que estavam reduzidas a um *status* subordinado dentro do campo hermenêutico) estão em processo de reavaliação. O interesse do materialismo do século XVIII pela anatomia, pelas funções e pelos objetos dos sentidos humanos, e seu crescente fascínio pela especificidade da experiência estética, parecem ser sintomas históricos que prefiguram um tal retorno de corpos e materialidades. Uma vez, contudo, que a percepção como ato físico e o mundo material como seu objeto se tornaram novamente tópicos, surgem as questões de saber como eles se relacionam com um tipo de experiência que é baseada exclusivamente em conceitos — e se a percepção física e a experiência conceitual podem em todo caso ser mediadas ou reconciliadas. Encontramo-nos ainda — e talvez mais intensamente do que nunca — confrontados com esses problemas. Se, em segundo lugar, o novo observador, autoreflexivo, sabe que o conteúdo de toda observação depende de sua posição particular (e é claro que a palavra "posição" cobre aqui uma multiplicidade de condições interagentes), fica claro que — pelo menos enquanto for mantido o pressuposto de um "mundo real" existente — cada fenômeno particular pode produzir uma infinidade de percepções, formas de experiência e representações possíveis. Nenhuma dessas múltiplas representações pode jamais pretender ser mais adequada ou epistemologicamente superior a todas as outras. Este é o problema que Foucault denomina "a crise de representabilidade".[12] Em terceiro lugar, é possível conectar aquilo que Reinhart Koselleck e outros historiadores têm repetidamente descrito como a "temporalização" ou mesmo como a "aceleração do tempo" no século XIX com essa situação de uma crise de representabilidade.[13] Em vez de avaliar essa crise como um novo nível de complexidade epistemológica ou de adequação referencial, podemos ver no gesto do século XIX — e no nosso — de descrever os fenômenos por suas evoluções ou por suas histórias uma estratégia de chegar a um acordo com a infinidade agora potencial de suas representações. Toda representação nova pode assim ser integrada em modelos cada vez mais complexos de evolução ou em relatos historiográficos. Sob essa perspectiva, a historicização e a narrativização aparecerão antes como meios de manipular um problema primordialmente perturbador da percepção do mundo e da experiência do que como "realizações evolutivas".

A tese segundo a qual a temporalização é motivada por uma crise de representabilidade que, por sua vez, recua até a emergência do observador de segunda ordem implica, como conseqüência, que aquilo que chamamos "tempo histórico" é ele mesmo um cronótopo historicamente específico — e, neste sentido, um cronótopo bastante recente. Ora, o que exatamente é específico acerca do "tempo histórico"? Estamos tão acostumados com esse padrão complexo de experiência que é possível que uma resposta não apareça imediatamente. Parece seguro dizer, contudo, que somente desde o início do século XIX atribuiu-se ao tempo a função de ser um agente absoluto de mudança. No interior do tempo histórico, não se pode imaginar que quaisquer fenômenos estão livres de mudança — e isso leva à aceitação geral da premissa de que períodos históricos diferentes não podem ser comparados por quaisquer padrões de qualidade meta-histórica.[14] Simultaneamente, o tempo como um agente absoluto de mudança dá à inovação o rigor de uma lei compulsória. Doravante, nenhum indivíduo, nenhum grupo, e nenhum momento "histórico" tem condições de ser visto como uma repetição de seus predecessores. Dizer que alguém ou algo "permanecem os mesmos" depois de alguns anos torna-se um cumprimento cada vez mais ambíguo. Se, então, cada presente precisa ser experienciado tanto como uma modificação do seu passado quanto como sendo potencialmente modificado pelo seu futuro, compreendemos que o tempo histórico gere a possibilidade estrutural de modalização temporal.[15] Cada uma das três dimensões do tempo pode agora ser imaginada do ponto de vista das duas outras dimensões: o presente como futuro do passado e como passado do futuro; o futuro como passado de um futuro remoto e como presente do futuro; o passado como futuro de um passado remoto e como presente do passado. À medida que o tempo histórico parece ser posto em movimento por tantos impulsos convergentes, não é mais possível pensar o presente como um intervalo de continuidade. Para o cronótopo do tempo histórico, o presente transforma-se naquele "instante imperceptivelmente curto",[16] naquele lugar estrutural em que cada passado se torna futuro. Mas é também o lugar — e isso talvez seja a mais importante conseqüência da temporalização do século XIX — em que o papel do sujeito conecta-se ao tempo histórico. Em cada momento presente, o sujeito deve imaginar uma gama de situações futuras que têm de ser diferentes do passado e do presente e dentre as quais ele escolhe um futuro de sua preferência. Somente por meio dessa ligação com o tempo histórico e da função que ela cumpre nessa dimensão pode a subjetividade integrar o componente de ação na auto-imagem que ela oferece à humanidade. E é essa inter-relação entre tempo e ação que cria a impressão de que a humanidade é capaz de "fazer" sua própria história.

Obviamente, a filosofia da história como uma prática do pensamento e como um discurso pressupõe essa própria constelação epistemológica — e pode-se mesmo argumentar que seu programa intelectual reage diretamente a ela. Se a "filosofia da história", enquanto conceito, remonta a Voltaire, não há dúvida de que a obra de Hegel oferece o leque mais amplo de associações e conexões potenciais entre a filosofia da história e as novas estruturas para perceber e experienciar o mundo. Neste nível, é fácil detectar uma correlação entre o motivo do *Weltgeist* que toma consciência de si mesmo e o observador de segunda ordem que se define pela capacidade de observar suas próprias observações. Mesmo as estruturas epistemológicas estão sendo hoje representadas sob a lei da temporalização — e isso quer dizer como estando em evolução.[17] A própria filosofia da história é a fonte mais importante que oferece modelos narrativos básicos para essas representações temporalizadas. Eis por que, no interior daquela narrativa mesma pela qual a filosofia da história representa — narra — a si mesma, o advento do *Weltgeist* auto-reflexivo aparece ao término de uma história mundial cujos estágios anteriores estavam sob o domínio de padrões menos complexos de observação. A relação íntima entre subjetividade e mundo, contudo, que, na *Aesthetik*, Hegel chama de precondição para a verdadeira arte,[18] corresponde em grande medida a uma forma de experiência própria do observador de primeira ordem. Ela não pode conciliar-se com um grau mais elevado de reflexividade (ou com um observador de segundo grau) — e isso explica por que a arte, conforme a noção de Hegel, deve chegar a um fim sob as condições de uma subjetividade mais auto-reflexiva e sob o regime de formas temporalizadas de representação.[19] Há uma exceção às pressões epistemológicas contemporâneas, contudo, que Hegel deixa aberta para a arte e para a representação no velho estilo — e ele a denota com o conceito difícil de interpretar de "humor objetivo".[20] Embora a descrição da relação sujeito/objeto pressuposta pelo humor objetivo se mantenha comparativamente superficial, Hegel sublinha que ele somente pode ser alcançado "dentro dos limites de uma canção" ou "como a parte de uma totalidade maior". É possível suspeitar que, pelo menos indiretamente, essa dupla fórmula pretende excluir das formas de representação englobadas no "humor objetivo" discursos narrativos mais longos.

Baixa Modernidade

É possível analisar a história da arte e da literatura na Europa desde 1800 como uma concatenação de reações diferentes a aspectos diferentes dentro da crise da representabilidade.[21] Cada um dos romances de Balzac, por exemplo, tematiza num estágio inicial do enredo, advindo este ou aquele problema da perda de crença numa visão objetiva de mundo — somente para dar a seus leitores pouco antes do final a certeza tranqüilizadora de que, pelo menos para as pessoas moralmente destacadas, essa objetividade ainda está à mão. Flaubert, ao contrário, cuja modalidade de "Realismo" literário já adotou essa denominação tirada da pintura contemporânea, põe em cena repetidamente as divergências irreconciliáveis entre uma infinidade de discursos e perspectivas sobre o mundo — divergências, com efeito, que o nível autoral de seus romances nunca começa a contrabalançar. A invenção da fotografia é acompanhada da esperança de que ela talvez venha a eliminar a posicionalidade relativizadora do observador e de seu corpo mediante o estabelecimento de um contato imediato entre o mundo e a chapa fotográfica — mas ela resulta na experiência (parcialmente frustrante) de que cada fotografia carrega uma inscrição das circunstâncias situacionais contingentes em que é produzida.

Durante a segunda metade do século XIX, a acumulação dessas inovações, experimentos e efeitos estéticos — todos os quais parecem já postos em ação pela crise da representabilidade — acaba tendo um impacto erosivo sobre o campo hermenêutico. Há múltiplos sintomas de um crescente desequilíbrio nesse eixo vertical que costumava conectar a "superfície meramente material dos significantes" à "profundidade espiritual do significado". A nova atenção, por exemplo, que o Simbolismo poético confere ao *layout* de textos impressos (ou manuscritos) e aos sons da linguagem falada (num caso célebre, até mesmo às "cores das vogais") mostra que os significantes agora adotaram uma porção de funções — sobretudo estéticas — que transcendem a função de representar sentido. Inversamente, a pretensão ambiciosa do *Programmmusik* de Richard Wagner é articular determinadas estruturas de sentido por meio dos sons da música que tinham tido até então o *status* de uma materialidade puramente acústica.[22] Não é por coincidência que o questionamento radical de Nietzsche "do desejo de verdade" vem acompanhado de um elogio às superfícies (máscaras, letras etc.) que não são nada mais que superfícies (i.e. a materialidade das máscaras, letras etc.). O que os historiadores culturais têm chegado a rotular como "Alto Modernismo", o momento dominado pelas "vanguardas históricas" (para nós) da primeira década e dos anos vinte deste século, é o nível mais radical nessa perda do equilíbrio entre significante e significado — um estágio que artistas e autores competem entusiasticamente para conquistar. Nunca antes e nunca depois estiveram os poetas tão convencidos de estar desempenhando a missão histórica de ser "subversivos" ou mesmo "revolucionários" (o que pode, ao menos em parte, explicar o enorme prestígio das vanguardas entre os intelectuais de hoje). Em vez de tentarem (como fez Balzac) preservar a possibilidade de representação, em vez de apontarem para os problemas crescentes com o princípio da representabilidade (a principal preocupação de Flaubert), os surrealistas e os dadaístas, os futuristas e os criacionistas — ao menos em seus manifestos — se tornaram cada vez mais decididos a romper com a função da representação. Aqueles fragmentos de jornais, por exemplo, que Picasso e Braque integram em algumas de suas colagens, não podem representar o que eles já são. São o que são, e, portanto, só podem despertar atenção para a qualidade do material que faz deles o que são — e para a forma de percepção que responde à sua materialidade. De um ponto de vista hegeliano, isso significa que a modernização epistemológica em torno de 1800, da qual a crise inicial da representação artística e literária era uma parte, termina produzindo uma dinâmica autodestrutiva no sistema artístico, autodestrutiva ao menos em relação às funções representacionais tradicionais da arte e da literatura.

Mas problematizar e, em última análise, renunciar às funções de representação é apenas um lado do movimento artístico e literário do Alto Modernismo. É o lado do Alto Modernismo que, pelo menos até recentemente, costumávamos tomar pelo todo — provavelmente porque era dominante naqueles países europeus que ocupavam o centro do mapa do prestígio cultural. Mas a periferia desse mapa (Itália, Espanha, as Américas) gerou uma versão diferente do Alto Modernismo. Para explicar o seu caráter específico, podemos citar um ensaio — internacionalmente reconhecido na época — de José Ortega y Gasset, publicado em 1925 sob o título de *La deshumanización en el arte*. O que Ortega, para o melhor ou para o pior, ataca nesse texto e vê como um sintoma de decadência cultural é a tendência, na arte e na literatura contemporâneas, a abandonar a *gestalt* do homem e da humanidade ou ir além dela, inclusive o que o homem e a humanidade experienciam como formas e conteúdos específicos de sua própria visão de mundo. A prática artística e literária nesses países, sobretudo na Espanha, pode ser tão inovadora, experimental e, às vezes, tão chocante quanto nas sociedades do centro cultural — mas ela nunca rompe com a função da representação. O que mais interessa, por exemplo, a uma geração de jovens poetas espanhóis que, em nome do tricentenário da morte de Góngora em 1927, redescobre a beleza barroca de seus versos é provar, em contraposição a um preconceito tradicional, que é possível encontrar sentidos coerentes em seus textos.[23] Essa posição de divergência dos ataques surrealistas contra a representação torna-se ainda mais óbvia nos poemas do jovem Jorge Luis Borges que, na sua nativa Argentina,[24] luta para se definir contra um discurso modernista particular, embora este seja tão comparativamente brando quanto os textos de Federico García Lorca ou as pinturas de Pablo Picasso.

Portanto, se o Alto Modernismo da Europa central, pelo menos em seus gestos mais radicais, corresponde ao lado árido do prognóstico de Hegel sobre o futuro da arte, a versão de Modernismo da periferia aproxima-se da única exceção ao fim da representação que Hegel admite sob o conceito de "humor objetivo". Em meados da década de vinte, a produção literária de Borges manifesta-se exclusivamente em formas líricas curtas. É sua intenção declarada produzir uma representação do mundo pequeno com que está familiarizado, uma representação da Buenos Aires suburbana. Finalmente, Borges descobre modos sutis de desviar aquelas condições epistemológicas estruturais que, desde o início do século XIX, tornaram tão problemática a representação artística e literária. Sempre enfatizando intensamente (em vez de negar) seu débito com poetas predecessores e contemporâneos, ele resiste — amiúde com ironia — às pressões a inovar. Em vez de ceder à pressão epistemológica de representar cada fenômeno pela narrativa de uma evolução, Borges deliberadamente transpõe elementos da história nacional ou local de sua seqüencialidade cronológica para um cronótopo de simultaneidade. Seu célebre poema "Fundación mítica de Buenos Aires", por exemplo, preenche a evocação de um único e mesmo espaço geográfico com a presença simultânea de sereias mitológicas e heróis do tempo da Conquista, de românticos patriarcas fundadores da nação argentina e de políticos contemporâneos.

Pós-Modernidade

Um modo de compreender a Pós-modernidade atual consiste certamente em vê-la como a superação da Alta Modernidade do início do século, e isso significa vê-la como a conseqüência da própria obsessão por inovação que é um legado do cronótopo "tempo histórico". Neste caso, o passado que o presente pós-moderno deixa atrás de si é o momento de Alta Modernidade. A versão filosoficamente mais interessante do conceito de Pós-modernidade, no entanto — e, penso eu, a mais plausível —, consiste em conceber nosso presente como uma situação que desfaz, neutraliza e transforma os efeitos acumulados dessas modernidades que têm se seguido uma à outra desde o século XV. Essa Pós-modernidade problematiza a subjetividade e o campo hermenêutico, o tempo histórico e mesmo, de um certo ângulo (talvez pela sua radicalização), a crise da representação. Uma razão — relativamente complexa — que contesta a compreensão de nosso presente como tão-somente outra modernidade que se segue à Alta Modernidade provém da experiência de que, como tentarei provar, o lado não-destrutivo do Alto Modernismo, em vez de ser superado pela Pós-modernidade (como uma lógica de inovação nos faria supor), retorna na verdade como uma parte da Pós-modernidade. Talvez mais significativa (porque menos baseada em conceito e argumento) é a nossa impressão elementar de que o ritmo da mudança, após atingir velocidades inauditas durante o século XIX e a primeira metade do século XX, chegou agora a uma desaceleração.

Surpreendemo-nos ao perceber que o espaço de tempo decorrido entre a metade dos anos sessenta (a revolta estudantil e os jovens Beatles) e o nosso presente é tão extenso quanto o que separa a eclosão da Primeira Guerra Mundial do final da Segunda. Se a nossa impressão é então a de que o tempo passou a se mover "mais e mais vagarosamente" e de que "o presente torna-se mais amplo" de novo, isso não significa, certamente, que a série de acontecimentos e mudanças "relevantes" tenha "objetivamente" diminuído. Estas sensações indicam somente o quanto estamos nos afastando do cronótopo do "tempo histórico", com seus imperativos implícitos de mudança e inovação.[25]

Continua sendo difícil afirmar, com respeito ao cronótopo que emergiu recentemente, qualquer coisa senão que ele "já não é moderno". Seu futuro perdeu o apelo de um horizonte aberto que podemos modelar e escolher em cada presente. Ele aparece, antes, como ocupado e predeterminado (negativamente) pelas conseqüências — na maior parte não-desejadas e inesperadas — de ações e eventos situados no passado. Se, de um lado, nos mostramos relutantes em cruzar o limiar entre nosso presente e um futuro que se anuncia como desagradável (para dizer o mínimo), de outro, perdemos também a ambição de abandonar, superar o passado e de nos distanciar dele. Ao contrário, nossas técnicas de memorização, preservação e até mesmo de reprodução de objetos e meios pertencentes ao passado ampliaram-se tanto que pela primeira vez "residir no passado" tornou-se algo mais que uma metáfora para a imaginação histórica. Como o presente é o ponto de convergência entre um passado que não nos sentimos dispostos a abandonar e um futuro no qual não queremos ingressar, faz realmente sentido que experienciemos esse presente como "expansivo". Mas será isso mais do que uma metáfora vaga para uma impressão ainda mais vaga sobre a nossa cultura presente? Será possível identificar por trás disso, afinal, estruturas mais palpáveis? Pelo menos, no nível da epistemologia, é possível alegar que o equivalente de um fluxo temporal mais vagaroso e de um presente mais dilatado é uma mudança do hábito — moderno —

de organizar as múltiplas representações de fenômenos idênticos como evoluções e histórias para o hábito — pós-moderno — de tratá-las como variações que estão simultaneamente disponíveis. Se a variação está se tornando realmente um motivo epistemológico dominante do nosso presente, isso explicaria por que nos encontramos cada vez mais relutantes (mais do que incapazes) em identificar origens e pontos terminais para as histórias, em procurar originais como uma base para cópias, e em buscar autenticidade como um contraste para a artificialidade. Num movimento similar, a história está sendo mudada da concatenação narrativa de períodos diferentes de tempo para aquilo que os eruditos europeus denominam "antropologia histórica", ou seja, a reconstrução de um vasto leque de modelos possíveis que podem moldar e organizar a vida humana.[26]

Algumas das impressões dominantes que associamos à cultura do nosso presente poderiam desse modo ser subsumidas no conceito de "destemporalização". A inovação dos hábitos e formas de comportamento certamente não é mais uma obrigação absoluta — salvo se houver argumentos pragmáticos convincentes em favor de mudanças, como a funcionalidade e o lucro econômico. Como conseqüência, o tempo não mais aparece como um agente absoluto de mudança. Se, portanto, o futuro não se apresenta como um horizonte a ser moldado e determinado no presente, se o temor de conseqüências não-planejadas[27] pesa mais que a escolha racional, então a destemporalização neutraliza — ou pelo menos enfraquece[28] — aquele aspecto de ação que o papel do sujeito assimilou ao longo do século XVIII. Enquanto sustentarmos que o aspecto de ação é essencial à subjetividade, podemos conceituar essa mudança como dessubjetivação. No entanto, uma configuração de sujeito cujo aspecto de ação se apresenta tão enfraquecido (ou mesmo neutralizado) não perde necessariamente sua complexidade e sua sofisticação como observador do mundo. Portanto, embora nossas observações do mundo continuem a produzir uma infinidade de representações (entre as quais é impossível distinguir entre versões mais adequadas ou menos adequadas), percebemos que elas já não se encontram sintetizadas em narrativas de desenvolvimento. Isso significa que, conforme o paradigma já descrito de "variação sem originais", distinções como aquelas entre representação e referente, superfície e profundidade, materialidade e sentido, percepção e experiência perdem sua pertinência. Estamos longe de conceituar (para não dizer: de ter analisado suficientemente) a conseqüência desses colapsos conceituais. Mas podemos chamá-los, focalizando uma terceira tendência epistemológica atual, de desreferencialização.

É certamente possível sustentar que muitos dos fenômenos que aqui mencionei para caracterizar nosso próprio presente ocorreram em períodos e contextos históricos cronologicamente mais recuados — talvez até com particular densidade nas décadas subseqüentes à última passagem de século. Isso, contudo, não comprometeria necessariamente a descrição que tento sugerir. Isso porque minha pressuposição central é que esta destemporalização, dessubjetivação e desreferencialização tornaram-se agora condições estruturais amplamente institucionalizadas (de fato, quase globais) — por mais que alguns estudiosos possam lutar para chegar a um acordo sobre esta situação. Os sinais de sua ocorrência, em contrapartida, que encontramos nos documentos do início do século XX eram posições — na maior parte excêntricas — nos debates intelectuais de alto nível.

Existe um estilo dominante ou uma forma dominante na literatura e na arte do presente pós-moderno que o separa da Alta Modernidade? A resposta imediata deve ser que, se tomamos seriamente o sentido do conceito de "Pós-modernidade" por nós escolhido, esta pergunta é inadequada. Pois a possibilidade de associar um certo intervalo de tempo com, por exemplo, um certo estilo literário, assim como a possibilidade de determinar a identidade de tal momento pelo seu contraste com momentos passados pertencem ao cronótopo do tempo histórico. A despeito disso, pode-se observar que os gestos radicais da Alta Modernidade perderam hoje seu potencial de provocação. Apesar de retornos ocasionais (e em sua maior parte, nostálgicos) à cena pós-moderna e apesar de um alto grau de canonização, a estética das vanguardas históricas nos parece um beco sem saída. Qual seria o próximo passo, uma vez que já se mostrou o quanto o material lingüístico, as pinceladas e as cores são capazes de não representar? Não há nenhum além dessa intuição, e, porque não há nenhum além, não há nenhum fim identificável ao "fim da representação" e aos ecos da tese de Hegel sobre o fim do período da arte.[29] Ao mesmo tempo, é verdade que aquelas variedades de literatura contemporânea que são tão populares entre leitores sofisticados como altamente apreciadas por eles, as novelas de García Márquez ou Eco, por exemplo, de Pyncheon ou de Fruttero/Lucentini, não partilham a desolação das vanguardas radical e centrada na forma — apesar de todas as suas divergências intrínsecas. Se tentássemos reconstituir a genealogia destas formas de literatura que emergiram pela primeira vez no presente pós-moderno, isso nos levaria de volta menos a *Finnegan's Wake* ou aos manifestos de Breton do que aos primeiros poemas de Borges e aos seus *cuentos*, e isso significa: às modalidades periféricas da Alta Modernidade e a outros fenômenos afins ao conceito de "humor objetivo".[30] Isto porque os narradores desses textos afirmam mui regularmente que escrevem sobre mundos que lhes têm sido familiares durante todas as suas vidas.[31] Em vez de inventores, eles preferem se apresentar no papel de editores, testemunhas ou repórteres. Finalmente, como Borges em seus primeiros poemas, eles geralmente evitam a tensão entre a função de representação do mundo e a forma da narrativa, afirmando que transformam a seqüencialidade da história numa dimensão de simultaneidade.[32] Mas por mais que estas estratégias possam apontar para a fórmula da "recuperação da função de representação" — o tipo de literatura que o presente pós-moderno produz não pode ser medido em relação a possíveis referentes. Mesmo que os críticos descubram que *O nome da rosa* de Umberto Eco não descreve adequadamente o mundo medieval do aprendizado, que *Cem anos de solidão* não tem nada a ver com formas especificamente caribenhas de sociabilidade e que as referências às ações militares e políticas da Segunda Grande Guerra em *Gravity's Rainbow* estão incorretas, isso impressionaria seus autores e leitores infinitamente menos que uma crítica similar teria afetado seus predecessores do Realismo do século XIX. Diferentemente do Alto Modernismo do início do século XX, os textos literários escritos atualmente voltaram certamente a apresentar "mundos" a seus leitores. Mas, diferentemente do Realismo do século XIX, eles não estão obcecados com a preocupação de dignificar estes mundos literários pela insistência sobre o seu *status* de representações.

* * *

Uma retrospectiva harmonizadora sobre as cascatas de Modernização enfatizaria muito provavelmente que, depois de alguma turbulência, uma influência salutar vinda "das margens" (e todos sabemos, é claro, que não há margens reais) guiou a literatura de volta ao porto seguro da representação e da *Welthaltigkeit*.[33] O gesto conservador nesta observação encontra um contrapeso conveniente na atribuição politicamente correta de uma "influência salutar" àquilo que nos acostumamos a considerar "as margens". Mas talvez as coisas sejam mais complicadas do que isso. A linguagem, o próprio meio sem o qual a noção de "literatura" é impensável, não pode deixar de representar. Como o Alto Modernismo mostra, mesmo que seja possível usar material lingüístico em modos não-representativos, quaisquer destes usos nada mais são que gestos experimentais impostos a este material. Cores, riscos de lápis num pedaço de papel, ou pedras esculpidas, ao contrário, embora possam sem dúvida funcionar como representações, podem se sustentar por si mesmos mais facilmente, mais "naturalmente" do que uma palavra falada ou escrita. Mas porque temos tanta dificuldade para deixar as palavras se apresentarem "tal como são", acabamos atribuindo funções de representação aos textos, mesmo que estes textos — os romances pós-modernos, por exemplo — nunca as tenham reivindicado. A língua não pode evitar efeitos de *Welthaltigkeit*[34] — mas isso não quer dizer que *Welthaltigkeit* voltou a ser um paradigma epistemológico ou literário dominante. A música contemporânea,[35] as imagens em rápido movimento produzidas pela mídia eletrônica que capturam cada vez mais os nossos olhos e as nossas mentes,[36] e o entusiasmo sem precedentes por assistir e praticar esportes[37] parecem apontar para desejos que poderiam vir a ser associados à presença,[38] à intensidade e, certamente, à percepção, mais do que à representação, à *Welthaltigkeit* e à experiência. Talvez todos eles sejam desejos, devo aceitá-lo de imediato, que nunca poderão ser satisfeitos, mas isso não os torna menos reais (pelo contrário, a própria impossibilidade de sua satisfação os qualifica como desejos). Telas, fones de ouvido e a simples co-presença no espaço talvez sejam condições mais apropriadas para a produção de tal intensidade do que livros impressos. O fim das cascatas de Modernização (se é que podem ter um fim)[39] seria o fim de uma cultura baseada na inconteste centralidade do *medium* linguagem e na representação como sua função inevitável.

NOTAS

[1] Para detalhes concernentes à etimologia de "moderno" e à história do conceito, ver Hans Robert Jauss, "Literarische Tradition und gegenwärtiges Bewusstsein der Modernität". In: *Literaturgeschichte als Provokation*, Frankfurt, 1970, pp. 11-66 (e os dois ensaios seguintes no mesmo volume: "Schlegels und Schillers Replik auf die 'Querelle des Anciens et des Modernes'", pp. 67-106, e "Das Ende der Kunstperiode — Aspekte der literarischen Revolution bei Heine, Hugo und Stendhal", pp. 107-143). Ver também H.U. Gumbrecht, verbete "Modern. Moderne. Modernismus". In: Otto Brunner, Werner Conze & Reinhart Koselleck (orgs.), *Geschichtliche Grundbegriffe. Historisches Lexikon zur politisch-sozialen Sprache in Deutschland*, vol. 4, Stuttgart, 1978, pp. 93-131. Para aspectos mais específicos (mais excêntricos?) de minha argumentação, ver H.U. Gumbrecht, "'Objektiver Humor.' On Hegel, Borges, and the Historical Place of the Latin American Novel", in Ulrich Schulz-Buschhaus & Karlheinz Stierle (orgs.), *Projekte des Romans der Gegenwart*, München, 1996, e: "Das Nicht-Hermeneutische. Skizze einer Genealogie", *Interventionen* 5, Basel, 1996.

[2] Sobre sua convergência, ver Horst Wenzel (org.), *Gutenberg und die*

Neue Welt, München, 1994, e H.U. Gumbrecht, "The Body vs. the Printing Press: Media in the Early Modern Period, Mentalities in the Reign of Castille, and another History of Literary Forms", *Poetics* 14 (1985), pp. 209-227 [aparece neste volume, às pp. 67-96].

[3] Sigo a tese de Reinhart Koselleck sobre o assim chamado *Sattelzeit* ("período da sela") entre 1780-1830. Ela implica que, de um ponto de vista hermenêutico, a outridade dos textos anteriores a 1780 sempre ameaça exceder as possibilidades da nossa compreensão, ao passo que estamos constantemente correndo o risco de nos sentirmos excessivamente familiares com textos posteriores a 1830. Ver *Vergangene Zukunft. Zur Semantik geschichtlicher Zeiten*, Frankfurt, 1979. A descrição de Michel Foucault de um "corte" epistemológico por volta de 1800 pode ser lida como uma versão mais dramática da mesma observação. Ver *Les mots et les choses. Une archéologie des sciences humaines*, Paris, 1966, p. 225. Embora a auto-referência "oficial" de Desconstrução exclua tal perspectiva, Jacques Derrida tentou repetidamente fundamentar sua própria posição filosófica nas mesmas complexificações epistemológicas com as quais operam Koselleck e Foucault. Ver, sobretudo, *De la grammatologie*, Paris, 1967. Quanto ao projeto de Jürgen Habermas de estender o projeto do Iluminismo, por sua vez, tudo depende de não se aceitar uma "lacuna" ou um "corte" epistemológico a nos separar do pensamento do século XVIII. [Ver Michel Foucault, *As palavras e as coisas: uma arqueologia das ciências humanas*, São Paulo, Martins Fontes, 1981.]

[4] Uma referência-padrão, cujos pontos de vista eu nem sempre compartilho, é Peter Bürger, *Theorie der Avantgarde*, Frankfurt, 1974.

[5] Para evitar a ênfase excessiva desse aspecto (secundário) é útil substituir o conceito de "Pós-modernidade" pela noção de "Pós-história" de Alexandre Kojève. Ver de Kojève, *Introduction to the Reading of Hegel. Lectures on the "Phenomenology of the Spirit"*, Ithaca, 1969.

[6] Para definições dos conceitos de observador posto na sua ordem hierárquica, ver Niklas Luhmann a.o., *Beobachter. Konvergenz der Erkenntnistheorien?*, München, 1990. Ursula Link-Heer, "Weltbilder, Epistemai, Epochenschwellen. Mediävistische Überlegungen im Anschluss an Foucault". In: Hans-Jürgen Bachorski & Werner Roecke (orgs.), *Weltbildwandel. Selbstdeutung und Fremderfahrung im Epochenübergang vom Spätmittelalter zur frühen Neuzeit*, Trier, 1995, pp. 19-56, discute os mesmos fenômenos de um ponto de vista foucaultiano.

[7] Ver H.U. Gumbrecht, "Einführung. Formen der Theatralität im Spätmittelalter und in der frühen Neuzeit", in Jan-Dirk Müller (ed.), *Aufführung und Schrift*, Stuttgart, 1996.

[8] A importância deste aspecto na cultura medieval foi recentemente ressaltada pela obra de Caroline Walker Bynun, *Fragmentation and Redemption. Essays on Gender and the Human Body in Medieval Religion*, New York, 1992, e *The Resurrection of the Body in Western Christianity, 200-1336*, New York, 1995.

[9] Este sujeito "espiritual" — protocartesiano — pode obviamente tematizar o corpo humano em geral (e o seu próprio corpo). Os corpos, contudo, não são pensados como essenciais para a produção de conhecimento (em resposta a uma objeção de meu amigo Günter Blamberger).

[10] Ver meu ensaio "Das Nicht-Hermeneutische" (nota 1), que é o primeiro esboço de um livro com o mesmo título (Stanford, 1997).

[11] Ver pp. 360-398.

[12] Ver *Les mots et les choses*, pp. 229-262 ("Les limites de la représentation").

[13] Ver Koselleck, "'Neuzeit'. Zur Semantik moderner Bewegungsbegriffe", in: *Vergangene Zukunft*, pp. 300-348, e H.U. Gumbrecht, "Zum Wandel des Modernitätsbegriffes in Literatur und Kunst", in Reinhart Koselleck (ed.), *Studien zum Beginn der modernen Welt*, Stuttgart, 1978, pp. 654-664.

[14] Ver o merecidamente célebre ensaio de Hans Robert Jauss, "Aesthetische Normen und geschichtliche Reflexion in der 'Querelle des Anciens et des Modernes'". Introdução a Charles Perrault: *Parallèle des Anciens et des Modernes en ce qui regarde les Arts et les Sciences*. Reprint Munich, 1964, pp. 8-64. No contexto da minha argumentação, é importante enfatizar que o aspecto concernente à "relatividade dos períodos históricos", tal como se produziu nas discussões da Querelle por volta de 1700, não foi conhecido de modo geral antes do início do século XIX.

[15] Ver Niklas Luhmann, "Weltzeit und Systemgeschichte. Über Beziehungen zwischen Zeithorizonten und sozialen Strukturen gesellschaftlicher Systeme", in Peter Christian Ludz (ed.), *Soziologie und Sozialgeschichte*, Opladen, 1972, pp. 81-115, e Koselleck, "Vergangene Zukunft in der frühen Neuzeit", in *Vergangene Zukunft*, pp. 17-37.

[16] Refiro-me à famosa caracterização de Baudelaire para a modernidade como "le transitoire, le fugitif, le contingent", de *Le peintre de la vie moderne*. In: *Oeuvres complètes*, Paris, 1961, p. 1163. [Ver Baudelaire, *O pintor da vida moderna*, Lisboa, Vega, 1993.]

[17] Os paralelos entre a descrição acima da situação epistemológica geral depois de 1800 e a filosofia de Hegel vão ainda mais longe. Embora con-

vencionalmente associemos a noção de "dialética" à hegeliana estrutura de enredo elementar das narrativas históricas, Hegel a relaciona, em *Logik* da *Enzyklopädie*, com a experiência de que todos os fenômenos têm múltiplas representações, i.e., com a "crise da representabilidade": "Mas por dialética significo a tendência imanente ao exterior pela qual a unilateralidade e as limitações dos predicados da compreensão são vistos em sua verdadeira luz e apresentados como a negação deles. Para que algo seja finito basta reprimir-se e pôr-se ao lado" (§ 81).

[18] Ver *Aesthetik*, Zweiter Teil / Dritter Abschnitt / Drittes Kapitel ("Das Ende der romantischen Kunstform"). Para uma versão mais elaborada desta aplicação de Hegel, ver meu ensaio: "Objektiver Humor" (nota 1).

[19] Obviamente, não fui investido do direito de defender o conceito hegeliano — admitidamente estreito — de arte e sua notória tese do "final do período da arte" que decorre dele. Meu ponto é simplesmente que o argumento de Hegel é intrinsecamente consistente. Tão logo se associa a arte com uma íntima relação entre sujeito e objeto (como Hegel faz), segue-se realmente que a arte é incompatível com a epistemologia do observador que se auto-observa.

[20] A explicação deste conceito conclui o capítulo da *Aesthetik* referido na nota 18. Para uma excelente interpretação da noção de Hegel (em sua relação com a literatura alemã do século XIX), ver Wolfgang Preisendanz, *Humor als dichterische Einbildungskraft*, München, 1963.

[21] Para o que se segue, ver H.U. Gumbrecht, "Perception vs. Experience. Fast Images and their Resistance to Interpretation", in Timothy Lenoir (org.), *Writing Science*, Stanford, 1996; H.U. Gumbrecht, Karlheinz Stierle & Rainer Warning (orgs.), *Honoré de Balzac*, München, 1980; Franz Koppe, *Literarische Versachlichung. Zum Dilemma der neueren Literatur zwischen Mythos und Szientismus. Paradigmen: Voltaire, Flaubert, Robbe-Grillet*, München, 1967; e Friedrich Kittler, *Aufschreibesysteme, 1800/ 1900*, München, 1985.

[22] Tanto as opiniões tradicionais sobre a experiência da música como o projeto de Wagner são, obviamente, mais complicados do que isso. Entretanto, o livro amplamente lido de Eduard Hanslick, *Vom Musikalisch-Schönen*, Wien, 1854, demonstra como a emergência do *Programmusik* provocou uma nova insistência no caráter não-semântico da música.

[23] Ver H.U. Gumbrecht, "Warum gerade Góngora? Poetologie und historisches Bewusstsein in Spanien zwischen Jahrhundertwende und Bürgerkrieg", in Rainer Warning & Winfried Wehle (orgs.), *Lyrik und Malerei der Avantgarde*, München, 1982, pp. 145-192.

[24] Ver a análise de um conjunto de textos de *Fervor de Buenos Aires* (1923) e do *Cuaderno de San Martín* (1929) em meu ensaio "Objektiver Humor", e, como um documento para a própria poetologia de Borges: *El tamaño de mi esperanza* (1926), uma coletânea de ensaios críticos que não foi republicada antes de 1993. O bode expiatório da crítica de Borges é o modernista argentino Leopoldo Lugones, mas seus ataques incluem a figura fundadora de Rubén Darío.

[25] Para o que se segue, ver meus ensaios: "Flache Diskurse", in H.U. Gumbrecht & K. Ludwig Pfeiffer (orgs.), *Materialität der Kommunikation*, Frankfurt, 1988, pp. 911-923; "Epistemologie/Fragmente", in H.U. Gumbrecht & K. Ludwig Pfeiffer (orgs.), *Paradoxien, Dissonanzen, Zusammenbrüche. Situationen offener Epistemologie*, Frankfurt, 1991, pp. 837-850, e "Nachmoderne zaitenräume", in Robert Weimann & H.U. Gumbrecht (orgs.), *Postmoderne — globale Differenz*, Frankfurt, 1991, pp. 54-70 [traduzido neste volume às pp. 277-295].

[26] Especialmente na Alemanha, este conceito conheceu um amplo sucesso como suporte para projetos interdisciplinares no campo das humanidades. Ver Wolfgang Iser, "Toward a Literary Anthropology", in *Prospecting. From Reader Response to Literary Anthropology*, Baltimore, 1989, pp. 262-284, e Hans Robert Jauss, *Wege des Verstehens*, München, 1994, pp. 424-428. A única suposição problemática implícita neste conceito é a de uma moldura (ou contorno) meta-historicamente estável a definir o que pode ser tematizado como "humano".

[27] No que diz respeito à crescente pertinência (prática e teórica) deste conceito para o pensamento político, ver F. R. Ankersmit, *Aesthetic Politics. Political Philosophy Beyond Fact and Value*, Stanford, 1996.

[28] Estou, é claro, me referindo ao conceito "pensiero debole" de Gianni Vattimo que submeti à estrutura da subjetividade. Ver *Quinto Colóquio UERJ: Erich Auerbach*, Rio de Janeiro, 1994, pp. 117-125.

[29] Esta estrutura de tempo é similar àquela descrita por Derrida em relação ao "fim da metafísica". Ver *De la grammatologie*, capítulo 1.

[30] Quanto ao papel de Borges neste contexto, ver Carlos Rincón, "The Latin American Plot", in *Stanford Literature Review* 10 (1993), pp. 167-186.

[31] Gabriel García Márquez, em particular, enfatizou várias vezes a base "realista" de seus romances e novelas — que seriam convencionalmente conceituados como "literatura fantástica". Ver, por exemplo, o documento em: Carlos Rincón & Krista Trebe (orgs.), *Nicaragua. Vor uns die Mühen der Ebene*, Wuppertal, 1982, pp. 158-161.

[32] O exemplo mais notório é a construção temporal de *Cem anos de solidão* de Gabriel García Márquez — e a sua "análise poetológica" feita pelo sábio Melquíades no capítulo final.

[33] Uso deliberadamente este conceito de Georg Lukács, em *Theorie des Romans* (1916/1920), para assinalar o preço intelectual ligado ao entusiasmo geral com a "legibilidade" da literatura pós-moderna. [Ver Georg Lukács, *Teoria do romance*, Lisboa, Presença, 1966.]

[34] Bastante no sentido do conceito de Roland Barthes "effet de réalité". Em outras palavras: a língua como meio não pode deixar de produzir "efeitos de referencialidade" — a menos que ela seja usada, como o fizeram os surrealistas, com a intenção de problematizar essa função.

[35] Devo esta observação aos meus amigos María Menocal (Yale) e Friedrich Kittler (Humboldt Universität zu Berlin) que não têm poupado esforços, há já alguns anos, na tentativa de me convencer de que a música de rock é o verdadeiro paradigma para os fenômenos de "presença" que aponto aqui. Estão pregando para alguém (meio-)convertido.

[36] Ver Wlad Godzich, "Language, Images, and the Postmodern Predicament", in H.U. Gumbrecht & K. Ludwig Pfeiffer (orgs.), *Materialities of Communication*, Stanford, 1994, pp. 355-373.

[37] Com o grande apoio e encorajamento do Departamento Atlético da Universidade de Stanford planejo escrever um livro sobre a estética do futebol americano — livro que pretende descrever e analisar este próprio apelo.

[38] O conceito é usado no sentido contemplado por Jean-Luc Nancy, *The Birth to Presence*, Stanford, 1993 (em particular pp. 1-6, 143-166).

[39] Ver nota 29.

II.

Modernidade Medieval / Início da Modernidade

1. A(S) TRANSGRESSÃO(ÕES) DO PRIMEIRO TROVADOR[1]

I

Não se pode ser *o primeiro* em algo (por exemplo, "o primeiro trovador") sem uma transgressão. Pois "ser o primeiro" significa ter feito ou realizado algo em que ninguém antes havia pensado ou obtido êxito, razão por que a expressão implica uma distinção entre "aquilo que ocorreu anteriormente" e "aquilo que ocorreu pela primeira vez". Este tipo de fronteira pode ser definido como o "limite de":[2] como o limite daquilo que era possível *até agora*, daquilo que era até então *considerado* possível ou mesmo como o limite de algo que aconteceu antes. É uma fronteira além da qual algo novo e fundamentalmente diferente começa, não apenas um "outro mundo" que é basicamente similar ao mundo descrito pela fronteira. Muitas vezes, o indivíduo que cruza este "limite de" não está nem mesmo consciente de sua transgressão — então o acontecimento do atravessar-a-fronteira é estabelecido retrospectivamente por contemporâneos ou pela posteridade de alguém. Entretanto, pode-se violar intencionalmente os "limites de". Essas intenções abrangem (de modo mais ou menos consciente) o desejo de reformar, de relativizar ou mesmo de abolir o limite que está por ser violado. Noutras palavras, essas intenções implicam um componente de agressividade (em termos mais modernos: crítica) para com o *status quo*.

Aquele, porém, que viola conscientemente um limite *sem* desejar ser "o primeiro" tem o olhar voltado para uma "fronteira entre" — uma fronteira que se estende entre dois mundos diferentes, e, ao mesmo tempo, coloca estes mundos próximos um do outro para compará-los no mesmo plano categorial. Pode ser uma fronteira entre duas nações ou mesmo uma fronteira (geralmente invisível) entre dois tipos situacionais. "Fronteiras entre" diferenciam-se de "limites de" no sentido de que a sua transgressão não leva à sua relativização ou abolição, mas tem antes o efeito, por assim dizer, de "fortalecê-las institucionalmente". O cruzar de uma fronteira entre duas situações diferentes pode levar a um reino de ação e comportamento em que aquilo que, na primeira situação, teria sido a violação de um "limite de" pertence ao horizonte do normal e do esperado. Por exemplo, isso é verdade com relação às transgressões da esfera do cotidiano que redundam naquelas situações de "jogo", de "tempo de lazer" ou de "celebração" que, segundo Freud, podem ser chamadas de "situações de excesso autorizado". Desfrutamos destas situações porque ao experienciá-las permanecemos conscientes do fato de que elas tornam possível aquilo que é proibido na vida cotidiana. Este "excesso autorizado" pressupõe, portanto, o cruzar de uma "fronteira entre" *e* a recordação de um "limite de", mas ele próprio não é executado como uma transgressão.

Se o retrospecto da história literária e a imaginação histórica investida nela não enganam, então esta realização comunicativa cujos traços subsistentes chamamos de "lírica trovadoresca" foi experienciada durante um longo período como um excesso autorizado, como um cruzar de um limite para desembocar numa situação que suspendeu a agressividade da transgressão de determinados "limites de". Mas como a tradição histórico-literária reserva a Guilherme IX da Aquitânia a honra de ser o "primeiro trovador", decorre de nossas considerações introdutórias que também ele, consciente ou inconscientemente, deve ter transgredido um "limite de". Foi provavelmente o inegável elemento de agressividade na transgressão de um "limite de" que levou à identificação de Guilherme IX como o "primeiro trovador". Pois os onze textos (no máximo) datados do século XIII que lhe são atribuídos citam somente — com algumas variações ortográficas — o nome "Lo Coms de Peitau". É mera conjetura que esta nomeação se refere ao fato de o sétimo dos condes de Poitou usar o nome de "Guilherme",[3] que era, ao mesmo tempo, o nono "Guilherme" na genealogia dos duques da Aquitânia. A suposição baseia-se no fato de que a historiografia latina menciona repetidamente as canções e o talento teatral do sétimo conde de Poitou e nono duque da Aquitânia, e, além disso, associa aos conteúdos de vários destes onze textos uma tendência à *provocação* a ele atribuída.

Este artigo tratará de *ambos* os tipos de transgressão com relação ao primeiro trovador. Na seção seguinte (II), gostaria primeiramente de mostrar como a "execução comunicativa" das canções trovadorescas constituía uma esfera que talvez tenha neutralizado, em grande parte, a agressividade potencial de seus conteúdos. Guilherme IX provavelmente não foi o primeiro "poeta" — e nem o único, com toda a certeza — que, escrevendo e encenando os seus textos, atravessou a fronteira entre a vida cotidiana e o jogo cortesão. Ele tornou-se o *primeiro* trovador aos olhos da posteridade unicamente porque nenhum dos outros nomes relacionados com a tradição textual pertinente pertence a um período tão antigo quanto o de sua vida (1070-1126). A segunda transgressão significativa de Guilherme IX foi a sua travessia do limite antes absoluto da expressão vernácula para uma tradição unicamente oral (que impedira a comunicação nas línguas vernáculas da Idade Média) ao dar, pela primeira vez, uma forma escrita à lírica vernácula. Na seção III, concentraremos detalhadamente nossas preocupações nas motivações histórico-biográficas de ambos os tipos de transgressão — e, com isso, sustentaremos a tese de que a transgressão do "limite de" no *corpus* textual de Guilherme IX deixou atrás de si traços semânticos específicos que se diferenciam claramente do resíduo daquelas outras transgressões da "fronteira entre" a vida cotidiana e a situação de jogo cortesão.

II

As interações para as quais apontam os textos poéticos do antigo provençal *assumiram a forma de um jogo comunicativo socialmente exclusivo* — a pesquisa pertinente das últimas décadas pode ser resumida nesta única tese, que, não obstante todas as outras incertezas da história literária, dificilmente ainda agora pode ser contestada. O conceito de "jogo" usado aqui inclui quatro elementos distintivos:

• Jogos são interações nas quais se ingressa *com motivações vagas (muitas vezes subjetivas ou mesmo subconscientes) procedentes da vida cotidiana* e dentro das quais essas motivações cotidianas são completamente obscurecidas;

• surge primordialmente um sentimento de uma distância ou de uma *fronteira entre o mundo cotidiano e o mundo do jogo* (que M. Bakhtin chama de "insularidade" com respeito ao carnaval), e muitas vezes o lugar desta fronteira é ocupado por espectadores que, por sua vez, não tomam parte no jogo;

• porque aquelas interações que constituem os jogos não podem orientar-se para as motivações da vida cotidiana, essas motivações devem ser substituídas por *regras internas ao jogo* que ou existem antes do início de um determinado jogo, ou desenvolvem-se durante o jogo e podem ser modificadas continuamente;

• o ímpeto mesmo de atravessar a fronteira para uma situação de jogo, que não deriva igualmente de motivações cotidianas, é, as mais das vezes, substituído por uma *estrutura competitiva interna ao jogo*; no jogo uma pessoa pode "medir sua força" ("canalizar suas agressões") sem gerar conflitos na vida cotidiana.[4]

De todos esses elementos definidores de "jogo" existem concretizações e provas na antiga poesia provençal. Em outras palavras (e teoricamente mais precisas): o conceito de jogo é adequado para modelar um retrato, baseado em evidências textuais, da execução comunicativa dessa poesia. Sua posição na sociedade estava nos festivais cortesãos, que não eram tão circunscritos no tempo e no espaço como o carnaval, mas que se encontravam apesar disso a uma distância considerável da seriedade religiosa da vida cotidiana da Idade Média. Inúmeros textos colocam as situações que evocam no período entre a Páscoa e o Pentecostes; a sempre enfatizada distância social em relação ao *vilão*, a todos aqueles a quem faltava a competência para satisfazer o hábito da conduta cortesã, restringiu ainda mais a área dos festivais aos castelos e palácios da nobreza e suas circunvizinhanças imediatas (e, por outro lado, existia para os membros das outras classes o preceito sancionado pela religião de se manterem longe dos festivais da corte). A insularidade temporal e espacial do jogo cortesão está em harmonia com conceitos particulares de comportamento — expressos em inúmeros (não somente do provençal antigo) tratados da Idade Média — que tentam tratar dessa distância entre "cotidiano" e "jogo". Por exemplo, nas *Siete partidas*,[5] uma coletânea de leis e práticas legais que se originou em Castela, depois da metade do século XIII, aparece o conceito *deportar*, que tematiza uma "conduta" sem referência às suas motivações ou às condições de sua execução (e que não por acaso se relaciona etimologicamente com a idéia moderna de "esporte"). *Solaz* (cuja origem em latim, *solatium*, sugere uma compensação para as atribulações da vida cotidiana), *conorte* ("júbilo"/ "gozo"), e — repetidamente no antigo provençal desde Guilherme IX — *joi* são indicados como resultados do comportamento de festival. Especialmente informativo neste sentido é o comentário em *Siete partidas*, que assinala que os torneios cavaleirescos devem ser compreendidos como parte do domínio da conduta designado como *conorte, mesmo que* tenham servido aos propósitos do treinamento militar. Que este jogo cortesão era estruturado por uma consciência das regras, isso se verifica por um campo recorrente — mesmo na obra do primeiro trovador — de imagens e conceitos que compara a composição e o cantar poéticos a um artesanato.[6] E, finalmente, o ímpeto agônico das execuções poéticas ganhou forma concreta em inúmeras fórmulas de autoglorificação, das quais logo nasceram temas e gêneros característicos — como o *gap* do antigo francês e os *poemas de escárnio e de maldizer* do antigo português.

O conceito fornece a essa descrição somente uma estrutura meta-histórica, com base na qual desenvolveremos nosso retrato específico das execuções poéticas cortesãs da Idade Média. Este retrato afasta-se, em muitos sentidos, das expectativas e associações despertadas pela noção de "literatura". Assim, somos incapazes de decidir se o entendimento moderno de *ficcionalidade* é apropriado ao *status* dos conteúdos textuais da poesia do antigo provençal. De qualquer maneira, considerando o realismo simbólico da Idade Média, estão desfeitas as dúvidas no que diz respeito à suposição de que a distinção entre "realidade" e "conteúdo textual" pressuposta pela noção de ficção é universalmente válida.[7] Está estabelecido que determinadas normas cotidianas de conduta e de comportamento estavam suspensas nos textos, assim como na pragmática de sua execução, enquanto, por outro lado, as formas de conduta e de comportamento caraterísticas da execução não deviam ser postas em prática na vida cotidiana. Mas certas perguntas a respeito disso não podem mais ser respondidas: Guilherme IX comportou-se (se é que alguma vez ele realmente executou os "seus" textos) como um trovador comum? O seu público ficou impressionado por conhecer a importância de seu *status* na vida cotidiana? Como estes três níveis — o papel cotidiano, o papel do executor e o papel do "eu" textualmente imanente — operavam conjuntamente?

Apenas mais *uma coisa* pode se dizer sobre a relação entre o executor e o público. Estavam próximos um do outro em co-presença física e como um resultado do pronunciado fosso que separava a sua situação partilhada de festival do mundo cotidiano — diferentemente do que acontece hoje com o espaço da platéia que pode ser separado do espaço do executor por uma cortina. Nossos conceitos de "recepção" e de "identificação" provavelmente não se aplicam a esta relação; é melhor imaginar que o público cortesão assumia papéis que eram complementares ao papel do executor e assim contribuía como *co-executores* na constituição da situação partilhada (como ainda hoje os cantores, em concertos, amiúde estabelecem contato com uma pessoa na platéia por meio de olhares e gestos, para evocar, num jogo de sugestões mímicas, a situação imanente no texto da canção). Mas não sabemos se a objetivação da semântica textual terminava nestas formas de sugestão situacional partilhada, ou se os trovadores voltavam-se, durante a execução, para uma dama em particular presente na audiência, tornando pública uma intensa relação amorosa que ao mesmo tempo escondiam do público ao cifrar o nome da dama específica a que estavam se dirigindo.

Mas talvez o maior desafio para a imaginação histórica encontre-se no fato de que o *corpo e o espírito/intelecto* não eram tomados separadamente um do outro nestas execuções poéticas e na cognição comportamental subjacente a elas. "Composição poética" significa constituir um texto (como texto) *e* realizar o texto com a voz, na verdade com todo o corpo; o amor tematizado no texto não era nunca — como tantas vezes se afirmou — "apenas platônico", mas implicava sempre, no mínimo, a possibilidade de sua realização físico-erótica; e é possível admitir em conformidade com isso que mesmo a participação da audiência assumia a forma de uma co-encenação física. Assim, é bastante possível que, em completo contraste com a "literatura" moderna, somente é acrescido um valor secundário à forma textual em que esta poesia nos foi transmitida. Esta forma serviu primeiramente para tornar possível a lembrança físico-oral — e não era por acaso que as teorias poéticas medievais procuravam constantemente homologias estruturais entre a forma das letras individuais e os movimentos dos órgãos da fala necessários para a sua articulação fonética.[8] Não havia lugar neste esquema situacional para a categoria "originalidade". Pois a auto-imagem do trovador estava orientada em torno do ideal de uma realização perfeita da complexa forma cortesã de comunicação, que era socialmente institucionalizada e explicada em vários tratados. Por conseguinte, cada exercício individual da execução poética contribuía para o fortalecimento do potencial de fortificar a fronteira entre o cotidiano e uma situação especial com possibilidades experienciais e comportamentais especiais. Em outras palavras, e formulando de modo mais abstrato, toda transgressão da fronteira entre a vida cotidiana e o jogo tornava mais exatas e mais estáveis as esferas do "jogo" e do "cotidiano".

Mas onde, acima e além deste contínuo assegurar da possibilidade de sua execução, se encontraria a *função* da poesia do antigo provençal? Se compreendermos sob o conceito "função" a mudança no pré-conhecimento do público que se realiza pela recepção do texto — isto é, pela participação do público num exercício de comunicação — então devemos nos prender, antes de tudo, à afirmação algo restritiva de que questões deste tipo não podem, em princípio, ser respondidas no sentido de "fatos históricos".[9] Pois a mudança no conhecimento do receptor só poderia ser discernida em ações executadas após a recepção; entretanto, as estruturas motivacionais que determinam o comportamento são em princípio afetadas pela combinação de experiências e elementos de conhecimento que foram adquiridos em *diversas* situações, de modo que não se pode isolar e pesar separadamente a contribuição específica da recepção do texto à gênese das motivações. Assim, só é possível falar de *potenciais* funcionais — e neste nível a questão *do* "potencial funcional da antiga poesia provençal" seria mais uma vez colocada de maneira global demais. O único elemento comum aos conteúdos individuais do texto — e provavelmente às suas formas respectivas de execução — é uma distância/diferenciação em relação às normas comportamentais e ao conhecimento da vida cotidiana. Somente com base nessas circunstâncias foi-nos permitido admitir que todo exercício comunicativo na antiga poesia provençal implicava uma transgressão, a saber, a travessia de uma "fronteira entre". Entretanto, num exame mais detalhado, descobrir-se-á que havia tipos diferentes dessa diferenciação, que se pode novamente associar a potenciais funcionais diferentes. Se a relação entre o pré-conhecimento do público e o conhecimento apresentado no texto é interpretada como uma relação de negação, três tipos de diferenciação podem ser distinguidos:[10]

• Na relação de "negação simétrica", uma esfera (b) exclui todos aqueles elementos do conhecimento que constituem uma esfera (a), e é ela própria constituída de todos aqueles elementos de conhecimento que não estão dados na esfera (a). Situações de jogo estão freqüentemente nesta relação com o cotidiano, embora a possibilidade de uma total falta de conectabilidade entre as duas esferas seja impensável, porque então uma transição, uma transgressão da "fronteira entre" não poderia ser realizada. As negações simétricas são aquele ato que pode ser melhor correlacionado com o tipo funcional de "excesso autorizado". Por causa de sua diferença radical das estruturas de conhecimento da vida cotidiana, elas raramente podem reagir a esta última.

- Em relações de "negação assimétrica", uma esfera (b) exclui uma porção dos elementos de conhecimento que constituem uma esfera (a) e é constituída em parte por elementos de conhecimento que permanecem excluídos da esfera (a). Ambos os lados, contudo, também partilham um estoque básico de elementos de conhecimento que são às vezes distintivos e às vezes obscurecidos. Estágios históricos de evolução, programas de reforma ou "sugestões alternativas" — mesmo em sua auto-apresentação — podem ser vinculados a este esquema. Mundos de jogo com o *status* de "negações assimétricas" têm comparativamente grandes chances de efetuar mudanças nos "mundos cotidianos".
- Com "negações puramente recorrentes", uma esfera (b) postula todos aqueles elementos de conhecimento que são obscurecidos de uma esfera (a), sem por sua vez negar qualquer dos elementos de conhecimento que são essenciais à esfera (a). Assim na esfera (b) estão suspensas todas as funções orientacionais do conhecimento social, que são em outras circunstâncias produzidas por seletividade. Os padrões imagéticos do caos e da comunicação disruptiva indicam relações de negação puramente recorrente. Podem sempre ter efeito quando a suspensão do princípio de seletividade transgride os limites temporais, espaciais e situacionais que são normalmente impostos a este princípio.[11]

Na seção seguinte aplicaremos esta tipologia de negação a todo o corpo textual ligado ao nome de Guilherme IX; veremos que provas para os três tipos de negação podem ser distinguidas neste corpo e que, acima de tudo, textos correspondentes ao tipo de "negação puramente recorrente" tornam possível um entendimento desta transgressão (travessia de um "limite de") pela qual Guilherme IX da Aquitânia tornou-se o "primeiro trovador".

III

A questão da origem histórica da antiga poesia provençal, o fascínio, aliás, com o qual contribuiu decisivamente para o nascimento da disciplina "Filologia Românica" na primeira metade do século XIX, pode hoje ser considerada resolvida numa resposta qualificada[12] — especialmente porque é altamente improvável que os problemas deixados em aberto por esta resposta possam ser algum dia resolvidos. Primeiramente, há muito que falar em favor da idéia de que o tipo situacional que caracteriza a maioria dos conteúdos de seus textos — i.e., o desejo ao mesmo tempo dificultado por um obstáculo fundamental e renovado continuamente por este obstáculo[13] — se desenvolveu sob a influência de uma poesia amorosa que se originara na cultura islâmica do sul da Espanha após a virada do milênio. Em segundo lugar, a estrutura da *canzo*, a forma básica da antiga poesia provençal, pode ser derivada das interferências entre formas textuais da poesia amorosa islâmica e as formas distintivas dos hinos do latim médio específicos do sudoeste da França. Em terceiro lugar, essas afiliações como motivadoras dos conteúdos temáticos da poesia parecem ter se intensificado a partir do século XI pelo empenho de jovens nobres (da baixa nobreza?) em protelar, pela codificação e propagação de uma forma comum, porém exclusiva, de conduta nobre, uma desvalorização iminente de seu *status* social.

No entanto, como já mencionamos diversas vezes, Guilherme IX não foi certamente o primeiro que cantou, ou tinha cantado, estas *canzos*. A complexa elaboração artística dos textos que lhe são atribuídos poderia por si só desmentir esta afirmação; é uma elaboração artística que ideotipicamente se apresenta em surpreendente contraste com aquele ato discursivo hesitante-experimental que caracteriza os primeiros ensaios históricos de gênero. Mas mesmo este jogo com alusões e criptografias, em que ele conta com um público iniciado neste gênero particular, aponta para uma tradição previamente formada.[14] Ele pode ter sido, portanto, o "primeiro trovador" — para salientá-lo pela última vez — somente no sentido de que foi o primeiro a comandar (ou talvez executar) a escrita de textos no vernáculo provençal. Que esses textos, *já num estágio bastante adiantado*, designavam-no sob o nome "Lo Coms de Peitau", isso se confirma pelo consenso de oito manuscritos provenientes de várias famílias de manuscritos.[15] Mas que causa, que motivo pode ter tido Guilherme IX para pôr por escrito os textos? A tradição latina pertinente à sua biografia apresenta inicialmente uma imagem que se encontra em direto contraste ideotípico com a de outros "autores" e "promotores da escrita" provenientes da alta nobreza medieval — considere-se, por exemplo, Afonso X de Castela.

Guilherme nasceu em 22 de outubro de 1071, filho do duque da Aquitânia de mesmo nome e conde de Poitou e de sua esposa, Audeliarde da Burgúndia, e, embora estivesse entre os vassalos do rei da França, a extensão dos territórios herdados por Guilherme excedia as possessões do rei. Entretanto, durante os cinco primeiros anos de sua vida, foi considerado um bastardo pela lei canônica, pois a Igreja fizera objeções ao casamento de seus pais com base numa relação consangüínea existente entre ambos; o pai de Guilherme conseguiu que estas objeções fossem retiradas somente após uma viagem que fez a Roma em 1076. Essa tensão com a Igreja que obscureceu o seu nascimento marcaria para sempre cada etapa da vida de Guilherme como um *leitmotif*. Até o exercício da soberania, que ele assumiu com a morte de seu pai, em 1086, não precisamos retomar todas as minúcias, muitas vezes de difícil compreensão, e citarei, em vez disso, a síntese de M. Zink, igualmente concisa e suficiente para os interesses históricos: "Les chroniques tracent un portrait haut en couleur, celui d'un politique brouillon, dont l'activité fébrile et souvent incohérente ne s'est guère soldée que par les échecs".[16] O fato de os dois casamentos de Guilherme IX terem fracassado foi explicado

— com a referência simultânea a diversas observações pertinentes da historiografia e (talvez de um modo que, absolutamente, não está isento de problemas) aos poemas atribuídos a ele — pela presunção de que levou uma vida dissoluta. Sabemos que por volta de 1115 ambas as esposas de Guilherme e sua filha do segundo casamento (como muitas senhoras da alta nobreza) haviam ingressado no convento Fontévrault, fundado pelo pregador da reforma, Roberto d'Arbissel; talvez a intenção que Guilherme de Malmesbury lhe atribuiu de fundar um bordel na forma institucional de um claustro remonte a um texto (que com certeza não sobreviveu) em que ele tratara satiricamente o resultado de seus casamentos. Por volta da passagem do século, ele participou da fracassada Primeira Cruzada à Palestina, e, em 1120, participou ao lado do rei de Aragão de uma batalha contra os mouros. Mas ele fora também excomungado diversas vezes, em parte por razões morais, em parte por motivos políticos. Quando Guilherme IX morreu, em 10 de fevereiro de 1126, legou ao filho um domínio que não era nem mais extenso e certamente nem mais seguro do que aquele que herdara de seu próprio pai.

Portanto, não foi com certeza este lado "político" de sua vida (no qual ele permaneceu muito aquém das possibilidades oferecidas pelo poder e pela posição) que fascinou os historiógrafos contemporâneos — mas antes a agudeza de espírito ao que parece bastante extraordinária de Guilherme IX e seu temperamento irascível. Estas duas qualidades renderam-lhe condenações inequívocas ("totius pudicitiae ac sanctitatis inimicus"[17]), assombro incrédulo ("[...] quasi crederet omnia fortuito agi, non providentia regi"[18]) e admiração mal disfarçada ("vehemens amator feminarum"[19]). Era no plano da admiração, no entanto, que se entrevia seu talento em despertar, nas mais diversas situações, a atenção e o riso das pessoas ao redor, por meio de ações e palavras espirituosas e surpreendentes que eram tão arrogantes quanto congeniais. Essa habilidade sugeria já aos seus contemporâneos a comparação de Guilherme com atores, o que, partindo da compreensão que tinham da sociedade, era provavelmente blasfematório: "audax fuit et probus, nimiumque iocundus, facetos etiam histriones facetiis superans multiplicibus".[20] Assim, ele devia saber como atravessar, com os seus ouvintes, a fronteira entre a seriedade cotidiana e aquela jovialidade do jogo em que a graça e a elegância permitem que o sentido inventado transforme numa realidade o que chamamos hoje de "ficção": "nugas porro suas falsa quadam venustate condiens, ad facetias revocabat: audientium rictus cachinno distendens".[21] Mesmo a desgraça da cruzada fracassada poderia parecer divertida e cômica nas suas canções:

> "Pictavensis vero dux, peractis in Ierusalem orationibus, cum quibusdam aliis consortibus suis, est ad sua reversus; et miserias captivitatis suae, ut erat iocundus et lepidus, postmodum, prosperitate fultus, coram regibus et magnatis atque Christianis coetibus multotiens retulit rythmicis versibus, cum facetis modulationibus."[22]

Sempre que Guilherme IX deixava a sua habilidade comportamental e verbal imperar em situações que pediam seriedade e sinceridade, ele transgredia até os limites relativamente amplos permitidos às ações dos nobres; então, o jogo degenerava em agressividade. A história de que Guilherme teria usado no campo de batalha um escudo com a imagem da amada, a condessa de Châtellerault, e que o teria justificado afirmando que desejava usar na batalha aquela que o usara no leito,[23] mais se assemelha a uma paráfrase historiográfica de uma canção perdida. Mas não se parece com uma cena de uma *canzo* a história de que ele provocou o careca bispo de Angoulême, que o ameaçara de excomunhão se ele não se separasse da amiga, com estas palavras: "Você terá de pentear os cabelos de minha cabeça antes de eu me separar da condessa".[24] Rompendo todos os limites do respeito social e religioso, Guilherme já havia alguns anos antes ameaçado com uma espada desembainhada, na catedral de Poitiers, o bispo que pronunciava as palavras de sua excomunhão,[25] e havia transformado essa ameaça em escárnio; quando o prelado, imbuído do espírito de martírio cristão, ofertou-lhe o pescoço, Guilherme embainhou a espada com estas palavras: "Tantum certe te odi ut nec meo te digner odio, nec caelum unquam intrabis meae manus ministerio".[26] É bastante óbvio que foram essas intermináveis tensões com a Igreja que incitaram Guilherme não somente a ousar na vida cotidiana ações e palavras que constituíam a própria razão de segregar do cotidiano o jogo cortesão, mas também a impô-las à esfera eclesiástica, cuja contra-insularidade proibia toda força, todo riso e toda liberdade de ação.

As anedotas que descrevem, na historiografia medieval, os traços de caráter e os talentos de Guilherme IX, assim como a admiração que lhes dedicavam os seus contemporâneos oferecem-nos certamente bons motivos para renovar a discussão daqueles dois tipos de transgressão que distinguimos no início desse artigo com base numa reflexão sociológica. Até agora, a questão histórico-literária básica permaneceu em aberto: se vários grupos entre os textos atribuídos a Guilherme podem separadamente ser relacionados com atos diferentes de transgressão e provocação. A pesquisa pertinente tentou responder a essa questão em dois níveis completamente diferentes — de um lado, com estudos detalhados que tentaram relacionar textos individuais com momentos e acontecimentos específicos da vida do "primeiro trovador";[27] de outro lado, repetidamente com novas minitipologias que dividiram a totalidade do *corpus* em agrupamentos textuais diferentes em conformidade com critérios semânticos.[28] Sem levar em conta o modo como foram traçadas as linhas tipológicas de demarcação nos casos particulares, elas sempre produziram fundamentalmente dois blocos de texto principais, em cuja descrição é possível detectar uma certa afinidade com a questão das funções sociais dos poemas: canções que nomeiam, descrevem ou contam histórias de sexualidade extramarital (muitas vezes de modo tão aberto que os filólogos e historiadores literários de gerações anteriores decidiram, ou por discrição ou por indignação, não traduzir) são postas em contraste com textos em que se retrata e preserva esta tensão entre desejo erótico e impossibilidade de satisfazê-lo, uma tensão que, no retrospecto histórico-cultural, conferiu identidade ao *Minnedichtung*. Nas páginas seguintes tentarei examinar, aplicando os três tipos de negação propostos na seção introdutória, o problema de detectar uma correlação entre o *corpus* textual e a tradição biográfica (com suas implicações sócio-históricas). Pois, contrastando com a interpretação biográfica e com a estruturação do *corpus* a partir da semântica textual, os conceitos de negação permitem compreender e considerar *ao mesmo tempo* aspectos da semântica textual e aspectos da função textual.[29]

A caracterização da canção "Pos de chantar m'es pres talentz",[30] o chamado "poema de penitência" de Guilherme IX, revela-se como a menos problemática na perspectiva analítica aqui escolhida. A posição do "eu" aqui conforma-se a todas as normas prescritas pela Igreja para a nobreza cristã; como um horizonte de negatividade potencial, somente os versos seguintes são evocados em memória de uma vida cortesã distanciada da seriedade religiosa:

> "De proeza e de joi fui,
> Mais ara partem ambedui;
> Et eu irai m'en a Scellui
> On tut peccador troban fi.
> [...]
> Tot ai guerpit cant amar sueill,
> Cavalaria et orgueill;
> E pos Dieu platz, tot o acueill,
> E prec li que .m reteng'am si. (28)"[31]

A sugestão presente no texto de que o "eu" aqui está na posição de alguém que fala já no crepúsculo da vida suscitou grandes dificuldades para os historiadores literários com tendência à biografia, porque dificilmente se pode encontrar, na vida de Guilherme IX, uma "reviravolta" correspondente e porque as tentativas de localizar a data de origem do texto apontam para uma época *anterior* à relação de Guilherme IX com a condessa de Châtellerault.[32] Já que se pode observar com grande freqüência, nas coletâneas de textos a partir do século XIII, a tendência a organizar os poemas e as canções atribuídas a um *único* autor de maneira que a organização sugira a impressão de uma coerência biográfica,[33] é natural esperar, neste caso particular, que um texto que tematizou originalmente em termos bastante genéricos a situação do "remorso tardio" ganhasse uma referência específica pela sua atribuição a Guilherme IX. Seja qual for o caso, a canção "Pos de chantar m'es pres talentz" pouco contribui para a elucidação da nossa questão de função, porque ela deve claramente sua existência a uma posição socialmente institucionalizada e oficializada.

O gracejo da fala, que queremos realçar com o conceito de "negação simétrica", é representado, entre outras, por aquelas três canções de Guilherme IX que se iniciam por um apelo aos seus amigos: "Companho, faray un vers... covinen"(I)[34], "Compagnio, non puosc mudar qu'eo no m'effrei" (II),[35] e "Companho, tant ai agutz d'avols conres" (III).[36] Nelas é constituído um mundo contrário, e o contraste que separa este mundo contrário do mundo cotidiano é realçado exemplarmente por uma série (muitas vezes reiterada) de oposições semânticas:

> "Companho, faray un vers... convinen:
> Et aura.i mais de foudaz *no.y a de sen*,
> Et er totz mesclatz d'amor e de joy e de joven.
>
> E tenguatz lo per vilan *qui no l'enten*
> O dins son cor voluntiers [qui] non l'apren;
> Greu partir si fa d'amor qui la trob'a son talen."[37]
>
> (1; grifos meus)

Nas estrofes seguintes, a canção (I) leva a tematização da sexualidade extramarital a um crescendo hiperbólico, porque o "eu" não mais tematiza de modo algum a transgressão dos relacionamentos maritalmente sancionados, mas, antes, o problema da necessidade de decidir entre duas senhoras cujos encantos são claramente pintados como vantagens físico-sexuais pela sua metaforização como "dois cavalos". Os maridos que vigiam com excessivo rigor suas esposas são alvos de provocação na canção (II), que não somente troça da futilidade das medidas inspiradas pelo ciúme, mas também sugere o pensamento, particularmente humilhante para o marido de nascimento nobre, de que uma esposa que foi escondida com demasiado zelo poderá buscar satisfazer-se sexualmente com seus guardas. A transgressão da canção (III) deve ter se dado primordialmente no nível fonético da execução. Pois o texto não somente menciona repetidamente a palabra tabu *con*, mas também apresenta seqüências fonêmicas idênticas ou similares na articulação de outros sentidos e outras funções sintáticas.

> "Companho, tant ai agutz d'avols *conres*
> Qu'ieu mon puesc mudar non chan e *que no.m* pes;
> Enpero no vueill *c'om sapcha* mon afar de maintas
> [res.
> [...]
> Senher Dieus, quez es del mon capdels e reis,
> Qui anc premiers gardet *con com* non esteis?
> C'anc no fo mestiers ni garda c'a si dons estes
> [sordeis."[38]
> (5; grifos meus)

O ato repetidamente observado de "não somente não, mas além disso" (*não somente* a lei do tabu *não* está apoiada em extremos hiperbólicos, *mas também* a provocação da transgressão *é elevada* a estes extremos) pode ter a função, em textos simetricamente negadores, de extinguir o pensamento da impossibilidade extratextual de mundos puramente contrários pela exageração destes. O ato também caracteriza, a propósito, muitas das "regras *minne*" de Andreas Capellanus, escritas em latim no final do século XII. Se se lê aí que "causa coniugii ab amore non est excusatio recta",[39] então o significado da formulação reside na implicação de que o casamento não somente não é um obstáculo à transgressão da sexualidade extramarital, como também não pode nem mesmo ser aceito como uma desculpa com relação à compulsão à sexualidade extramarital. A frase "Masculus non solet nisi plena pubertate amare"[40] não somente inclui o lado físico do erotismo como um componente da relação amorosa, mas também exclui a possibilidade do amor não-físico.

Esta exageração da transgressão por meio da referência à infinidade implicada na hipérbole constitui — mesmo em outros gêneros vernáculos da Alta Idade Média — o ato de fala *gap*, cujo nome é provavelmente, do ponto de vista dos críticos medievais das execuções cortesãs, melhor traduzido pela versão corrente de "jactar-se" ou "blasonar". Sua mais sutil articulação — porque mais complexa — no *corpus* dos textos atribuídos a Guilherme IX é apresentada pelo poema (VI),[41] porque aqui a dupla competência do "eu" como cantor e como amante é unificada nos dois movimentos correspondentes de auto-elogio. A primeira estrofe inicia com as palavras de que esta canção é uma canção "de bom feitio (cor)", as quais são imediatamente superadas no *gap* de que o cantor/autor da canção é merecedor da "coroa desta arte (deste mister)". Na segunda estrofe lemos que o "eu" não somente nunca deixa inexplorada a oportunidade de um jogo de amor, mas sempre faz dele o melhor que se possa imaginar. Podem-se encontrar aqui, mais uma vez, aquelas oposições básicas que põem o mundo transgressor do jogo e o mundo cotidiano num contraste ideotípico, caso em que a complexidade semântica precisamente deste texto encontra correspondência na jactância do "eu" de que ele conhece os mundos dos dois lados daquela "fronteira entre":

> "Ieu conosc ben sen e folhor,
> E conosc anta et honor,
> E ai ardimen e paor... (13)"[42]

À guisa de introdução, caracterizamos a situação do jogo cortês como uma situação de "excesso autorizado", e podemos agora observar que os contrastes do "mundo contrário" e do "mundo" caraterísticos do tipo de negação simétrica na verdade não tocam o "mundo" institucionalizado. Tem-se até mesmo a impressão de que o *gap* empurrou os "mundos contrários" para zonas de improbabilidade onde eles — precisamente por causa desta improbabilidade — não poderiam de modo algum funcionar mais para questionar os aspectos institucionalizados da vida cotidiana.

A canção "Ab la dolchor del temps novel"(X)[43] pode ser situada entre o tipo de negação simétrica e o de negação assimétrica. A provocação deste texto reside nas linhas de encerramento:

> "Que tal se van d'amor gaban,
> Nos n'avem la pessa e.l coutel. (26)"[44]

Pois, por mais precisa que seja a referência à metáfora da "peça (?) e a faca", ela aponta certamente para a consumação física do amor. Mas com isso o "eu" e sua dama colocam-se à parte daqueles que "gabam-se de seu amor em frases exageradas", e já haviam estado no centro temático da canção aquelas dificuldades que confrontam uma tal relação, sem, contudo — como no tipo ideal do *Minnelied* —, tornar sua consumação inteiramente impossível:

> "La nostr'amor vai enaissi
> Com la branca de l'albespi
> Qu'esta sobre l'arbre tremblan,
> La nuoit, a la ploja ez al gel,
> Tro l'endeman, que.l sols s'espan
> Per las fueillas verz e.l ramel. (25)"[45]

Agora, com Guilherme IX, já existem três textos que correspondem ao "tipo ideal" do *Minnelied* e que, portanto, podem ser classificados no ato de "*negação assimétrica*": "Puz vezem de novelh florir" (VII), "Farai chansoneta nueva" (VIII), e "Mout jouzens me prenc en amar" (IX)[46]. A assimetria da negação pode ser descrita esquematicamente com base nos preceitos do Decálogo: o Sexto

Mandamento, "Neque moechaberis", *não* é violado nas cenas evocadas por estas canções, mas o ato de fala que os constitui *é* uma negação do Décimo Mandamento, "Non concupisces uxorem proximi tui". Mesmo aqui deparamo-nos com um texto em que a dupla competência no jogo amoroso e no jogo poético está unificada. Mas, enquanto a ponte semântica para esta unidade é oferecida no tipo de negação simétrica por meio da figura da hipérbole e do ato de *gap*, agora amor e poesia parecem estar unificados pelo firme autocontrole, pela observância dos mandamentos estabelecidos:

"Obediensa deu portar
A motas gens qui vol amar,
E coven li que sapcha far
    Faigz avinens,
E que.s gart en cort de parlar
    Vilanamens."

"Del vers vos dig que mais en vau
Qui ben l'enten ni plus l'esgau,
Que.l mot son fag tug per egau
    Cominalmens,
E.l sonetz, qu'ieu mezeis me.n lau,
    Bos e valens. (18)"[47]

Certamente este tipo de canção não requer comentários histórico-literários suplementares, pois foi precisamente sobre este tipo que se concentraram, durante séculos, os esforços de sucessivas gerações de poetas, assim como os de comentário poetológico e de interpretação histórico-literária. De nosso ponto de vista, o importante é precisamente aquele estado de coisas que motivou o contínuo interesse dos cientistas literários, a saber, o surgimento medieval de uma forma e uma temática fundamentais e duradouras da poesia amorosa. Ele confirma a suspeita de que, de um ponto de vista histórico-funcional, o ato de "negação assimétrica" implica as maiores "chances evolutivas". Formulando e ilustrando num sentido histórico-literário: somente a tematização da *renúncia* ao amor poderia ser retratada como a sublimação, como a metonímia da difícil, mas ainda assim possível obediência às normas da sociedade e, já nesta época precoce, como provam os romances cortesãos a partir da segunda metade do século XII, formar um dispositivo de socialização feudal.

Só não examinamos até agora dois textos do pequeno *corpus* de canções de Guilherme IX — e sem dúvida são estes os dois mais conhecidos dos seus onze poemas — porque eles não podem ser identificados nem como formas incipientes do *Minnelied* "clássico", nem como *gap*: são o famoso poema *nonsense* ("Faray un vers de dreyt nien" [IV])[48] e a canção do peregrino e do gato vermelho ("Faray un vers pos mi sonelh" [V]).[49] Com base na argumentação deste artigo, eles devem ser associados ao tipo de "negação puramente recorrente"; mas esta atribuição ainda não resolve a questão de saber onde, acima ou além do simples fato de sua excentricidade, encontra-se o campo comum dos dois textos. "Faray un vers pos mi sonhelh" — contrastando, o que é espantoso, com a biografia de Guilherme IX — é a única canção deste *corpus* em que se põe em cena o motivo então comum da competição entre cavaleiros e clérigos como amantes (naturalmente resolvida em favor dos cavaleiros):

"Domna fai gran pechat mortal
Qe no ama cavalier leal;
Mas s'ama o monge o clergal,
        Non a raizo;
Per dreg la deuri' hom cremar
        Ab un tezo. (9)"[50]

O papel no qual o "eu" fala é o de um cavaleiro. Mas na estória relatada pelo texto, este cavaleiro perambula por Auvergne, onde é saudado como peregrino por duas mulheres que o encontram: "E Dieus vos salf, don pelerin...".[51] O "eu" não revelará às mulheres sua identidade "primária" textualmente imanente (de cavaleiro), e é precisamente essa recusa que torna possíveis os excessos sexuais do "alegre trio" ("Tant las fotei com auzirets: / Cen e quatre vint et ueit vetz"[52] [12]). O "eu" mantém assim, na análise final, *ambas* as identidades, a de cavaleiro e a de peregrino, e o fato de nenhuma dessas duas identidades poder ser negada expressamente pode ser associado à "resposta" que o cavaleiro/ peregrino dá às mulheres às perguntas delas sobre a sua identidade:

> "Ar auzires qu'ai respondut;
> Anc no li diz bat ni but,
> Ni fer ni fust no ai mentaugut,
> Mas sol aitan:
> 'Babariol, babariol,
> Babarian.'"[53]

O caos que as negações puramente recorrentes podem evocar encontra correspondência aqui na seqüência de sons, que não se combinam para expressar um contorno isolado de sentido. As mulheres são, mais uma vez, acometidas de dúvidas sobre a real mudez do "peregrino", e estas dúvidas conduzem à cena em que elas jogam nas costas nuas dele um gato vermelho para ver se esta tortura o obriga a falar. Somente depois que o peregrino/cavaleiro passa por este duro teste é que a pequena orgia se inicia:

> "'Sor, diz n'Agnes a n'Ermessen,
> Mutz es, qe ben es connoissen;
> Sor del banh nos apareillem
> E del sojorn.'
> Ueit jorns ez encar mais estei
> En aquel forn. (12)"[54]

O mundo cotidiano das duas mulheres mantém-se como pano de fundo para o *sojorn,* e assim que o cavaleiro/peregrino as deixa, o texto sugere, a vida delas continua "como se nada tivesse acontecido". Assim como o papel do "cavaleiro" e o do "peregrino" estão entrelaçados na identidade do "eu", do mesmo modo o cenário corriqueiro ganha uma trama com os excessos da orgia.

No entanto, é precisamente neste hábito — o qual permite que sentidos e referências de outro modo incompatíveis *fiquem lado a lado* — que está o paralelo entre a canção do peregrino e do gato vermelho e o poema *nonsense* de Guilherme IX. Houve tentativas de atribuir a riqueza de negações presentes na canção (VI) a algo parecido com um "niilismo existencial" ou à intenção de hipostasiar a poesia como "creatio ex nihilo"[55]. Em seu arranjo, no entanto, todas estas negações *não* resultam — como pretenderam tantas interpretações — *numa convergência semântica.* A estrutura básica dos versos e das estrofes reitera um modelo extremamente simples (mas talvez extremamente raro para textos escritos): "não A, e/mas também não B"; não amor-*minne*, e/mas também não a moralidade convencional. Nos últimos versos da maioria das estrofes, o "eu" toma posições de distância simbólica em relação à esfera emblemática da vida cotidiana como a esfera em que as escolhas devem ser feitas entre alternativas e em que aquilo que é incompatível deve ser tornado compatível: "Qu'enans fo trobatz en durmen/ Sobre chevau"; "Qu'enaissi fuy de nueitz fadatz,/ Sobr' un pueg au"; "E no m'o pretz una soritz,/ Per sanh Marsau"; "Bos metges er si.m pot guerir,/ Mas non, si amau" (6 e ss.)[56]. Este ato encontra correspondência na última estrofe da canção (IV), onde diferentemente o "eu", com freqüência, entrega a um servidor (às vezes, um pássaro) o texto do poema escrito em forma cifrada, junto com instruções para que seja enviado a *uma* senhora (geralmente conhecida somente por um pseudônimo masculino) que vive longe, única a partilhar com o "eu" o conhecimento necessário à decifração do texto. Todas as coisas hermeticamente especificadas e referencializadas na forma convencional da última estrofe são aqui transformadas numa referência feita a esmo: o "eu" fez uma canção sem saber de quem ela trata e a entregará a qualquer um que a passará para uma outra pessoa "na região de" Anjou, e talvez esta outra pessoa possa trazer ao "eu" a chave do entendimento do texto:

"Fag ai lo vers, no say de cuy;
E trametrai lo a selhuy
Que lo.m trametra per autruy
Lay vers Anjau,
Que.m tramezes del sieu estuy
La contraclau. (8)"[57]

Porque neste texto todos os sentidos são negados, sem que um sentido não-negativo tome o lugar daquilo que foi negado (só não são negadas aquelas posições às quais o sentido significante não pode ser associado, como "dormindo na sela" ou o "encantamento de um anão numa montanha alta"), surge no final uma esfera *na qual todo sentido é possível, e/porque todo sentido é impossível.*

Mas quem (ou o quê) seria supostamente afetado por uma negação de todas as negações e de todas as posições? O fraseado do texto não oferece nenhum ponto de referência para responder à questão — e isto dá à nossa resposta-tese a condição de uma *especulação arriscada.* Historiadores literários filologicamente (mais) responsáveis interromperiam a análise neste ponto, por considerarem ilegítimo recorrer à sua própria imaginação histórica, embora neste caso somente este recurso possa levar a um maior discernimento. E não há argumentos contrários, mas antes, apenas, o *joy* de jogar com a própria imaginação histórica. Seja como for, nossa tese estabelece que Guilherme IX, com este poema (mais precisamente, com este poema *como texto escrito*), pretendeu apanhar o clero por transgressão de seu privilégio de escriba. Nossa tese apóia-se em três dados: no fato de que o único outro texto em que se pode discernir o ato de negação puramente recorrente nomeia explicitamente os clérigos como os antagonistas do "eu"; naquelas tensões duradouras com a Igreja que caracterizam a vida de Guilherme IX e que são transmitidas em numerosas anedotas de provocação transgressiva; e, finalmente, na importância de seu papel histórico-literário de "primeiro trovador", que (como já mostramos) só pode se fundamentar no fato de que Guilherme IX foi o primeiro a pôr canções provençais na forma escrita. Podemos até mesmo reconhecer, nos prólogos dos romances cortesãos que começaram a aparecer três quartos de século mais tarde, o esforço de fazer o material "mundano" articulado no vernáculo parecer digno de ser escrito mediante a atribuição a ele de todos os tipos possíveis de valores "espirituais". Isso sugere a conclusão de que a escrita de um texto cujo único sentido era a negação da mera possibilidade de sentido deve ter sido experienciada como algo semelhante à hipérbole insuperável na transgressão do privilégio de escriba mantido com tanto zelo pelo clero. Do ponto de vista desta interpretação proposta, a provocação da canção "Farai un vers de dreyt nien" lembra as anedotas contadas pelos historiadores medievais nas quais Guilherme IX insultava publicamente os prelados que o ameaçavam de excomunhão ou a executavam. Assim como ele *não somente* se mostrou indiferente à excomunhão, mas *além disso* insultou e ameaçou os dignitários da Igreja e, ao final, ridicularizou-os ao considerá-los nem mesmo dignos de ser feridos pela sua espada, assim poderia o texto (IV) *não somente* ter transgredido o privilégio de escriba, mas também *exagerado* esta provocação por meio de um texto em que cada sentido era a um só tempo possível e impossível.

IV

Em vista da tendência corrente de historicizar o conceito de "literatura" e, com ele, os pontos de referência da história literária,[58] parece um passo óbvio associar a história da forma de comunicação "literatura" à figura histórico-intelectual da "subjetividade".[59] Esta associação levanta a questão de saber se é possível (ou desejável) também descobrir traços de tal "subjetividade" nas canções do "primeiro trovador". Em termos de história intelectual, a "subjetividade" pode ser caracterizada como aquela autoridade por intermédio da qual o homem, a partir da Idade Média, deixou de atribuir o sentido "descoberto" no mundo apenas a um ato divino de criação, mas antes atribuiu a si próprio (à sua própria capacidade de constituir sentido). Constituir sentido é, contudo, sempre executado como um ato duplo, a saber, como um obscurecimento das possibilidades de sentido que é, ao mesmo tempo, uma afirmação das possibilidades não obscurecidas de sentido. Por conseguinte, numerosos textos do final da Idade Média e do início da Idade Moderna caracterizam-se pelo fato de que os seus autores — pense-se em Villon, Montaigne, Machiavelli — evocam, de início, um denso horizonte de possibilidades de sentido a fim de realçar contra este horizonte (por meio do obscurecimento de outros elementos do horizonte) os sentidos que devem ser afirmados no final. Os textos e a biografia de Guilherme IX da Aquitânia ainda estão bastante distantes desta "subjetividade" — historicamente fácil de identificar. Mas talvez aqueles mesmos atos que fazem com que seus textos assim como a sua vida nos impressionem como "excêntricos" possam ser compreendidos como "precursores rudimentares da subjetividade". Especificamente, os acontecimentos provocativos com que Guilherme IX transgrediu aqueles limites da conduta legítima que eram aplicados a um senhor feudal da Alta Idade Média (e certamente as transições na execução cortesã para um mundo de "excessos autorizados" *não* eram consideradas um comportamento legítimo) suspenderam negações impostas pela seriedade e pela pretensão ao poder da parte do clero — ou pelo menos indicaram que sua suspensão era possível. Com isso talvez se tenha iniciado a abertura para aquele horizonte do pensável e do expressável com o qual se podia relacionar — de modo seletivo e significativo —, séculos mais tarde, a "subjetividade do início da idade moderna". No entanto, enquanto as figuras da intelectualidade (o erudito que se isola de todas as pressões da vida cotidiana, o teórico político que reflete sobre ideais distantes, o menestrel que aceita sua marginalização) se transformaram, na escrita da história cultural, em protótipos da subjetividade moderna, a historiografia latina caracteriza o "primeiro trovador" pela sua agudeza de espírito, pela sua arrogância e pelo seu temperamento volátil; nos textos encontramos um "eu" que compôs uma canção enquanto dormia sobre a sela do seu cavalo, que desempenhou o papel de um peregrino mudo ou que se gabou diante de seu *companho* de sua grande proeza sexual. É o gosto do historiador que sabe se poderia englobar o(s) caracter(es) de Guilherme IX no discurso de uma "história da subjetividade".

Bem antes de Guilherme IX (como já dissemos), existiram esferas de jogo da nobreza, em cuja insularidade eram permitidas muitas coisas que não o eram na vida cotidiana — e o "primeiro trovador" manteve-se na tradição deste hábito de conduta. Mesmo antes do período compreendido pela sua vida pode ter sido inventado aquele tipo situacional de poesia amorosa em que apareciam "obstáculos" entre a luxúria carnal e suas satisfações — e precisamente as chances de sublimação implícitas neste modelo tornaram possível, a partir do século XII, essa aproximação entre os conteúdos do jogo e a seriedade da vida cotidiana que os romances cortesãos e, mais tarde, os *Minnelieder* realizaram. A escrita de textos como aqueles preservados sob o nome de "Chrétien de Troyes", portanto, provavelmente não foi mais experienciada como uma "transgressão", mas antes como um "caso-limite" que exigiu grandes esforços para ser dignificado — em contraste visível com Guilherme IX — em termos éticos e religiosos.

Certamente a literatura cortesã teria atravessado a fronteira da forma escrita mesmo sem o "primeiro trovador". A provocação de pôr canções na forma escrita, que tentamos atribuir a Guilherme IX, aparece portanto como um fenômeno predominantemente contingente a ser compreendido apenas no contexto dos rudimentos de uma biografia individual: algo como uma "centelha inicial" que teríamos esquecido por muito tempo se os seus efeitos (em contraste com as suas motivações) não tivessem — mais ou menos de modo acidental — convergido em processos de transformação social e histórico-cultural.[60]

NOTAS

[1] Extraído de *Stanford French Review*, Spring-Fall, 1990, pp. 117-41.

[2] Para a distinção dos dois conceitos compreendidos na palavra alemã *Grenze* ("limite" e "fronteira"), ver Erhardt Cremers, *Grenze und Horizont. Proto-soziologische Reflexionen zu einer Phänomenologie und Soziologie sozialer Grenzen*, Hagen, 1986. Enquanto trabalhava neste artigo, beneficiei-me dos resultados de um seminário sobre "Língua e Literatura Provençal Antiga" que dirigi com Johannes Kramer no semestre do inverno de 1987-1988 na Universität-Gesamthochschule Siegen.

[3] Para uma discussão do problema da atribuição, ver Martín de Riquer, *Los trovadores. Historia literaria y textos,* Barcelona, 1983, 1, p. 109.

[4] O conceito de *Spiel* proposto aqui é o resultado da convergência de elementos e estímulos de vários livros e tratados pertinentes (em parte, "clássicos") de Mikail Bakhtin, Gregory Bateson e Johan Huizinga — assim como dos escritos teóricos de Wolfgang Iser concernentes à leitura e à ficção.

[5] *Las siete partidas*, glosadas por el Licenciado Gregorio Lopez, Salamanca, 1555. Edição em fac-símile organizada pelo Boletín Oficial del Estado, Madrid, 1974: Partida II/ Título VII/ Ley 1 (rei e nobreza), Partida I/ Título VI/ Ley XXIV (clero), Partida VII/Título IX/ Ley II (terceiro estado). Uma descrição completa destas passagens textuais no concernente à questão da reconstrução das situações de jogo cortesão pode ser encontrada no primeiro capítulo histórico ("~1100-1284") do meu livro, *Eine Geschichte der spanischen Literatur*, Frankfurt, 1990.

[6] No tocante à metáfora artesanato, ver especialmente a primeira estrofe da canção "Ben vuelh que sapchon li pluzor" (p. 13) na edição de Alfred Jeanroy, *Les chansons de Guillaume IX, Duc d'Aquitaine (1071-1127)*, Classiques Français du Moyen Age, Paris, 1964, vol. 9.

[7] Ver, por exemplo, o prefácio de Paul Zumthor à sua versão em francês moderno de *Abélard e Héloise: Correspondance*, Paris, 1979, p. 18 e ss.

[8] Ver (como um exemplo escolhido arbitrariamente) o recurso de Enrique de Villena à poética de Walter Raleigh, em sua *Arte de trovar*, in Marcelino Menéndez Pelayo (ed.), *Antología de poetas líricos castellanos*, Santander, 1944, 4, p. 11, *Edición nacional de las obras completas de Menéndez Pelayo*, vol. 20.

[9] Ver o argumento totalmente sociológico desta aporia em meu artigo, "Consequences of the Esthetics of Reception, or: Literary Science as the

Sociology of Communication", *Poetica* 7, 1975, pp. 388-413. (Versão inglesa em meu livro *Making Sense in Life and Literature*, Minneapolis, 1991.)

[10] Ver "Literarische Gegenwelten, Karnevalskultur und die Epochenschwelle vom Spätmittelalter zur Renaissance", in Hans Ulrich Gumbrecht (ed.), *Literatur in der Gesellschaft des Spätmittelalters*, Heidelberg, 1980, pp. 95-149. Volume unido a *Grundriss der romanischen Literaturen des Mittelalters* 1.

[11] Um típico exemplo desta "negação puramente recorrente" como um fenômeno de história social e cultural é oferecido pela reconstituição de Emmanuel Leroy Ladurie do carnaval entre os romanos, *Le Carnaval de romans. De la Chandeleur au mercredi de Cendres, 1579-1580*, Paris, 1979.

[12] Ver, por exemplo, Michael Zink, "Troubadours et trouvères", in Daniel Porion (ed.), *Précis de littérature française du Moyen Age*, Paris, 1983, pp. 128-55.

[13] Ver nota 7.

[14] Para uma discussão da tradição que precede as canções de Guilherme IX, ver Rainer Warning, "Lyrisches Ich und Öffentlichkeit bei den Trobadors", in Christoph Cormeau (ed.), *Deutsche Literatur im Mittelalter — Kontakte und Perspektiven. Hugo Kuhn zum Gedenken*, Stuttgart, 1979, pp. 120-59. Um sumário do estado de transmissão pode ser encontrado em Jeanroy, op. cit., p. XIX.

[15] Ver Jeanroy, op. cit., pp. VIII e ss.

[16] Michel Zink, "Troubadours et trouvères", op. cit., p. 129. Para uma biografia de Guilherme IX, ver, sobretudo, Reto Bezzola, *Les origines et la formation de la littérature courtoise en Occident*, deuxième partie, Paris, 1966, pp. 253-316. [As crônicas traçam um retrato cheio de cores, o de um político trapalhão, cuja atividade febril e muitas vezes incoerente redundava apenas em fracassos.]

[17] Riquer, op. cit., p. 108, n. 11 (referência de *Gaufredi Grossi vita Bernardi, abbatis de Tironio*). [Um inimigo de todo pudor e de toda santidade.]

[18] Idem, ibidem, n. 13 (referência de Guilherme de Malmesbury, *De gestis regum anglorum*, Lib.V). [Ele quase acreditava que tudo acontecia ao acaso, sem a interferência da providência.]

[19] Ibidem, n. 12 (referência de *Gaufredi prioris Vosiensis Chronica*). [Um ardoroso amante das mulheres.]

[20] Ibidem, n. 14 (referência de Orderic Vital, *Historia ecclesiastica*, Lib. X). [Ele era corajoso e bravo, e bastante engraçado, tão engraçado que superava as estórias dos contadores com as muitas estórias que contava.]

[21] Ibidem, n. 15 (referência de Guilherme de Malmesbury). [Ele velava as suas mentiras por trás de uma forma elegante e ainda assim retornava às piadas: os que o escutavam davam gargalhadas de quebrar o queixo.]

[22] Ibidem, n. 16 (de Orderic Vital). [O duque de Poitou, contudo, tendo terminado as suas preces em Jerusalém, retornou a sua pátria com alguns de seus companheiros; e já seguro na prosperidade, como ele era jocoso e alegre, apresentava amiúde as misérias de seus tempos de prisioneiro perante assembléias de magnatas e reis cristãos em versos ritmados, com modulações divertidas.]

[23] Ibidem, n. 9 (referência de Guilherme de Malmesbury).

[24] Ibidem, n. 10 (segundo Guilherme de Malmesbury).

[25] Ibidem (segundo Gulherme de Malmesbury).

[26] Ibidem (referência de Guilherme de Malmesbury). [Eu te odeio tanto que não te considero digno de meu ódio, e por isso não te deixarei ir para o céu por um golpe de minha mão.]

[27] Ver, por exemplo, o estudo "clássico" de Joachim Storost, "'Pois de chantar m'es pres talents': Deutung und Datierung des Bussliedes des Grafen von Poitiers", *Zeitschrift für französische Sprache und Literatur* 63, 1940, pp. 356-86.

[28] Jeanroy, op. cit., pp. XVII e ss. e Riquer, op. cit., pp. 109 e ss.

[29] Na discussão subseqüente, usaremos o sistema de numeração da edição de Jeanroy para identificar os textos; as referências entre parênteses após as estrofes correspondem aos números das páginas.

[30] [Um desejo me impele a cantar.]

[31] [Da bravura e da alegria fui, / mas agora estou afastado das duas: / e me marcharei para Aquele / junto ao qual todo pecador encontra conforto. // [...] // Renunciei a tudo quanto costumava amar, / cavalaria e orgulho: / e, já que a Deus agrada, a tudo acato / e rogo que me retenha a seu lado.]

[32] Este é o resultado da investigação de Storost, "Pois de chantar m'es pres talents".

[33] Sobre isto ver a excelente (e, infelizmente, apenas com publicação restrita) dissertação de Gisela Smolka-Koerdt, *Die iberischen Liedersammlungen von 1450 bis 1600. Kulturhistorische Perspektiven auf einen "unbequemen Gegenstand"*, Siegen, 1987.

[34] [Companheiro, farei um verso que nos convém.]

[35] [Companheiro, não posso evitar de me chocar.]

[36] [Companheiro, eu tive esta armadura brilhante.]

[37] [Companheiro, farei um verso... adequado / haverá nele mais necessidade que juízo, / e estará mesclado de amor, de alegria e juventude. // E considerarei rústico a quem não o entende, / ou de bom grado não o aprende de memória: / duro é apartar-se do amor para aquele que não o encontra a seu agrado.]

[38] [Companheiro, tenho uma armadura tão brilhante / que não posso mudar meu canto e isso não me pesa; / porém não quero que se saibam muitas coisas da minha vida. // [...] // Senhor Deus, o que é feito de meu chefe e rei, / que nunca cuida do meu mundo?]

[39] Citado segundo a edição de E. Trojel, *Andreae Capellani Regii Francorum de Amore Libri Tres*, Munich, 1964, p. 310. [O motivo de um coito por amor não é uma desculpa firme.]

[40] Trojel, op. cit., p. 310. [O macho não costuma amar senão em plena puberdade.]

[41] Jeanroy, op. cit., pp. 13-6. Uma análise completa desta canção, e sobretudo da metáfora ambígua de "jogar em coxins" (jogo de xadrez/ jogo amoroso), pode ser encontrada em meu ensaio "Pathologien im Literatursystem", in Dirk Bäcker et al. (eds.), *Theorie als Passion. Niklas Luhmann zum 60. Geburtstag*, Frankfurt, 1987, pp. 137-80, aqui, p. 143 e ss.

[42] [Eu conheço bom senso e loucura / e conheço vergonha e honra / e tenho bravura e pavor...]

[43] [Com a doçura da nova estação.]

[44] [Que do amor eles se gabem, nós temos a peça e a faca.]

[45] [Ao nosso amor acontece / como ao ramo do branco espinho / que fica na árvore tremendo / à noite, por causa da chuva e do gelo, / até que de manhã o sol se estende / pelas folhas verdes e pela ramagem.]

[46] [Pois vemos florescer de novo]; [Farei uma cançoneta nova]; [Muito contente me sinto em amar.]

[47] [Obediência deve professar / a muita gente quem quer amar, / e lhe convém que saiba praticar / ações amáveis, / e que se guarde na corte de falar / de modo rústico. // Do verso vos digo que mais vale / quem bem o entende e merece mais louvor, / porque as palavras estão feitas por igual / exatamente, / e a melodia, da qual eu mesmo me envaideço, / é boa e valiosa.]

[48] [Farei um verso sobre o puro nada.]

[49] [Farei uma canção, depois irei sonhar.] Certamente não foi por acidente que Jeanroy, na sua edição, introduziu estes dois poemas *entre* os poemas mais clássicos de *Companho* e os *Minnelieder* (pp. 6-13).

[50] [Não comete pecado mortal mulher / que não ama cavaleiro leal; / mas se ama monge ou clérigo / está muito errada; / a tal com justiça deveria ser queimada / com um tição.]

[51] [E Deus vos salve, seu peregrino.]

[52] [Tanto as fodi como ouvireis: / Cento e oitenta e oito vezes.]

[53] [Agora ouvireis o que eu respondi; / não lhe disse nem fa, nem fu, / nem ferro nem madeira eu menti, / mas disse somente: / "Babariol, babariol, / Babarian".] Jeanroy, op. cit., p. 10. Para a refutação do princípio da semantização conferida às "palavras" "Babariol, babariol, Babarian", ver Riquer, op. cit., p. 135 e ss. (notas 29 e 30).

[54] ["Irmã", disse Agnes a Ermessén, / "mudo é, que bem se conhece; / para o banho nos preparemos / e para o gozo". Oito dias fiquei e ainda mais / naquele forno.]

[55] Assim, Hans Robert Jauss, *Ästhetische Erfahrung und literarische Hermeneutik*, Frankfurt, 1982, pp. 107 e ss.

[56] [Acabei de trová-lo dormindo / sobre um cavalo]; [porque assim fui enfeitiçado / sobre uma alta montanha]; [e isso não me importa nem um rato, / por São Marçal]; [Bom médico será se me puder curar, / mas se não, é mau].

[57] [Fiz o verso, não sei sobre quem; / e o enviarei àquele / que por outro o enviará de minha parte / lá para Anjou, / para que me envie de seu estojo / a contrachave.]

[58] Ver, por exemplo, a coletânea de ensaios (com ênfase na história dos meios de comunicação) de Gisela Smolka-Koerdt, Peter-Michael Spangenberg e Dagmar Tillmann-Bartylla (eds.), *Der Ursprung von Literatur. Medien/ Rollen / Kommunikationssituationen zwischen 1450 und 1650*, Munich, 1988.

[59] Meu ensaio, já citado (ver nota 41), "Pathologien im Literatursystem" está entre as inúmeras investigações feitas hoje neste sentido na República Federal da Alemanha.

[60] Neste artigo restringi-me muito conscientemente aos aspectos "semântico-textuais" e "histórico-pragmáticos". A tentativa, sugerida pelo estado geral do desenvolvimento literário-teórico do problema, de combinar os aspectos de "melodia", "ritmo" e "tradição textual" com os da semântica e pragmática textual está sendo, neste momento (1990), preparada por Claudia Krülls-Hepermann (especificamente com uma visão da história das antigas canções provençais).

2. O CORPO *VERSUS* A IMPRENSA[1]

Os Meios de Comunicação no Início do Período Moderno, Mentalidades no Reino de Castela, e uma Outra História das Formas Literárias[2]

Remontando a um período na história e a um campo de fenômenos comunicativos que, através do trabalho de M. McLuhan, estiveram no centro da discussão intelectual ocidental nas décadas de 60 e 70, este artigo advoga a integração de uma nova perspectiva à práxis da história literária, que, por estranho que isso pareça, nunca esteve entre as preocupações dos historiadores literários. Por quase dois séculos, eles dedicaram toda a sua atenção à semântica e às formas dos conteúdos, deixando de lado — ou simplesmente "folheando" — os mutáveis meios de comunicação como elementos constitutivos das estruturas, da articulação e da circulação de sentido. Desenvolvi um panorama da história de diversos gêneros da literatura castelhana na época dos Reis Católicos a fim de demonstrar o profundo impacto que os mutáveis meios de comunicação exercem não só sobre o sentido e suas formas, mas também sobre as funções dos processos comunicativos e sobre a mentalidade daqueles que neles estão envolvidos.

I. Um Ponto Decisivo na História e seus Horizontes Conceituais na Historiografia

Em algum momento dos anos 1490, um dos vassalos do Kaiser Maximiliano I, um alemão chamado Münzer, visitou a Península Ibérica para colher impressões de sua política prática. Isso parece ter sido após o memorável ano de 1492 — após a *Reconquista*, denominação dada pelos *Reyes Católicos* ao movimento expansionista que culminara com a conquista do califado de Granada, e, de certo modo, mais tarde, com a descoberta acidental de Colombo de um novo continente para os reis espanhóis. Numa recepção na corte, Isabel de Castela e Fernando de Aragão (o casamento de ambos, em 1469, assentara a pedra angular do Estado nacional espanhol) foram saudados por Münzer:

> "Altíssimos e poderosos monarcas! O poder de Vossa Majestade, célebre por todo o universo, encheu de admiração os Príncipes e Senhores da Alemanha. Está além do entendimento deles o modo como o reino espanhol, há pouquíssimo tempo dividido por disputas internas, pela malevolência velada e pelas ambições dos pretendentes reais, pôde erguer-se tão rapidamente da mais terrível discórdia, ganhando a paz e prosperidade de que agora desfruta. Portanto, e conduzindo a missão de nosso amado senhor Maximiliano e de outros soberanos alemães, viajei das fronteiras alemãs até este reino, para que, com os meus próprios olhos e com os de minha comitiva, eu pudesse testemunhar essa maravilha de que todos ouvem falar."[3]

Alguns anos mais tarde, em 1513, nove anos após a morte de Isabel e quatro anos antes da de Fernando, o ingresso da Espanha na era moderna era recebido com o mesmo estupor por ninguém mais do que Niccolò Machiavelli. Em seu *Principe*, Fernando tornou-se a encarnação do príncipe novo que assumira o papel do político moderno. Como Münzer, Machiavelli impressionou-se com o sucesso de Isabel e Fernando em livrarem da crise o seu reino, mas, além disso, tentou analisar esse notável fenômeno.

> "Nada torna um príncipe tão estimado quanto realizar grandes empresas e dar de si raros exemplos. Temos em nossos dias Fernando de Aragão, o atual rei de Espanha. A este quase se pode chamar de príncipe novo, porque, começando como rei fraco, tornou-se

> pela fama e pela glória no primeiro rei dos cristãos; e se considerardes as suas ações, observareis que todas são grandiosas e algumas até extraordinárias. No início do seu reinado, atacou Granada e essa empresa foi o alicerce de seu Estado. Em primeiro lugar, agiu num momento em que estava ocioso e sem temor de ser impedido; manteve ocupados nessa empresa os ânimos daqueles barões de Castela, os quais, pensando naquela guerra, não pensavam em inovar. E ele conquistou nesse meio tempo reputação e poder sobre eles, que não se advertiam disso; pôde, com o dinheiro da Igreja e dos povos, alimentar exércitos, e construir um alicerce, com aquela longa guerra, para sua milícia, a qual depois disso muito o honrou. Além do mais, para poder empreender maiores feitos, servindo-se sempre da religião, voltou-se para uma piedosa crueldade, saqueando e expulsando do seu reino os marranos. [...] Atacou sob esta mesma capa a África; [...] e assim sempre realizou e planejou grandes coisas, as quais sempre mantiveram pasmados e admirados os ânimos dos seus súditos e ocupados no bom êxito dessas aventuras. E essas suas ações nasceram de tal modo uma da outra que não deixaram, entre elas, lugar para que os homens pudessem com a necessária calma agir contra ele."[4]

Apesar desta elucidação, a questão básica de Machiavelli e de Münzer nunca foi respondida satisfatoriamente. Como foi possível, com efeito, em tão pequeno espaço de tempo, para o reino espanhol, ainda em estado de caos em 1469, transformar-se na principal nação do mundo cristão e, para usar o sentido moderno do termo, na primeira potência mundial? Quando, hoje, o problema é colocado deste modo, apresentamos um amplo repertório de respostas contemporâneas. Poderíamos, por exemplo, observar a situação econômica de Castela e Aragão contra um horizonte conceitual marxista; mas, surpreendentemente, a economia era o único setor social em que os Reis Católicos não tinham a mostrar nenhumas inovações pioneiras por si mesmas. Poderíamos, obviamente, inferir genialidade do desempenho de Isabel e Fernando, caso em que talvez fôssemos obrigados a atribuir a contingências a prosperidade que alcançaram. No entanto, quando o historiador recorre a contingência, ele certamente não faz nada mais (e nada menos) que interromper o trabalho de compreensão histórica.

Assim, eu gostaria de colocar entre parênteses, por enquanto, esse nível teórico e introduzir a seguinte questão: O que se quer dizer geralmente com "compreensão histórica" de uma determinada época e, sobretudo, com a compreensão de seus processos transformacionais? Evidentemente, o entendimento de uma época envolve a reunião de determinados fenômenos particulares em torno de um ponto focal comum, o pivô ao redor do qual a narrativa historiográfica formula a sua avaliação das condições para a mudança.[5] Nossos predecessores dos séculos XVIII e XIX faziam-no mais facilmente: ordenavam os estratos e setores de mudança temporal (na economia, política, história cultural etc.) em torno do que consideravam a *história em si mesma* (nacional ou universal) à qual eles atribuíam o *status* de uma "realidade totalizada". Acreditava-se que essa história holística desenvolvia-se segundo "leis históricas", que, de sua parte, forneciam o potencial explanatório para as sub-histórias. Por inúmeras razões, o horizonte absoluto e confortável dessa crença histórica se tornou, a partir do início do século XX, cada vez mais problemático, trazendo duas conseqüências desconfortáveis para o historiador. (1) Já não é mais imediatamente evidente a que horizonte este deve recorrer para explicar fenômenos e acontecimentos específicos. (2) E também é incerto o modo como ele deve relacionar entre si as várias disciplinas históricas — econômica, cultural, literária etc. Pelo menos para a história literária, esta é uma situação catastrófica, pois é como se estivesse permanentemente condenada à marginalização como um "parente pobre" da história séria.

É claro que se propuseram inúmeras soluções para esse dilema, entre as quais talvez a do sociólogo Niklas Luhmann possa ser apontada como particularmente aprazível para os historiadores literários, pois é capaz de inverter completamente o papel da história literária como uma subdisciplina. Luhmann recomenda que se faça da *história das formas de comunicação e dos meios de comunicação* o substituto funcional para a antiga *história em si mesma* (com seu valor de horizonte absoluto).[6] Possíveis limiares epistemológicos numa tal história poderiam ser localizados na origem da escrita, na invenção da imprensa, no uso da máquina de escrever, do rádio, do estenógrafo, da televisão, da eletrônica etc. Genericamente, se Luhmann recomenda esse "novo horizonte holístico para a história", é porque aceita que, uma vez efetivadas as "conquistas evolutivas", não se pode retornar a elas e que as transformações históricas das formas comunicativas afetam *todos* os outros subsistemas sociais. Esse quadro oferece-nos uma possibilidade — *uma* possibilidade entre muitas, uma possibilidade, contudo, que parece especialmente adaptada aos problemas presentes e às tarefas da historiografia ocidental — de compreender e narrar essa mudança no destino do final do século XV espanhol que tanto impressionou os seus contemporâneos. Argumentarei que essa mudança coincidiu surpreendentemente com a substituição de manuscritos em pergaminho por livros impressos, por si só um deslocamento pertencente ao que se chamou de "transcrição da vida cotidiana".[7]

O que significa atribuir essa mudança na história da Espanha a uma mudança num meio de comunicação? Primeiro, significa que uma situação social problemática provocou a mudança, sendo a participação de muitos indivíduos requisito para processos particulares dos meios de comunicação; o que, por seu turno, significa que o novo meio, o livro impresso, poderia tornar-se um instrumento dos reis espanhóis na solução de seus problemas; e isso implica — no nível teórico que nos preocupa aqui — que todo meio de comunicação novo em si mesmo transforma a mentalidade coletiva, imprimindo-se na relação que as pessoas mantêm com seus corpos, com sua consciência e com suas ações.

Em nosso caso, não se trata simplesmente de admitir — com base numa dedução agradável aos estudiosos de literatura — que se pode estabelecer uma conexão entre um modo performativo e uma mudança dos meios de comunicação. Ao contrário, uma série de fatores nos permite estabelecer uma relação entre o novo meio e as políticas dos Reis Católicos. Um fato pequeno, reconhecidamente contingente, é, contudo, interessante como sintoma: o ano de 1474, em que Isabel é coroada rainha de Castela, foi também o ano em que se imprimiu o primeiro livro espanhol.[8] (O que pode ser uma das razões pelas quais quase todos os primeiros livros espanhóis estão ilustrados com retratos ou insígnias reais.) Ora, Fernando e Isabel promoveram a imprensa deliberada e programaticamente. Sua promessa de reduções de impostos atraiu impressores alemães à Espanha. Em todas as cidades que consideravam politicamente importantes, fundaram casas editoriais — primeiro nos domínios de Fernando, Barcelona, Valência e Saragoça; depois, em Sevilha, quando se tornou significativa a exportação de livros para o Novo Mundo; em Granada, logo após a conquista do califado; na antiga capital, Toledo, muito antes disso; e, é claro, também na antiga cidade universitária, Salamanca, e por causa da nova universidade fundada no século XVI, em Alcalá de Henares. Convém assinalar, além disso, que os livros autorizados por Isabel e Fernando eram sempre publicados em edições surpreendentemente grandes; por exemplo, a gramática castelhana de Antonio de Nebrija, de 1492 (a primeira gramática sistemática em qualquer língua vernácula), ou a Bíblia quadrilíngüe de Alcalá (hoje importante sobretudo para lingüistas históricos) que foi patrocinada pelo cardeal Cisneros, chanceler de Fernando no início do século XVI e fundador da Universidade de Alcalá. Entretanto, há também provas negativas dessa interação entre a política dos Reis Católicos e o novo meio de comunicação: do terceiro decênio do século XVI ao seu final podemos observar um declínio quantitativo na produção de livros impressos na Espanha — em contraste com todos os outros países europeus.

Minha preocupação aqui é a relação entre os meios de comunicação e a mentalidade, e no que se segue eu gostaria de apresentar esse problema em quatro contextos históricos: antes de tudo, gostaria de mostrar, com mais precisão e especificidade, com que se parecia realmente a transcrição da vida cotidiana;[9] investigarei, depois, a era do manuscrito (para as nossas metas, os anos entre 1430 e 1474), concentrando-me na corte como o espaço onde se operou a comunicação; na terceira parte, deslocarei a minha atenção para a cidade posterior a 1474 como o espaço, e para o livro como o meio de comunicação; por fim, com base em exemplos concretos, voltar-me-ei para a imprensa e a mentalidade moderna, que então recebeu sua formulação inicial na Espanha.

O que eu gostaria de imaginar é uma espécie de investigação e descrição histórico-literárias que se interessassem igualmente pelas formas textuais e por sua concretização através dos meios comunicativos e pelo conteúdo; uma história literária que não se limitasse meramente a observar o conteúdo "através das formas e dos meios comunicativos". Assim sendo, uma história literária como esta combina necessariamente interesses teóricos com a representação do passado. O leitor deve se imaginar em Aragão ou Castela, transportado ao final da Idade Média.

II. Dando Adeus ao Corpo

A história da era do manuscrito pode ser articulada em fases: a formulação escrita do latim com uma continuidade que remonta à Antigüidade; tentativas iniciais de formular as línguas vernáculas nos séculos XII e XIII; e, por fim, a consolidação do vernáculo como língua escrita, embora ainda na forma dos manuscritos. Gostaria de percorrer rapidamente essas fases a fim de mostrar que, para a transcrição da vida cotidiana, o manuscrito impõe, na história das mentalidades, valores diferentes daqueles impostos pelo impresso. Isso é precisamente o que não se pode dizer da formulação manuscrita do latim desde a Antigüidade. Lá, deparamo-nos com o fenômeno da divisão do trabalho. A leitura e a escrita, na Idade Média, estavam restritas a muito poucos, sobretudo clérigos, que assumiam a função de "memória" de toda a sociedade. Essa divisão do trabalho era parte de uma ordem mundial, de uma cosmologia, que era inalterável e indiscutivelmente a expressão da Vontade de Deus. Todo fenômeno, inclusive a humanidade, tinha seu lugar, sua significação e destino nessa cosmologia e, portanto, o homem via-se a si mesmo como capaz somente de expressar o sentido cosmológico, mas jamais de descobri-lo. Precisamente por esta razão, a palavra *auctor* do latim medieval conseguiu assumir tantos papéis: *auctor* era, antes de tudo, Deus, provedor de toda significação; mas *auctor* era também o patrono que patrocinava um manuscrito; mas *auctor* era, provavelmente, também o "inventor" do conteúdo de um texto (embora a questão dificilmente fosse levantada); *auctor* era a pessoa que copiava o texto no pergaminho; finalmente, era também a pessoa que emprestava sua voz ao texto recitando-o. A ordem cosmológica do mundo medieval deixa claro por que cometia um pecado quem se colocasse fora de sua estrutura de sentido e por que constituía, ao mesmo tempo, uma mentira e um erro a condição de estar afastado desse sentido; o que hoje, para nós, é decisivo, o critério diferencial da intencionalidade, simplesmente não existia. De qualquer maneira, a transcrição do latim raramente afetava a vida cotidiana, já que as línguas faladas estavam no vernáculo.

Passemos aos primeiros testemunhos de transcrição do vernáculo em manuscritos nos séculos XII e XIII, com relação àqueles textos que os medievalistas neofilológicos denominam "literatura medieval". Cumpre compreender, antes de tudo, que, nesse tempo, a formulação escrita do vernáculo era atípica — tão atípica quanto é hoje a formulação escrita de uma anedota, cujo único objetivo é facilitar a sua contínua reprodução oral e que se fundamenta, por conseguinte, na voz e no corpo. Jamais ocorreria a alguém ver na forma escrita de uma anedota "a própria anedota". A formulação escrita do vernáculo, na Alta Idade Média, não exercia nenhum efeito sobre a vida cotidiana porque ainda estava ligada à divisão de trabalho: também os manuscritos no vernáculo eram preparados por clérigos, mas a transcrição era tão escassa que as línguas vernáculas sofreram inicialmente pouquíssimas mudanças. Não existia, como viria a existir dois séculos mais tarde, nenhuma normalização ortográfica, tampouco, como hoje, quaisquer marcadores sintáticos para a escrita, como a hipotaxe.

Pode-se interpretar a consolidação das línguas vernáculas em manuscritos a partir do final do século XIII como um sintoma de crise, uma vez que ela não era mais executada exclusivamente por clérigos, mas também por leigos alfabetizados que trabalhavam como escribas em escritórios contábeis de comerciantes e no tesouro dos reis, onde, como nunca acontecera antes, estavam distanciados do âmbito intelectual da Igreja. O desenvolvimento do vernáculo numa língua escrita foi "um sintoma de crise" não apenas porque disseminou a divisão tradicional do trabalho, mas também porque o sentido cosmológico dos fenômenos, no novo espaço social e comunicativo, não era mais experienciado como auto-evidente e intrínseco aos próprios fenômenos. Cada vez mais o sentido das coisas precisava ser explicado — ou mesmo criado e depois projetado nas coisas. Desde o século XIII, todos estavam se preparando para este novo modo de fornecer sentido pelo modelo alegórico de fala. Mas, ainda por algum tempo, visto que os manuscritos no vernáculo ainda não eram produzidos maciçamente por processos mecânicos, o corpo humano continuou sendo a fonte e o contexto da criação de sentido.

Finalmente, podemos observar como o meio de comunicação, o impresso, rapidamente espalhou-se pela Europa acompanhando a invenção de Gutenberg dos tipos móveis por volta de 1450. Definitivamente, o corpo humano não era mais o veículo de constituição do sentido; o corpo fora visivelmente separado do veículo de sentido, o livro, pela introdução de uma máquina, a prensa de impressão. Ao mesmo tempo em que era aliviado de sua função de veículo de constituição do sentido, o corpo era também liberado de sua função de fonte do sentido. Ao ler um livro, experienciávamos, até muito recentemente, a consciência de um autor como fonte do sentido. O corpo fora separado da consciência da comunicação. Repentinamente, em poucos anos, o autor espacialmente ausente tornou-se o "provedor" de sentido na situação relacional da leitura; repentinamente, a presença física do recitador, do escritor ou do impressor era colocada entre parênteses; e, repentinamente, o receptor sentiu-se ligado ao "sentido intencional" de um autor, que desqualificava como inadequada qualquer modificação por meio de leitura, cópia, impressão ou recepção.

III. Corte e Máscara

É necessário ter em mente, no tocante à corte espanhola como um espaço onde a comunicação em manuscrito estendeu-se até 1474, que dificilmente se tratava de um contexto permanente, mas, antes, de um contexto que requeria contínua demarcação simbólica e reestruturação interna. As circunstâncias são claramente descritas por Juan del Encina, um autor castelhano do final do século XV e início do século XVI:

> "Onde quer que forem o Rei e a Rainha,
> lá está a corte real;
> onde quer que eles estiverem,
> aí está o nosso bem-estar;
> ver seu cetro imperial
> e a glória de sua fama
> é uma alegria insuperável,
> uma glória comum
> que nos inunda a todos."[10]

A descrição de um festival produzido em 1428 pelo infante Enrique de Castela, futuro rei Enrique IV, exemplifica como essa demarcação da corte como situação de comunicação podia ser obtida pela exibição de símbolos através de um espaço imaginário:

> "Na terça-feira, dia 18 de maio do ano de Nosso Senhor, 1428, o Infante dom Enrique ofereceu uma grande festa na cidade de Valladolid do seguinte modo. Na praça da cidade, no canto de uma rua que se

> estende da Puerta del Campo até a praça, ele erigiu uma fortaleza de madeira e tecido. Estava assim construída: uma torre altíssima com quatro torreões em cima, no topo da torre havia um campanário com um sino. E, no campanário, havia um pilar, que era feito da mesma maneira que a torre, mas que parecia feito de pedra. E, sobre o pilar, havia um grifo dourado que trazia nos braços uma enorme bandeira branca e vermelha. E, em cada um dos quatro torreões [...] havia uma bandeirola que parecia exatamente igual à bandeira grande [...]. E um tecido estava estendido onde se firmava uma paliçada, e o tecido começava na fortaleza e, na sua outra extremidade, havia outras duas torres e um portão em arco do qual devia se aproximar todo cavaleiro aventureiro. E no arco estava escrito: *Este é o Portal de Perigosa Passagem para a Grande Aventura.*"[11]

Eis aqui um mundo imaginário que deve ser posto em contraste cênico com o pano de fundo da existência cotidiana, um mundo da máscara alegórica, um jogo apartado da vida diária. Como não existia uma estrutura cotidiana — por assim dizer, "natural" — de pertinência a este mundo, ela demandava uma certa quantidade de demarcação externa e de estruturação interna por meio da arquitetura.

A mesma função de encenar situações interativas ou comunicativas — que acabamos de ver na encenação de um jogo cortesão — podia também ser assumida pelos próprios textos no final da Idade Média. Isto pode ser mostrado nas coletâneas manuscritas de canções, os *cancioneros*, que apareceram na segunda metade do século XV. Na maioria dos casos, os textos individuais destinavam-se à execução com acompanhamento musical e também forneciam um repertório de papéis e máscaras cortesãos. Os textos estão dispostos em grupos de tal maneira que os papéis prescritos, tomados em conjunto, constituem uma espécie de grade de situações que pode depois ser encenada. Assim, a encenação de situações parece ter sido também a função essencial dos *cancioneros*. Pressupõe-se aqui uma disposição receptiva que dificilmente pode ser caracterizada como um estado consciente, mas era, antes, uma disposição a conformar *o corpo* à música e ao texto. É possível notá-lo na seguinte citação de uma poética contemporânea, de Enrique de Villena:

> "A definição de ciência (conhecimento) conforme Walter-Burley na *Summa artium* é: ciência (conhecimento) é a ordem consumada das coisas imutáveis e verdadeiras."

Ciência e conhecimento não são definidos como o conteúdo da consciência, mas como a ordem das coisas. Villena prossegue:

> "E devemos prestar atenção em seis instrumentos — ou órgãos — que fazem sons articulados e produzidos no homem: a saber, os pulmões com seu movimento contínuo, sistáltico e diastólico [...]; em segundo lugar, o palato; em terceiro, a língua. Em quarto lugar, os dentes, que, quando fechados, produzem sons sibilantes, tornando mais suave ou fraco o som. Em quinto lugar, os lábios. Em sexto lugar, a traquéia."[12]

Sentimos que o texto devia funcionar como um catalisador, pondo corpos em movimento e ajudando a constituir uma situação, muito semelhante à música de fundo numa festa de coquetel que ajuda a manter acesa a conversa e que já não é mais ouvida quando a conversa flui.

Qual a relação entre a situação encenada na corte e o exercício diário do poder, pelo qual eram responsáveis cosmologicamente os reis e os nobres? Nas introduções dos *cancioneros*, encontramos sempre a mesma explicação: espera-se das canções que sirvam de meio de distração da vida cotidiana, que assumam, por assim dizer, "uma função compensatória". No entanto, quando nos concentramos nas crônicas do tempo dos dois reis castelhanos do século XV, Juan II e Enrique IV, descobrimos que suas vidas foram consumidas por uma seqüência praticamente ininterrupta de máscaras, de modo tal que *a fronteira entre jogo e vida cotidiana* não poderia realmente ser visível. Metaforicamente, poder-se-ia dizer que os jogos eram uma espécie de prisão para esses reis, uma prisão cujos muros, com certeza, eles eram incapazes de perceber; e atrás de suas costas, a política era cuidada por outros, pelos seus favoritos, como o famoso/infame preferido de Juan II, Alvaro de Luna. Uma vez que a fronteira entre máscara e vida cotidiana ainda não era demarcada na consciência, mas era, em grande parte, uma fronteira visível criada pela encenação, os reis dificilmente continham-se dentro do jogo, pois eram incapazes de realmente perceber essas fronteiras espaciais na sua existência cotidiana, que era preenchida apenas de aparências.

> "E o senescal, dom Alvaro de Luna, discutiu com o Rei sobre como se celebraria a festa de sua nomeação como senescal, em Tordesilhas, e assim foi executada. E o senescal dom Alvaro ordenou que fossem oferecidas, em Tordesilhas, muitas festas e muitas justas opulentas e outras diversões, em que se divertissem e alegrassem o rei e toda a sua corte. O senescal, que sempre executou esses eventos do modo mais honroso e inteligente [...]"[13]

Ainda mais interessante, talvez pela estranheza, é o texto seguinte, um retrato do desafortunado Enrique IV, o meio-irmão e predecessor da rainha católica:

> "[...] tinha olhos vivos e bastante largos, e pálpebras carnudas: onde pousava o olhar, ali o deixava fixo por muito tempo [...] sua barba era longa e raramente aparada [...] Seu intelecto era grande e surpreendentemente esperto, e seu falar era razoável, honesto e mo-

derado; abria-se com aqueles de quem ele se sentia próximo; estava à vontade com seus servidores e domésticos [...] Um pequeno grupo o descansava; todo o comércio com pessoas era um fardo para ele. Raramente expunha-se às pessoas; protelava os negócios de seu cargo, despachando-os no último momento [...] Tinha a voz doce e harmoniosa; toda canção triste lhe agradava: orgulhava-se de seus cantores e, amiúde, cantava com eles. Os serviços divinos davam-lhe grande prazer. Estava sempre retirado; tocava alaúde com delicadeza; compreendia bem a perfeição da música: gostava de instrumentos musicais. Era um grande caçador de toda sorte de animais e bestas; seu maior prazer era ir pelas montanhas e montar abrigos e tocas, e com isso gastava bastante [...] Era tão cortês, tão modesto e agradável que nunca se dirigiu a ninguém com o "vós" e nunca permitiu a ninguém beijar-lhe a mão. Preocupava-se pouco consigo [...] Seu modo de viver e vestir era humilde, vestia roupas de lã na forma de um longo manto e uma capa e um capote. Os símbolos e as cerimônias reais eram-lhe bastante estranhos. Seus hábitos alimentares eram mais irregulares que glutões, o que, porém, corrompeu sua compleição e ainda causou gota e, às vezes, dores de dente; ele nunca bebeu vinho."[14]

O que esse rei deixou de realizar foi a transferência de seu treinamento do mundo do jogo para a experiência cotidiana do exercício da autoridade e da representação régia. Com efeito, não só era incapaz de discriminar entre o mundo do jogo e o da política séria, mas também entre o mundo do jogo e o mundo sagrado: assim, incorreu no desagrado das autoridades espirituais quando certa vez sugeriu, aparentemente sem ironia, que dois cardeais, que estavam por celebrar uma missa, cantassem as bênçãos numa espécie de dueto.[15] E, finalmente, podemos conjecturar da descrição das roupas de Enrique que ele era também incapaz de diferenciar entre consciência e corpo como uma fonte e veículo de sentido: quando estava disposto a se vestir como seus amigos moçárabes ou judeus, então não se permitiria portar a insígnia do reino numa cerimônia régia.

Como era visto o regime desse monarca fora dos confins de sua corte? Para responder a isso, um curto texto bastará, as *Coplas de Mingo Revulgo*, originárias provavelmente do meio comunicativo da nobreza. Há dois papéis, o homem do povo, Mingo Revulgo, e a aristocracia, Gil Arribato. Juntos eles permitem a *mise en scène* de uma indignação geral. O mundo bucólico de Mingo Revulgo e de Gil Arribato é apresentado como caos, o pastor, devotado a meninos e ao vinho, está adormecido. É uma não-cultura, uma in-cultura sem sentido:

> "Olá, Gil Arribato,
> tivemos uma sorte terrível
> quando pusemos esse Candaulo
> como pastor do nosso rebanho:
>
> Ele persegue os meninos
> por estes caminhos,
> o dia inteiro embriagado;
> fica por aí no seu torpor
> e não vê o trabalho que temos.
>
> Veja os rebanhos,
> veja os asnos e os cães
> correndo pelos arbustos,
> abandonados e sem dono.
>
> Por todos os santos, acredite-me,
> esse louco Beltraner —
> que seja esquecido por Deus —
> abandonou as ovelhas
> para se divertir atrás das sebes."[16]

A impossibilidade de separar a ação política do corpo do ator, durante a era dos manuscritos, pode ser vista em certas ações políticas naquela "guerra civil" contra Enrique IV que culminaria no regime de Isabel e Fernando. Em 1465, por exemplo, uma reunião de nobres em Ávila depôs o rei *in absentia*. Para fazer isso, eles precisaram de um boneco de palha do rei, que teve sua insígnia arrancada, foi decapitado, chutado, após o que os conspiradores desfilaram ao lado da efígie, cuspindo nela e gritando, "*A tierra, puto!*"[17]

IV. Cidade e Instrução

O marquês de Santillana foi surpreendido entre a corte e a cidade, entre a era do manuscrito e a do livro. Em 1448, um jovem nobre português rogou ao marquês que preparasse um manuscrito de seus poemas e o enviasse para ele (o que era tão comum entre cavalheiros cultos quanto hoje o comércio de discos). Embora esse pedido tivesse sido feito antes da introdução da imprensa em Castela, a resposta do marquês demonstra que o novo meio correspondia, com efeito, a uma disposição mental que já era perceptível. Ele escreveu uma carta ao jovem senescal de Portugal, a fim de explicar seus poemas. Era importante para ele que os textos não fossem usados somente para a encenação de peças, mas que fosse percebida também a sua intenção de autor. Sobre isso, Santillana assinalou que se processara uma mudança fundamental na poesia: anteriormente, só havia existido *trobadores*, mas agora havia *poetas*, e a diferença era que os poetas estavam conscientes de sua própria atividade. Em última análise, o marquês já não estava mais realmente interessado na execução de seus textos. É claro, ele não considerou que essa falta de interesse, como nós fazemos hoje em dia, fosse um sintoma de mudança histórica, mas sentiu que devia ser atribuída à sua idade:

> "Pois estas coisas prazerosas e divertidas convêm ao tempo da juventude, saber como se vestir, como di-

> vertir-se em torneios, dançar e outras atividades cortesãs do gênero. E portanto, Senhor, muitas coisas lhe agradam agora que não mais me agradam ou deveriam me agradar."[18]

Neste contexto, é significativo que Santillana não mais freqüentou os jogos da corte, mas os organizou em sua própria residência, uma forma incipiente de privacidade em que a máscara podia ser funcionalizada dentro da interação da existência diária. Essa é a constelação indispensável para o renascimento do topos *prodesse et delectare*:

> "E para que seu séquito pudesse aprender com a experiência o que haviam ouvido como doutrina, ele preparou torneios em sua casa e ordenou que se fizessem outros exercícios marciais; assim os seus acompanhantes, acostumados ao uso das armas, aceitariam com menos inquietação os trabalhos da guerra."[19]

Precisamente aquilo que constituía a vida do marquês de Santillana era o que fora tão impossível para os reis de Castela — aprender a práxis da vida diária através das peças.

Isso nos traz à cidade como espaço de comunicação, e ao livro como meio. Livros impressos requerem as estruturas daquelas situações comunicativas que a atitude do marquês de Santillana para com seus textos já antecipava. Assim, quando Fernando de Pulgar, historiógrafo da corte dos Reis Católicos, publicou *Coplas de Mingo Revulgo* em livro (sua distribuição original tinha sido na forma de manuscrito), ele já não tem nenhum interesse na representação teatral ou na apresentação de uma situação, mas quer simplesmente situar um sentido textual:

> "Estas Coplas foram feitas para advertir as pessoas a viverem com retidão. E nesta canção bucólica, ou seja, rústica e pastoral, a lição moral foi oferecida

ao entendimento nas cores da fala rústica; isto se fez de tal sorte que o entendimento, cuja tarefa é conhecer a verdade das coisas, pudesse exercer em descobrir essa moral e agradar-se, tal como costuma se agradar quando entendem a verdade. Era a intenção deste trabalho apresentar um profeta ou um adivinho sob a aparência de um pastor chamado Gil Arribato, que interroga o povo (disfarçado de outro pastor chamado Mingo Revulgo) [...]"[20]

"Intenção" é o conceito-chave. Atrás de cada trabalho presume-se uma mensagem instrutiva intencional; e porque buscava a intencionalidade, Fernando del Pulgar também tinha de especular sobre o autor das *Coplas*. Temos algo análogo a isso na primeira coletânea de canções em forma de livro, o *Cancionero de Llavia* (Zaragoza, 1489). O editor destaca-se, por assim dizer, do contexto de comunicação. O que ele desejava alcançar era uma troca imediata entre a consciência dos autores cujos textos ele estava publicando e a consciência dos leitores de sua antologia. Na seleção e apresentação dos textos, ele enfatiza o conteúdo, cuja recepção na consciência dos leitores supostamente efetuaria uma mudança na interação entre eles na vida cotidiana.[21] Poderia parecer que essa mudança na compreensão dos papéis tem algo a ver com o fato de que as diferenças situacionais já não eram mais representadas espacialmente na cidade. Os muros da cidade abrigavam esferas altamente heterogêneas, e muito cedo também eles perderam seu valor simbólico de fronteira comunicativa. *Na cidade, onde os limites situacionais não eram mais assinalados e representados espacialmente, as situações comunicativas deviam ser produzidas na mente*; por conseguinte, os autores deviam tentar fazer a consciência de seus leitores.

Temos alguns exemplos dessa ruptura, o primeiro tirado deste que foi, provavelmente, o livro mais bem-sucedido do século XV espanhol, *Celestina,* de Fernando de Rojas. A primeira edição conservada desse texto (impresso) é de Burgos, 1499. No prefácio, o autor descreve como escreveu o livro — na solidão, ou seja, não mais numa situação que seria hoje categorizada como uma comunicação face a face.

> "[...] muitas vezes, após me retirar para meu quarto, o queixo firmado na mão, deixando meus sentidos e minha mente voarem com o vento, ocorreu-me este pensamento [...]: a necessidade que nossa pátria comum tinha desta obra, em função da multidão de jovens galantes e amantes [...]"[22]

Concebido no retiro do estúdio, o autor deste texto não se dirige mais somente a um círculo limitado de leitores. Na falta de um leitor privilegiado, o amigo para quem se volta o autor, ele se dirige a um público anônimo assim como a um grupo-alvo, "os jovens amantes castelhanos" da época, para a instrução visada.

Mas, afinal, do que trata a história de *Celestina,* para que dela se pudesse tirar um proveito moral?[23] É claro que trata de um casal de amantes, Calisto e Melibea, que, infelizmente, só conseguem ficar juntos pela intervenção de seus criados e da alcoviteira Celestina. As cenas apaixonadas de amor, no jardim de Melibea, são rapidamente interrompidas por uma verdadeira onda de mortes aparentemente contingentes. Celestina é assassinada pelos criados de Calisto, porque ela não os incluíra na partilha dos lucros do arranjo nupcial. Eles são presos pela "polícia" um tanto acidentalmente, mas, de qualquer modo, não pelo assassinato de Celestina, e são mortos ao tentarem fugir. Calisto é morto — como? —, quando cai de uma escada que usava para subir ao jardim de Melibea. Nisto, Melibea, como boa protagonista moderna, é deixada sem outra escolha senão pular da torre da casa do pai. É interessante o modo como Rojas oferece ao leitor uma orientação para essa seqüência de mortes, que nos impressionam pelo seu caráter puramente acidental: devem ser entendidas como castigo exemplar de Deus pelos pecados carnais.

Seguramente, Rojas fia-se em que uma pluralidade de leituras emergirá, tantas quantas forem as idades típicas dos leitores.

Também confia em que sua obra será lida conforme o modo (familiar ao historiador de literatura) tirado da estrutura do *Decamerone* de Boccaccio, onde um grupo de jovens reúne-se para recitar, alternadamente, os papéis falados do texto. A propósito disso, Rojas fornece aos leitores o seguinte conselho:

> "Se amas e queres de todos os teus meios, lendo Calisto comover os ouvintes, cumpre que saibas falar entre os dentes, às vezes com gozo, esperança e paixão, às vezes tomado de grande turvação. Finge ao ler mil artes e modos, pergunta e responde pela boca de todos, chorando e rindo no tempo certo e na ocasião correta."[24]

Trata-se aqui de se identificar com o papel executado, uma identificação que é uma transgressão e que deve se completar na consciência do leitor. Através do declamador, ele é estimulado a entrar no papel do amante Calisto.

Ora, um bom número de historiadores literários tem se perguntado se *Celestina* é "realmente" uma peça ou um romance no sentido moderno. Ambas as visões estão corretas, pois o texto ainda pertence à era anterior à diferenciação moderna entre os gêneros drama e romance. Um pouco mais tarde, o romance integrará o quadro situacional ao próprio texto (a voz narrativa, a *frame-story* etc.), assim eliminando o corpo totalmente da execução. Como uma forma específica de comunicação no sentido moderno, o teatro só passa a existir quando a corporalidade tiver desaparecido completamente da situação solitária da leitura individual, quando a corporalidade, fora de todas as formas literárias de comunicação, foi reservada exclusivamente ao palco.

Salamanca, onde *Celestina* foi escrita, era também a residência de Juan del Encina, que é considerado "o pai do teatro espanhol" e que já era, quase paradigmaticamente, um autor moderno. Nascido em 1468, era provavelmente filho de um sapateiro judeu, ainda que tivesse conseguido receber uma educação musical na universidade local — como seus irmãos, um dos quais era professor, o outro, advogado, o outro, conselheiro pessoal dos reis e, o último, padre da catedral. Em 1490, Juan del Encina solicitou, sem sucesso, o posto de mestre de coro da catedral de Salamanca. Em 1492, apresentou uma pequena peça na corte do duque de Alba, aproximadamente 27 quilômetros fora de Salamanca, esperando conquistar o favor do duque, esforço que terminaria com uma nova decepção em poucos anos. Ele então publicou todos os *seus* próprios poemas como um *cancionero* impresso, dedicado ao filho dos Reis Católicos; mas, uma vez mais sem sorte, Encina perdeu seu patrono em potencial, quando, alguns meses mais tarde, o príncipe, recém-casado, morreu em Salamanca. Por volta da passagem do século, Encina finalmente fez "a escolha certa". Foi para Roma, ingressando na corte do Papa Alexandre VI, onde logo ganhou popularidade, sendo finalmente nomeado pela Sua Santidade para a posição de prior da catedral de León.

O caráter moderno da biografia de Encina é marcado por quatro momentos. Num primeiro, ele se beneficiou do desenvolvimento do que pode ser chamado — certamente com certo anacronismo — de "política educacional" dos Reis Católicos: ou seja, o filho de um sapateiro judeu foi promovido pelo "Estado" (novamente, um conceito apenas ligeiramente anacrônico). Em segundo lugar, levou certo tempo para aprender que, em Castela, no final do século XV, algumas décadas após a introdução da imprensa, um autor tinha de procurar a sua sorte no mercado literário. Nem o duque de Alba, nem a família real pareciam estar interessados em peças cortesãs. Tudo o que restava, e ele não deixou de aproveitá-lo, era a estrutura da execução musical; aqui o "sentido" (ou realização) de textos escritos estava ainda ligado ao corpo e, por conseqüência, a cultura da escrita manual manteve-se por muito mais tempo na periferia da prática musical.[25] Em terceiro lugar, Encina foi o primeiro autor castelhano a publicar uma antologia constituída *inteiramente pelos seus próprios poemas*. Em quarto, é significativo, como o demonstram os poemas, que ele executava conscientemente seu teatro na corte do duque de Alba como uma forma de se distinguir da tradicional recitação mimética; o ato de escrever poemas e o de sua recepção solitária haviam se separado do teatro como um meio literário para o qual a corporalidade ainda tinha um sentido institucional.

V. A Ambivalência da Subjetividade Moderna

Ainda agora permanece aberta a questão de saber como devemos considerar nossa impressão de que existe uma conexão entre a imprensa, de um lado, e, de outro, a consciência como o espaço de significação, e a subjetividade como a nova estrutura mental da era moderna. Voltemo-nos, mais uma vez, para Fernando e Isabel, como representantes de uma primeira subjetividade moderna. Como já vimos, eles não só eram patronos da imprensa, mas sabiam, eles próprios, ler e escrever, algo bastante raro entre reis medievais; com efeito, fundaram uma academia, dirigida por um humanista italiano, sob o princípio de que ler e escrever não só não seria desfavorável ao serviço militar e à valentia cavaleiresca como podia mesmo servir a um propósito útil.

Fernando e Isabel sabiam jogar com os sentidos institucionalizados como um instrumento de sua política; sabiam manejar o sentido como *ideologia*, precisamente o sentido de Machiavelli quando este falou do *mantello*, a capa ideológica da política dos Reis Católicos. Por exemplo, o padre confessor da rainha católica, Hernando de Castillo, criticava-a pelo luxo de seus vestidos e por ter permitido às damas e cavaleiros castelhanos, num jantar, sentarem-se com as damas e cavaleiros franceses num — como ele mesmo expressou — arranjo lascivo, ou seja, sem a separação conforme os sexos. A resposta de Isabel, pouco imaginável para as suas predecessoras, colocava a sua devoção, de cuja importância ela estava perfeitamente ciente, além da "necessidade política". Se usava roupas elegantes em cerimônias oficiais, ela respondeu, era porque usava o seu corpo como veículo de uma função simbólica:

> "[...] somente um vestido de seda com três broches de ouro eu mandei fazer, mas realmente o mais modesto possível [...] É bastante comum para os franceses comerem à mesa acompanhados (apesar disso, não importaremos este costume para o nosso reino), e sempre que os nobres comem com os reis, as damas e os cavaleiros comem juntos nas mesas do salão, as damas nunca comem sozinhas aí."[26]

Alguém que é capaz de experienciar somente a consciência como fonte de sentido é capaz de imaginar o passado e o futuro como distintos do presente, e não precisa descartar a possibilidade, a exemplo de Isabel de Castela e ao contrário do rei de Portugal, de que um visionário algo andrajoso originário de Gênova talvez seja capaz de encontrar um caminho mais rápido para as Índias. Esse foi um fator importante no apoio de Isabel à viagem de Colombo. Certamente era um risco calculado. Ela garantiu apenas um auxílio limitado, fundando, como diríamos hoje, uma *holding company* para financiar a exploração. Somente após Colombo ter descoberto as novas terras é que ela pagou uma segunda expedição, e isso sozinha, totalmente ciente, ao que parece, do que estava fazendo.

De um modo similar, o estilo do aconselhamento político foi alterado sob os Reis Católicos; a representação da nobreza, as *Cortes*, estava degradada a puro símbolo. Dizia-se da nobreza, numa formulação interessante, que tinha uma *voz sin voto*, uma voz no sentido físico, mas "voz" nenhuma no poder de decisão. Em vez de ouvir os seus nobres, Fernando e Isabel consultavam especialistas, professores, por exemplo, de Salamanca ou Alcalá, em todas as áreas de suas atividades. Obviamente, havia uma tendência em sua política de suspender a mútua exclusão e hierarquização da corte e da vida cotidiana como situações de comunicação. Por exemplo, com a gramática de Nebrija tentaram tornar o *castelhano*, cujo uso limitara-se até então a Castela, o idioma unificador do reino unificado; e, sob o seu domínio, foi promovida a integração inteiramente consciente daquilo que previamente fora apenas literatura oral popular (se é que se pode falar de *literatura* aqui) num cânon de literatura culta.

No entanto, podemos também apresentar um movimento inverso. Poucas rainhas da era medieval foram tão ciumentas quanto Isabel. Não somente queria possuir o corpo de seu cônjuge, mas até mesmo, em sua ausência, queria dominar a sua consciência, penetrá-la; no sentido meta-histórico e psiquiátrico, ela queria uma "relação simbiótica" com ele. A seguinte citação refere-se à situação de convalescença de Fernando após uma tentativa de assassinato em Barcelona. Isabel escreve ao seu padre confessor:

> "[...] conforme o médico de Guadalupe, o ferimento (que eu não tive coragem de olhar) foi muito extenso e profundo, com a profundidade de quatro dedos e o comprimento [...], e esta é uma lembrança que me faz tremer quando a ponho em palavras [...]. E essa foi uma das dores que senti, a saber, ver o Rei sofrer o que eu merecera, ao passo que ele não o merecera, mas que era dirigido a mim: isso quase me matou."[27]

A partir deste ponto de vista podemos provavelmente reconceber e representar a Inquisição, que "manchou" o regime de Fernando e Isabel. Até então, o mundo cristão estivera satisfeito com o ato formal de conversão dos judeus e muçulmanos; não se colocavam questões além disso. Mas os novos inquisidores desejavam investigar e controlar o fundo da consciência do convertido, não compreendendo, como nós atualmente, que cada passo investigativo rumo à consciência dos outros é potencialmente uma trilha em direção à infinidade. Por isso, eles somente podiam descansar quando o pior estivesse confirmado, quando os conteúdos da consciência tivessem sido "confessados" sob tortura, conteúdos talvez nem mesmo pertinentes aos herejes lançados à fogueira.

VI. Novos Horizontes para a História Literária?

No início deste ensaio mencionei, sem grandes esperanças, as possibilidades de a história literária melhorar seu *status* de parente pobre da corrente principal da história, talvez atingindo um nível em que pudesse oferecer um horizonte de relações, um campo de convergência, uma orientação básica para as várias subdisciplinas históricas. Mas devemos realmente acreditar uma vez mais numa "eminente mudança paradigmática na história literária"? Certamente, novos rumos de pesquisa delineiam-se no momento em que podemos nos convencer de que inovação e substituição nos meios de comunicação levam a mudanças estruturais das mentalidades coletivas e ao deslocamento das convenções. Não é tanto esta costumeira cortesia da "modéstia intelectual" quanto a experiência com disciplinas histórico-culturais que nos aconselha a não esperar quaisquer mudanças dramáticas. Pois até agora, a "liberdade" das "humanidades" em particular foi atribuída mais à continuação da práxis estabelecida do que à flexibilidade intelectual e institucional.

Seja como for, nosso exame da reciprocidade dos meios de comunicação e das mentalidades revelou um espaço vazio, até aqui negligenciado, no campo material da história literária — e nos oferece a perspectiva de preenchê-lo. O valor particular desta descoberta deve ser observado não tanto contra o fundo de algum desbotado ideal positivista de completude quanto no prazer antecipador de novas direções de pesquisa e de novas descobertas. O contexto dessa pesquisa pode ser determinado relacionando-o com a "história funcional" da literatura tornada familiar na última década.[28] A história funcional formula questões sobre os efeitos modificadores do sentido constituído textualmente sobre o "conhecimento" dos leitores (ou ouvintes) anterior à recepção. Por concentrar-se nos aspectos semânticos dos textos, a história funcional pode ser compreendida como a sucessora de uma *história literária centrada no conteúdo*. Do mesmo modo, em coordenação com a história funcional, podemos considerar, de um lado, *uma histó-*

ria dos meios de comunicação e, de outro, *as estruturas mentais que envolvem a produção e recepção textual*, sucedendo a *uma história das formas literárias*. A resposta óbvia, embora ainda provisória, para a questão do valor deste novo aspecto da história literária é bem mais do que um exercício escolástico tardio. Pois somente quando for respondida será possível, por exemplo, formular a tese de que a "comunicação literária", aparentemente um fenômeno meta-histórico, teve uma gênese histórica precisa (que levou à institucionalização da arte da imprensa) — e na era da mídia eletrônica encontrará talvez seu final preciso.

A possibilidade de imaginar um "começo" e um "fim" da literatura abre de par em par um vasto campo de problemas e abordagens. Esta nova "história das formas de comunicação" necessita de um "deslocamento" radical da práxis convencional até agora, na qual o polimorfismo de formas particulares de comunicação (determinadas pela mídia) fora relativizada pelo "modelo remetente-receptor" infinitamente simples. Este deslocamento poderia talvez suspender as queixas quanto aos supostos efeitos depravadores da "nova mídia" sobre a psique individual e coletiva e engavetar aquele promocional "louvor à literatura" que é apenas uma atitude de conformidade intelectual da parte de infatigáveis estudiosos da literatura. Através dos modos heurísticos de comparação contrastiva e de reconstrução genética, esta nova história das formas poderia levar adiante o outrora promissor, porém agora já bastante envelhecido, projeto de "pesquisa da mídia", que sempre se satisfez (de modo mais ou menos admitido) com transferências metafóricas de categorias e com o procedimento da "interpretação literária". Certamente não é uma compreensão trivial, por exemplo, deixar claro que o ato receptivo de "identificação" depende de que o corpo seja separado da consciência do receptor e depende também do estabelecimento de uma fronteira de sentido entre o espaço do receptor e o espaço (dramatizado ou escrito) do "mundo ficcional". Para uma grande parte da humanidade, hoje, "a realidade do mundo" encontra-se além da tela do televisor e, conseqüentemente, só pode ser alcançada via "identificação" — portanto, descorporalizada e com um *status* puramente ficcional.

Uma nova história literária poderia ser realizada por meio da elaboração de tais perspectivas. Mas ela suplantará outros discursos histórico-literários? Esta questão poderia ser compreendida como uma questão prioritária entre tipos diferentes de ação e, subseqüentemente, ser elaborada numa argumentação ético-social. Mas não quero privar os meus leitores do esforço e prazer de respondê-la por si mesmos. A questão aparece com mais simplicidade, ou seja, como uma questão das compatibilidades entre investigações histórico-literárias diferentes e discursos histórico-literários diferentes. Da minha parte, sou incapaz de ver como os resultados de análises de texto, do ponto de vista de uma preocupação epistemológica com o "valor estético", podem se tornar compatíveis como discurso com os resultados de uma análise de texto do ponto de vista de uma "história das formas de comunicação". O que me estimula é o conceito de uma história literária que combina, e *poderia* combinar, uma história pragmática das formas com a história funcional; esta combinação poderia ser coordenada com a história das coletividades mentais, ou, para usar outros termos, com a história da distribuição e da transformação dos constituintes estruturais do conhecimento social. Quem tivesse sucesso com este discurso seria capaz de substituir a linearidade narrativa e a teleologia cognitiva por uma re-presentação historiográfica multiperspectivista.[29] Talvez ele viesse a realizar, *pars pro toto*, o antigo sonho da *histoire totale*.

NOTAS

[1] Extraído de *Poetics*, vol. 14 (3-4), August 1985. Special issue: *On Writing Histories of Literature*, edited by Siegfried J. Schmidt, Netherlands.

[2] Na sua primeira versão, este ensaio remonta a minha Aula Inaugural na Universidade de Siegen em 25 de janeiro de 1984. Os problemas teóricos e históricos fundamentais foram então discutidos em um Colóquio sobre "A transição da escrita à imprensa", em Siegen, em fevereiro de 1984, e por

ocasião de diversas palestras nas Universidades de Passau, Trier e Konstanz em novembro/dezembro do mesmo ano.

Gostaria de agradecer a Jacqueline e Bernard Cerquiglini, Roger Chartier, Klaus Dirscherl, Alois Hahn, Wolfgang Iser, Tom Luckmann, Ursula Peters, Wolfgang Preisendanz, Paul Zumthor e o "Redaktion des Grundrisses der romanischen Literaturen des Mittelalters" (Claudia Krülls, Gisela Smolka-Koerdt, Peter-Michael Spangenberg, Dagmar Tillmann-Bartylla) suas críticas, sugestões e, se os compreendi bem, o seu encorajamento. Para informações mais detalhadas sobre o período especial da história da literatura espanhola que estou tratando, ver meu livro *Eine Geschichte der spanischen Literatur*, Frankfurt, 1986, especialmente os capítulos III e IV.

Boa parte da revisão do texto original deu-se durante o processo de tradução, que foi ativamente discutida e disputada entre o autor e o tradutor para o inglês, Glen Burns. Os problemas corriqueiros em verter do alemão para o inglês estavam presentes, mas um problema em particular deve ser aqui assinalado. "Mentalitätsgeschichte", termo retirado do francês "l'histoire des mentalités", não pode ser vertido para o inglês sem ambigüidade, pelo menos por enquanto. Ainda assim decidimos usá-lo no título e em alguns pontos centrais do ensaio. As linhas gerais para esse conceito frutífero e alvissareiro foram tiradas das seguintes autoridades: P. H. Hutton, "The History of Mentalities", *History and Theory* 20, pp. 237-59, 1977, que simplesmente verte o termo para o inglês; Paul Conkin, "Intellectual History: Past, Present and Future", in C. F. Dolzell (ed.), *The Future of History*, Nashville, TN, University of Tennessee Press, 1977, pp. 111-33, que o traduziria como "história cultural"; e R. Darnton, *The Great Cat Massacre and other Episodes in French Cultural History*, New York, Basic Books, 1984, que também sugere "história cultural". Entretanto, parece-nos que "história cultural" não corresponde aqui ao sentido exato, mesmo que nós mesmos não tenhamos encontrado uma solução perfeita. [Ver R. Darnton, *O grande massacre dos gatos*, Rio de Janeiro, Graal, 1988.]

[3] Citado segundo Fernández Alvarez, *La sociedad española del Renacimiento*, Salamanca, 1970, p. 255.

[4] Niccolò Machiavelli, *Il principe*, 12ª ed., Milano, Feltrinelli, 1990. [Ver N. Machiavelli, *O príncipe*, Rio de Janeiro, Ediouro, 1996.]

[5] Com esta definição básica inscrevemos o nosso artigo numa determinada tendência dentro da discussão sobre problemas de representação historiográfica; ela tem sido identificada aos nomes de A. Danto, F. Furet, R. Koselleck e H. White. Como uma tentativa de dar continuidade a uma reflexão sistemática nestas linhas, ver os dois livros coletivos: B. Cerquiglini & H.U. Gumbrecht (eds.), *Der Diskurs der Literatur- und Sprachhistorie, Wissenschaftgeschichte als Innovationsvorgabe*, Frankfurt, Suhrkamp, 1983;

H.U. Gumbrecht & U. Link-Heer (eds.), *Epochenschwellen und Epochenstrukturen im Diskurs der Literatur- und Sprachhistorie*, Frankfurt, Suhrkamp, 1985 (principalmente o ensaio no final do primeiro livro "Rekurs — Distanznahme — Revision: Klio bei den Philologen", e a discussão no final do segundo livro: "Gespräch über Epochen am Freitag", dem. 13., 1984).

[6] Luhmann, N., "Das Problem der Epochenbildung und die Evolutionstheorie", in H.U. Gumbrecht & U. Link-Heer (eds.), op. cit., pp. 19-24.

[7] Ver: Giesecke, M., "'Volkssprache' und 'Verschriftlichung des Lebens' im Spätmittelalter — am Beispiel der Genese der gedruckten Fachprosa in Deutschland", in H.U. Gumbrecht (ed.), *Literatur in der Gesellschaft des Spätmittelalters*, Heidelberg, Carl Winter Universitätsverlag, 1980.

[8] Para uma introdução à história antiga da imprensa na Espanha, ver C. Clair, *A History of European Printing*, London, 1976, pp. 78 e ss.; K. Bürger, *Die Drucker und Verleger in Spanien und Portugal von 1501-1536*, 1913; C. Haebler, *Bibliografía del Siglo XV, Enumeración de todos los libros en España y Portugal hasta el año de 1500*, Den Haag/Leipzig, 1903. Um *must* é o livro de E.L. Eisenstein, *The Printing Press as an Agent of Change. Communications and Cultural Transformations in Early-Modern Europe*, Cambridge, Cambridge University Press.

[9] Ver meu ensaio "Schriftlichkeit in mündlicher Kultur". In A. Assmann, J. Assmann & C. Hardmeier (eds.), *Schrift und Gedächtnis. Archäologie der Literarischen Kommunikation I*, München, Wilhelm Fink Verlag, pp. 158-74. E o número dedicado a "Oral and Written Traditions in the Middle Ages" de *New Literary History*, Autumn, 1984.

[10] Original em espanhol: Juan del Encina, *Obras completas*, Madrid, A.M. Rambaldo, 1978, Vol. II, p. 30. Para uma reconstituição do meio onde a poesia cortesã do final da Idade Média era executada, ver meu ensaio "Intertextualität und Herbst/ Herbst und neuzeitliche Rezeption des Mittelalters", *Wiener slavistischer Almanach*, Sonderband 11, pp. 111-39, 1983.

[11] Original espanhol citado em J. de Mata Carriazo (ed.), *Refundición de la Crónica del Halconero por el obispo don Lope Barrientos*, Madrid, 1946, p. 65 e ss.

[12] Citação original em M. Menéndez Pelayo (ed.), *Antología de poetas líricos castellanos*, vol. IV. Edición nacional de las obras completas de Menéndez Pelayo, vol. XX, Santander, 1944, pp. 8 e ss.

[13] Citação original em J. de Mata Carriazo (ed.), *Crónica de don Alvaro de Luna, Condestable de Castilla, Maestre de Santiago*, Madrid, 1940, p. 53.

[14] Citação original em *Biblioteca de autores españoles*, vol. LXX, pp. 100 e ss.

[15] Ver C. Real de la Riva (1961), "Un mentor del siglo XV: Diego de Valera y sus epístolas", *Revista de literatura,* 39/40, pp. 279-305.

[16] Citação original em J. Rodriguez Puértolas (ed.), *Poesia de Protesta en la Edad Media castellana — historia y antología*, Madrid, 1968, pp. 208 e ss.

[17] Real de la Riva, op. cit., 1961, p. 295.

[18] Citação original em Marqués de Santillana, *Poesías completas,* Madrid, M. Durán, 1980, vol. II, pp. 209 e ss.

[19] Citação original em Fernando del Pulgar, *Claros varones de Castilla,* Madrid, J. Dominguez Bordoña, 1969, p. 38.

[20] Citação original de Fernando del Pulgar, "Glosa a las coplas de Mingo Revulgo", *Clásicos castellanos,* vol. IC, pp. 147 e ss.

[21] Ver prólogo de Llavia em *Cancionero de Ramón de Llavia*, Madrid, Sociedad de Bibliófilos Españoles/Nueva Epoca, vol. XVI, 1945.

[22] Citação original em Fernando de Rojas, *La Celestina*, Madrid, J. Cejador y Frauca, 1968, vol. I, p. 4.

[23] Como tentativa para responder a esta questão, ver meu artigo "Lachen und Arbitrarität/ Subjektivität und Ernst. Der *Libro de buen amor*, die *Celestina* und der Sinnbildungsstil der frühen Neuzeit", *Wolfram-Studien* 7, pp. 184-213, 1982 (versão espanhola in *Maldoror*).

[24] Citação original na edição de Cejador de *La Celestina,* op. cit., vol. II, p. 217.

[25] Sigo a hipótese do professor Finscher (Universidade de Heidelberg) no colóquio "A transição da escrita à imprensa" (Siegen, fevereiro, 1984).

[26] Citação original de *Biblioteca de autores españoles,* vol. LXII, pp. 16 e ss.

[27] Citação original de *Biblioteca de autores españoles,* vol. LXII, p. 14.

[28] Especialmente pela obra de W. Iser.

[29] Devo esta "perspectiva final" às discussões com R. Koselleck e W. Iser.

3. O AUTOR COMO MÁSCARA. CONTRIBUIÇÃO À ARQUEOLOGIA DO IMPRESSO[1]

Minhas reflexões inscrevem-se na encruzilhada de duas tendências (relativamente) inovadoras para os historiadores da literatura. De um lado, é mérito sobretudo dos medievalistas ter mostrado como nosso conceito contemporâneo de "autor" é inadequado para compreender as formas de comunicação (sobretudo as da língua vernácula) que existiam antes da invenção da imprensa. Lembremos a insistência de Roger Dragonetti na plurivocidade do latim *auctor,* cujos referentes variam entre Deus (autor de todo ato) e o copista de um manuscrito — sem reservar lugar àquele que "inventa" um texto.[2] Desnecessário dizer que aqueles dentre os medievalistas que, como Paul Zumthor, sublinham o caráter vocal da produção textual na Idade Média contribuem também para a historicização dos papéis elementares da comunicação literária. Por outro lado, embora partindo de exemplos menos distantes na cronologia, Michel Foucault postulou a reconstrução da origem do papel do autor e de suas funções concretas.

A situação histórica que quero tematizar encontra-se de um lado e outro das épocas visadas por essas duas perspectivas. Trata-se da segunda metade do século XV, mais exatamente dos decênios que se seguiram imediatamente à institucionalização da imprensa (e que uma periodização corrente localiza entre o fim da Idade Média e o início da Modernidade). Gostaria de acrescentar aqui uma dupla hipótese às pesquisas representadas pelos nomes de Dragonetti, Zumthor e Foucault: de um lado, o conceito de "máscara" é crucial para remeter o nascimento do papel de "autor" ao quadro das inovações associadas à imprensa; de outro, uma história do papel do "autor" poderia nos ajudar a interpretar — por introspecção — esse novo interesse que dedicamos ao tema das máscaras. Tentarei fundamentar essas hipóteses com uma argumentação em quatro etapas:

1. partindo de um exemplo textual concreto, tirado da literatura espanhola do final do século XV, apresentarei os *fatos históricos* importantes para meu propósito;

2. acrescentarei a isso uma série de *observações complementares* para dar à minha posição mais solidez, por assim dizer, empírica;

3. sobre essa base descreverei algumas das conseqüências que a institucionalização do papel de autor teve durante os séculos que separam a era de Gutenberg de nosso presente — época que proponho seja vista como a *do signo e da interpretação*;

4. terminarei com uma reflexão sobre as origens desse *interesse recentemente demonstrado pelas máscaras*, interesse que, provavelmente, indica o fim da era do signo e da interpretação, cujo início foi marcado pela invenção da imprensa.

***

Em 1496, o poeta castelhano Juan del Encina publicou um livro com o título de *Cancionero*, que constituía a primeira coletânea impressa das obras de um único escritor na Espanha. Nesse cancioneiro encontra-se o texto de uma *égloga* que é introduzido pelo prólogo seguinte:

> "Égloga representada en la noche de la Natividad de nuestro Salvador, adonde se introduzen dos pastores, uno llamado Juan y otro Mateo. Y aquél que Juan se llamava entró primero en la sala adonde el duque y duquesa estavan oyendo maytines y en nombre de Juan del Enzina llegó a presentar cien coplas de aquesta fiesta a la señora duquesa. Y el otro pastor, llamado Mateo, entró después desto, y en nombre de los detratores y maldizientes començóse a razonar con él. Y Juan, estando muy alegre y ufano porque sus señorías le avían ya recebido por suyo, convenció la malicia del otro, adon-

de prometió que venido el mayo, sacaría la copilación de todas sus obras porque se las usurpavan y corrompían; y porque no pensassen que toda su obra era pastoril según algunos dezían, mas antes conociessen que a más se estendía su saber."[3]

A despeito do tom bastante otimista desse texto, Juan del Encina encontrava-se então numa situação biográfica assaz precária. Fracassara em obter um posto de músico na catedral de Salamanca e, ao contrário do *pastor Juan* de sua pequena peça, não fora ainda admitido formalmente ao serviço do duque de Alba (nem tampouco ao dos Reis Católicos que deviam ser os destinatários do *Cancionero* de 1496). Parece que esse poeta deu prova de uma mentalidade totalmente medieval ao fixar como única perspectiva "profissional", por vários anos, a possibilidade de ser admitido como "poeta de corte". Mas sob outro ângulo, ao menos no contexto espanhol, Juan del Encina nos parece realmente inovador, porquanto foi um dos primeiros letrados a publicar não somente um cancioneiro impresso, mas um cancioneiro que continha tão-somente as suas obras, com o finalidade de impedir a sua flutuação textual:

> "[...] porque andavan ya tan corrompidas y usurpadas algunas obrezillas mías que como mensageras avía embiado adelante, que ya no mías mas agenas se podían llamar, que de otra manera no me pusiera tan presto a sumar la cuenta de mi lavor y trabajo; mas no me pude sofrir viéndolas tan mal tratadas, levantándoles falso testimonio poniendo en ellas lo que yo nunca dixe ni me passó por pensamiento."[4]

Lendo-se atentamente esse texto que precede a écloga, uma questão coloca-se de imediato: por que Juan del Encina que era, com toda a probabilidade, o autor a desempenhar o papel do *pastor Juan*, não tirou proveito dessa representação para entrar diretamente em contato com o duque de Alba? Por que ele se faz representar pelo papel do *pastor Juan*? A resposta que fornecerei a essa pergunta me servirá de ponto de partida para a análise do papel de autor *como máscara*: dirigindo-se aos espectadores, o *pastor Juan* contribui para a constituição do papel de autor — papel a distinguir do personagem histórico e fisicamente presente que emprestava o seu corpo à realização teatral. Pois a instância de autor funciona como uma máscara que dissimula a instabilidade e a plurivocidade do sentido, instabilidade e plurivocidade, contudo, inevitáveis, desde que se considere a produção do sentido como o fato de um ato individual. Graças a essa máscara, em lugar da plurivocidade do sentido, cada texto pode ter pretensões a uma significação mais ou menos nítida e unívoca. Essa função, P. Zumthor o demonstrou, é a mesma que assumem as máscaras (no sentido concreto do termo) nas situações de *ritual*:[5] colocam à distância os rostos dos participantes de uma dança coletiva a fim de garantir a materialidade física "objetiva" do movimento corporal, ali onde esses rostos convidariam à produção de um sentido individualizador. A presença — declarada — de Juan del Encina na representação do epílogo teria aberto o espaço necessário para atribuir um "segundo sentido" ao discurso que ele endereçava aos duques de Alba. Ademais, essa instabilidade do sentido que as máscaras (como o papel de autor) eliminam não é somente um efeito da *presença dos corpos*, mas também da *temporalidade do ato significante*. Por conseguinte, todo leitor/espectador, confrontado com um autor, deverá, em vez de seguir seu ato como *processo*, pressupor a existência de um sentido predeterminado, idêntico a si mesmo, antes de toda objetivação ou interpretação.

Dissimulando corporalidade e temporalidade enquanto fatores de um sentido instável, o papel de autor, como máscara, cria portanto a impressão de uma *intencionalidade*. O que não quer dizer que todo texto atribuído a um autor enche de conteúdo o espaço de intencionalidade assim criado; ele pode também deixá-lo vazio e confiar sua concretização às fantasias particulares dos leitores. O que importa é a convicção de cada leitor de que essa intencionalidade existe, conferindo às variações individuais um caráter secundário. Se atribuirmos à era da imprensa a origem do papel de autor — na sua dupla função: mascarar a instabilidade do sentido e, ao mesmo tempo, assegurar-lhe uma intencionalidade —, podemos contrapô-lo ao *eu* que aparece nos textos medievais. O *eu* medieval é uma instância que só possui estatuto no interior de um texto determinado, ou, independentemente desse texto e fora dele, numa situação de execução. O "autor" que, com o advento da imprensa, substitui esse *eu,* situa-se a uma distância suficientemente marcada tanto do texto como de sua encenação para fazer crer na existência de um sentido estável, por assim dizer anterior ao texto — o de uma intencionalidade preexistente.

* * *

Se retornarmos, por um instante, ao *Cancionero* de Juan del Encina deparamo-nos com uma incerteza obsessiva: um autor medieval não é fundamentalmente estranho a uma tal noção do sentido e da intencionalidade? Após louvores aos Reis Católicos de natureza bastante convencional, o autor assegura que eles não são "pura retórica", mas a expressão autêntica de sua fidelidade:

> "Estas cosas todas y otras muchas infinitas que a todo el mundo son muy notorias, seguramente las puedo contar, aunque, cierto, de mi mano muy más pobladas yrán de fe que de eloqüencia; y perdone vuestra real magestad, pues donde las fuerças del sentido desfallecen, la fe basta para suplir los defetos."[6]

É aliás a mesma confissão de autenticidade que está na base da constituição de um cancioneiro que contém as obras de apenas um autor, a fim de excluir a sua flutuação e "corrupção".

Num gênero narrativo que os hispanistas concordam em chamar *novelas sentimentales* e cujo primeiro exemplo (*El siervo libre del amor*) remonta aos decênios que precedem imediatamente a invenção da imprensa, é possível distinguir a introdução de uma técnica que serve, também ela, de sintoma dessa nova configuração mental que chamamos "intencionalidade". Nesses textos cabe ao narrador falar de uma experiência amorosa pessoal — em parte amarga, em parte trágica — que lhe teria inspirado a idéia de contar a história que "faz" o romance. O quadro "autorial", de novo, oferece ao leitor uma perspectiva unívoca na qual ele pode estabelecer, sem ambigüidade, o sentido da narração. Encontrar-se-ão pouquíssimos textos, em toda a tradição européia, em que essa obsessão de escapar à instabilidade do sentido (pelo contrapeso do papel de autor) se tornará tão manifesta quanto na *Comedia de Calisto y Melibea* de Fernando de Rojas, impressa pela primeira vez em 1499 (o fato de que há séculos se faça referência a esse texto sob o título de *La Celestina*, privilegiando o papel da alcoviteira em detrimento da intriga amorosa entre Calixto e Melibea, mostra bem, aliás, que essa preocupação de univocidade não deixa de ter fundamento). Um dos numerosos prefácios do texto fala da impossibilidade de assegurar um sentido permanente, tão logo se apropriam do texto tipos diferentes de leitores/ouvintes: "Assi que quando diez personas se juntaren á oyr essa comedia [...] ¿quién negará que aya contienda en cosa que de tantas maneras se entienda?".[7] Num outro prólogo, Fernando de Rojas se apresenta não como aquele que inventou/escreveu essa história, mas — um pouco à maneira dos narradores das *novelas sentimentales* — como aquele que teve a idéia de sua utilidade eventual para a moralização dos jovens, ameaçados pelas tentações e pelos perigos do amor. Duplamente distanciado do texto, por assim dizer, ele ganha espaço para explicitar longamente essa finalidade possível de sua narrativa.

O resumo que precede o texto da *Comedia (Argumento de toda la obra)* declara, de modo igualmente nítido, uma tal função: o fim trágico no qual teríamos hoje a tendência a ler o efeito de uma pura contingência é apresentado como a punição exemplar do pecado dos amantes. Com efeito, é a leitura proposta, nos termos de uma pregação totalmente convencional, pelo primeiro dos posfácios, atribuído a Fernando de Rojas:

"Pués aquí vemos quán mal fenescieron
Aquestos amantes, huygamos su dança,
Amemos a aquel que espinas y lança
Açotes y clauos su sangre vertieron.
Los falsos judíos su haz escupieron,
Vinagre con hiel fué su potación;
Porque nos lleue con el buen ladrón,
De los que a sus santos lados pusieron."[8]

Não é por acaso que essa leitura, tão coerente, é posta em relação com o nome do autor. Com efeito, um segundo posfácio, atribuído dessa vez ao *corrector de la impresión*, associa uma outra forma de recepção, menos espiritual e moralizante, a leitura em voz alta, a uma reação em que se confundem diversas tonalidades afetivas:

"Si amas y quieres a mucha atención
Leyendo a Calisto mouer los oyentes
Cumple que sepas hablar entre dientes,
A vezes con gozo, esperança y passión,
A vezes ayrado con gran turbación.
Finge leyendo mil artes y modos,
Pregunta y responde por boca de todos,
Llorando y riyendo en tiempo y sazón."[9]

Ao contrário dos leitores/narradores de que fala o *corrector*, Fernando de Rojas tinha todas as razões do mundo para esconder seu corpo e sua identidade sob uma "intenção de autor" inteiramente religiosa. Ele era, muito provavelmente, judeu ortodoxo, um destes *falsos judíos* que *el autor* evoca no seu posfácio, num tom que teria honrado a Inquisição.

* * *

Não é muito difícil identificar as *principais razões históricas deste "nascimento do autor"*. De um lado, ele faz parte da evidência de um novo modo de produção do sentido, que é habitualmente referido pela noção de "subjetividade moderna". Na era da subjetividade, o homem concebe-se como a instância que confere seu sentido aos fenômenos, por oposição à cosmologia medieval fundada, em razão do ato divino da criação, na imanência do sentido. De resto, a produção textual não constitui o único campo em que se manifesta essa nova subjetividade, apropriada para mascarar a instabilidade significante devida à corporeidade e à temporalidade do ato individual. Mas se a intervenção do *sujeito* criou assim as condições propícias ao aparecimento do papel de autor, foi a invenção da imprensa que o tornou uma necessidade concreta. Foi, com efeito, o livro impresso que transformou em caso excepcional o que até então era a situação normal da comunicação humana, a saber, a copresença física dos participantes. Esta implicava a possibilidade de produzir significações consensuais entre quem falava e quem escutava. Com o desaparecimento da situação de interação direta, os leitores tiveram necessidade de uma nova orientação para dominar o risco de uma plurivocidade, ou mesmo de uma confusão, de sentido. O papel de autor encontrava aí a sua função específica e sua razão de ser histórica.

No plano epistemológico, segue-se que com o papel de autor é a *era do homem como intencionalidade* que se inicia. Até aqui, contudo, só tínhamos distinguido nesta última a sua capacidade de mascarar o corpo humano e sua temporalidade. Mas sabemos por experiência que o corpo humano e a materialidade dos textos podem servir, por sua vez, de máscara para as intenções e pensamentos interiores. A este respeito, é interessante ver como os historiadores, em torno de 1500, explicam os sucessos políticos dos Reis Católicos Fernando de Aragão e Isabel de Castela pela mesma capacidade de utilizar seus corpos como máscaras. Hernando del Pulgar, cronista da corte espanhola, fala com admiração dos partos da rainha, cujo rosto não deixava jamais transparecer a dor física. Quanto a Machiavelli, ele elogia, no Rei Católico, a habilidade com que dissimulava seus desígnios políticos sob a aparente objetividade de seus atos — "como sob um manto".

A subjetividade colocava, portanto, o problema da instabilidade do sentido, resolvido pela máscara da intencionalidade. Por seu turno, a necessidade de dissimular essa intencionalidade produzia o problema da *impenetrabilidade do corpo — e da materialidade do texto — como objetos de interpretação.* A história da Inquisição nos mostra como o corpo, convertido numa máscara do sentido, excitava a agressividade física: assim que ele se via consignado a essa função, não era mais passível, com efeito, de uma interpretação total.

Com o tempo, a dupla necessidade de uma articulação corporal e/ou textual que queria ser a expressão exata de uma intencionalidade e de uma interpretação capaz de retransformar essas articulações em figuras de sentidos nítidos conduziu a essa obsessão da transparência característica do século das Luzes. Não foi por acaso, portanto, que o século XVIII elevou a fisiognomonia à categoria de uma "ciência" central e que seus autores, para justificar suas *intenções*, redigiram prefácios amiúde mais longos e mais complexos que os textos que eles introduziam. Nessa linha histórica, a *hermenêutica filosófica* do século XIX é uma filha, quase póstuma, do espírito das Luzes. Ao lado da expressividade estão os códigos simbólicos inventados pela Revolução Francesa e pelas Festas revolucionárias, cuja esterilidade anuncia o fracasso desse projeto gigantesco de significação e de interpretação representado pela era moderna.[10]

* * *

O conceito de signo elaborado por Ferdinand de Saussure pode ser considerado como um emblema retrospectivo da época cuja abertura havia sido assinalada pelo "nascimento do autor". O signo, segundo Saussure, pressupõe uma significação estável (que teria como condição de sua possibilidade a intencionalidade do autor) e a materialidade de um texto ou de um corpo que representam (ou dissimulam) esse sentido. Na era da intencionalidade, que é também a da significação e da interpretação, essa materialidade estava por princípio subordinada ao sentido, pois, quer ele o represente ou mascare, o sentido era sempre visto como a razão de ser do significante. Parece-me, contudo, que, em torno do final do século XX, essa relação entre o significante e o significado está cada vez menos pressuposta. Demo-nos conta de que a valorização do lado "espiritual" de nossas percepções e de nossas experiências está provocando uma perda do aspecto material e físico da existência humana. Para retomar os termos do teórico americano G. Hartman: "We are overspiritualized".[11] A humanidade inventa atualmente máquinas capazes de produzir um tipo de sentido que não corre mais o risco de cair numa instabilidade causada por um corpo e sua temporalidade, pois ele é subtraído a este suporte. Estamos, portanto, no caminho de um sentido que não representaria mais nenhuma intencionalidade e cuja profundidade, por conseguinte, nenhuma materialidade deveria ou poderia mascarar.

Parece-me, portanto, que o novo interesse que manifestamos pelo tema da máscara assinala uma ruptura com a obsessão "moderna" de furar as máscaras a fim de chegar à plenitude do sentido que elas dissimulam. Antes, começamos a ressentir a nostalgia de sua materialidade e de sua sensualidade, e somos levados a desarticular a instância do autor, garantia da estabilidade significante, para reencontrar atrás dele uma corporalidade opaca e uma temporalidade confusa que haviam sido recalcadas durante séculos.

Notas

[1] Extraído de Marie-Louise Ollier (ed.), *Masques et déguisements dans la littérature médiévale*, Montréal/Paris, Les Presses de l'Université de Montréal/ Librairie philosophique J. Brin, 1988, pp. 185-92.

[2] Cf. R. Dragonetti, *La Vie de la lettre au Moyen Âge*, Paris, Seuil, 1980, pp. 41-62.

[3] Juan del Encina, *Obras completas*, A.M. Rambaldo (ed.), Madrid, Espasa-Calpe, 1983, vol. IV, pp. 1 e ss. [Écloga representada na noite de Natal

e onde se introduzem dois pastores, um chamado Juan e outro Mateo. E aquele que se chamava Juan entrou primeiro na sala onde o duque e a duquesa estavam a ouvir matinas e em nome de Juan del Encina chegou a apresentar cem coplas daquela festa à senhora duquesa. E o outro pastor, chamado Mateo, entrou depois deste, e em nome dos detratores e maledicentes começou a arrazoar com ele. E Juan, estando mui alegre e ufano porque suas senhorias já se haviam agradado dele, venceu a malícia do outro, prometendo que no mês de maio faria a compilação de todas as suas obras porque as usurpavam e corrompiam; e para que não pensassem que toda a sua obra era pastoril conforme alguns diziam, mas antes conhecessem que a mais coisas se estendia o seu saber.]

4 *Obras completas*, Madrid, Espasa-Calpe, 1978, vol. I, p. 32 e ss. [porque algumas obrazinhas minhas que como mensageiras tinha enviado adiante andavam já tão corrompidas e usurpadas, que já não se podiam chamar minhas mas alheias, porque, de outra maneira, não me apressaria a somar a conta de meu labor e trabalho; mas não pude suportar vê-las tão maltratadas, levantando-lhes falso testemunho ao pôr nelas o que eu nunca disse nem me passou pelo pensamento.]

5 P. Zumthor, *Introduction à la poésie orale*, Paris, Seuil, 1983.

6 *Obras completas*, vol. I, p. 5. [Estas coisas todas e uma infinidade de outras que em todo o mundo são muito notórias, seguramente as posso contar, ainda que, decerto, por minhas mãos serão muito mais povoadas de fé que de eloqüência; e perdoe vossa real majestade, pois onde as forças do sentido desfalecem, a fé basta para suprir os defeitos.]

7 Fernando de Rojas, *La Celestina*, J. Cejador y Frauca (ed.), Madrid, Espasa-Calpe, 9ª ed., 1968, vol. I, pp. 24 e ss. [de sorte que quando dez pessoas se juntarem para ouvir esta comédia [...] quem negará que haja disputa em coisa que se entende de tantas maneiras?]

8 *La Celestina*, op. cit., vol. II, p. 213. [Pois aqui vemos que mau fim tiveram aqueles amantes, fujamos de sua dança, amemos aquele cujo sangue espinhos e lança, açoites e cravos verteram. Os falsos judeus sua face talharam, vinagre com fel foi sua beberagem; para que nos leve com o bom ladrão, dos dois que a seus santos lados puseram.]

9 Ibidem, p. 216. [Se amas e queres de todos os teus meios, lendo Calisto comover os ouvintes, cumpre que saibas falar entre os dentes, às vezes com gozo, esperança e paixão, às vezes tomado de grande turvação. Finge ao ler mil artes e modos, pergunta e responde pela boca de todos, chorando e rindo no tempo certo e na ocasião correta.]

[10] I. Baxmann, *Die synthetische Natur. Inszenierung von Gesellschaft auf den Festen der Französischen Revolution*, a ser publicado.

[11] *Literature/Derrida/Philosophy*, Baltimore, Johns Hopkins University Press, 1981, pp. XV e ss. [Somos superespiritualizados.]

III.

Início da Modernidade / Modernidade Epistemológica

1. GARCILASO DE LA VEGA, EL INCA
Do Nascimento do Sujeito a Partir do Sistema da Burocracia

São três, sobretudo, as possíveis questões sugeridas pelo tema "Colombo e Gutenberg". A primeira pergunta é: o descobrimento da América teria sido possível sem a invenção e a institucionalização da imprensa? Que não se pode excluir tal relação com uma certeza última é uma afirmação trivial. Mas, inversamente, não seria isso mais do que uma daquelas tentativas dos teóricos da cultura de sublinhar, de maneira demasiadamente zelosa, a própria importância por meio da valorização da significação de seus objetos, caso se tentasse a sério apresentar a imprensa como uma pressuposição necessária do descobrimento da América? Melhor de ser operada é a segunda questão sobre o tema "Colombo e Gutenberg", porque ela não se fixa na relação entre dois acontecimentos, mas ilumina um processo de desenvolvimento a partir da perspectiva de um acontecimento. É saber se a história da imprensa, sem a descoberta da América, teria tomado um curso distinto — talvez um pouco menos veemente. A famosa frase "siempre la lengua fué compañera del imperio", que se encontra no prólogo da *Gramática castellana* de Antonio de Nebrija, impressa em 1492 (por sinal a primeira descrição sistemática de uma língua românica),[1] parece insinuar que os contemporâneos podem ter intuído uma relação entre o novo *medium* e o futuro da colonização. Mas o dito de Nebrija fora escrito antes da expedição de Colombo — e não é nada mais do que uma citação do *topos* clássico que indica, de maneira bastante geral, a ligação entre o destino dos impérios e o destino de suas línguas. Mas é certamente verdade que a primeira fase da colonialização ofereceu à imprensa um contexto concebivelmente favorável ao descobrimento e desenvolvimento de diversas possibilidades de função; que a imprensa contribuiu como um catalisador para o desligamento entre comunicação e interação, o que introduziu a época moderna;[2] e, finalmente, que a palavra impressa participou decisivamente da expansão do primeiro império mundial moderno.[3] Mas esses processos foram complexos demais em sua gênese e desenvolvimento, para que se pudesse entendê-los como efeitos de influências e condicionamentos cada vez mais isolados — por exemplo, como efeitos da imprensa.

O que as nossas duas primeiras questões compartilham como implicação é a união *como seqüência* dos fatos históricos com os nomes de Gutenberg e Colombo. Isto nos conduziu a uma alternativa historiograficamente infrutífera entre um *post hoc propter hoc* pouco plausível (por ser monocausal e por isso muito relevante), de um lado, e, do outro, uma difusidade (não passível de ser transposta para uma concisão conceitual) na avaliação dos efeitos históricos de um acontecimento no âmbito da história dos meios de comunicação. A terceira questão ligada ao tema "Colombo e Gutenberg", aquela pergunta que quero seguir nesse ensaio, conduz, por isso, a implicação estrutural de uma seqüência a uma relação de *simultaneidade*. A pergunta é: *a combinação* entre a institucionalização da imprensa e o descobrimento da América produziu fenômenos culturais cuja gênese não se poderia entender sem essa convergência? Minha tese central responde a essa pergunta com a remissão à *burocracia* moderna. Dos pressupostos sociais específicos da expansão espanhola, que só foi possível pelo descobrimento de Colombo, das dimensões espaciais do império em formação e das possibilidades abertas gradualmente de função da palavra impressa, disto tudo derivou um modo de proceder de tal complexidade e um tipo tal de formação de experiência, como não haviam conhecido a Antigüidade e a Idade Média, e que deveria mudar para sempre o processo de constituição da realidade no mundo ocidental. Inversamente, a formação da burocracia tornou-se, naturalmente, uma condição determinada pelo ambiente, a qual deveria ter o papel decisivo de catalisador para o desenvolvimento tanto da imprensa como também do domínio colonial.

Mas, ao mesmo tempo, quero acrescentar que também essa tese não vai eliminar uma cota de imprecisão específica. Ela diz respeito à diferença entre escrita e imprensa. Por um lado, não podemos pensar a burocracia sem as capacidades de armazenamento e de propagação de um sistema de signos separado do corpo humano, mas também sabemos que a burocracia se efetivou, até um momento avançado do século XX, sobretudo por meio do *medium* "palavra manuscrita". Na história da burocracia, entre a escrita manual e a sua substituição pela escrita via computador, parece quase não sobrar lugar para a escrita impressa. Se por isso associamos a gênese da burocracia a uma combinação entre institucionalização da imprensa e colonização, então tematizamos menos as possibilidades de função específicas, inerentes à técnica da imprensa, do que uma *mudança geral no* status *da escrita*, mudança que deve ser descrita ainda mais precisamente e que se efetivou sob a influência do *medium* "imprensa".

Embora a tríplice relação da imprensa, da colonização e da burocracia — no mínimo — traga consigo lastros testemunhais menos precisos do que a monocausalidade das formações seqüenciais entre a institucionalização da imprensa e o descobrimento da América, também ela só pode tornar-se quando muito plausível — e não pode "ser demonstrada" em nenhum sentido empírico. Eu quero tentar alcançar tal plausibilidade no nível de um estudo de caso. Mais concretamente: pela concentração numa figura histórica, em cuja vida convergem a nova ligação entre a Europa e a América, a experiência de um autor de livros com o *medium* impresso e um contato cotidiano com a burocracia. Meu protagonista é Garcilaso de la Vega, o Inca, que nasceu em 1539, em Cuzco, filho de uma neta do último inca e de um soldado do séquito de Pizarro; em 1560 emigrou para a Espanha; e morreu em 1616 em Córdoba. Quatro anos antes e um ano depois de sua morte apareceram em Lisboa as duas partes de sua obra *Comentarios Reales de los Incas*, uma história do reino inca, que englobou a fase da colonização espanhola entre seu início em 1533 e cerca de 1570.

Não é demasiado surpreendente que, no decorrer do tempo, várias camadas de verniz de romantização, em termos da história da literatura, se tenham sobreposto às datas dessa biografia, que às vezes servem de tentativas tardias de reparação a uma vítima da colonização. Cita-se com demasiada facilidade o seguinte elogio mais ou menos barato de que, entre os autores do século de ouro espanhol, apenas Cervantes teria escrito em uma prosa melhor do que a do inca Garcilaso.[4] Em vista do tema dos *Comentarios Reales*, impõe-se imediatamente apresentar esse estilo como o *medium* com o qual ele reconquistou seu passado — o passado aniquilado pela colonização. Especialmente no século XVIII, no que é o Peru atual, os livros do inca Garcilaso parecem ter sido lidos com esse *pathos*, pois eles são identificados a fontes de inspiração para uma rebelião regional contra o domínio colonial — e sua divulgação foi proibida.[5]

De maneira geral, nada favorece mais a canonização de autores de clássicos nacionais do que a condição de ter sido vítima da censura; mas há, por outro lado, alguns pontos básicos na vida do inca Garcilaso que fazem parecer oportuno um abrandamento da compaixão por "Garcilaso como vítima". O material de seus textos (deixando completamente de lado possíveis qualidades estilísticas) é frágil: confuso quanto ao passado recente, por ele vivenciado nos seus pontos essenciais e fortemente cunhado por *topoi* e discursos herdados naquelas partes que esboçam uma pré-história do império inca. Embora essa caracterização concorde com a maioria das crônicas coloniais, no caso do inca Garcilaso uma história complicada de identidade, que se reflete na história de seu nome, levanta uma questão, qual seja, a de saber se o desejo de seus leitores de estilizá-lo como vítima do domínio colonial não simplifica, de maneira problemática, a complexidade e o caráter contraditório daquele papel que ele quis desempenhar (e, em parte, desempenhou). Seu nome de nascença, Gómez Suárez de Figueroa, compôs-se do nome espanhol da mãe ("Suárez") e do nome de parentes do pai na Extremadura ("Figueroa"). Somente após a morte do pai, adotou, desde 1561 — e já na Espanha

—, o seu nome "Garcilaso de la Vega". O aposto "el Indio" ou "el Inca" não surgiu antes da edição de sua primeira publicação em 1590.

Para poder discutir a relação histórica entre institucionalização da palavra impressa, colonização e surgimento da burocracia no caso do inca Garcilaso (ou de Gómez Suárez de Figueroa), seguirei um esquema narrativo biográfico. A seção seguinte desse ensaio procurará explicitar como Garcilaso pôde vivenciar o mundo de Cuzco em sua juventude entre 1539 e 1560. Em seguida, perseguirei a questão análoga com relação à situação cultural e política em Madri e na província hispânica entre 1560 e a morte de Garcilaso em 1616. Esses dois esboços históricos constroem a base para uma leitura dos *Comentarios Reales* que deve mostrar como o delineamento das experiências de seus primeiros 22 anos na América foi cunhado pelo ambiente especial do inca na Espanha. Naturalmente, nosso estudo de caso se concluirá com a questão: na vida e nos livros do inca Garcilaso de la Vega, realmente aparecem aspectos e estruturas que são paradigmáticos para a contribuição da imprensa e da colonialização na gênese da época moderna?

Um problema metodológico — que na verdade é um problema inevitável — deve ser ao menos mencionado, no fim dessas considerações introdutórias. No contexto da reconstrução das situações de vida de Garcilaso na Espanha e na América, propomonos usar como fonte sobretudo seus próprios textos. Em outras palavras: para aprender a compreender esse ambiente cuja influência deve esclarecer a forma especial de identidade que Garcilaso busca atribuir-se em seus textos, recorreremos justamente a esses textos. Isto não é mais (e nem menos) do que um caso concreto do problema estrutural clássico do "círculo hermenêutico". O paradoxo, implícito nele, da simultaneidade de duas perspectivas de análise diferentes que são aplicadas a um e mesmo *corpus* textual, pode, porém — como é sabido —, ser em seguida controlado e tornado frutífero quando nos conscientizamos da diversidade entre essas perspectivas de análise e entre suas funções, e mantemos sua diferenciação.

CUZCO 1538-1560

Que imagem ofereceu a capital do império inca nos anos seguintes a 1533, depois do assassinato de seu último soberano e depois de sua conquista pelas tropas de Pizarro? Como os centros de tantos estados totalitários, também a estrutura de Cuzco fora cunhada por conteúdos simbólicos, políticos e cultuais.[6] O plano geral da cidade foi compreendido como uma imagem do reino, do qual ela era o centro. No seu ponto central estava — como um centro dentro de outro — o templo do sol, do qual partiam quatro ruas largas em direção aos quatro pontos cardeais, e que demonstravam a amplitude do império. Por certo, os conquistadores espanhóis — já por motivos de autopreservação — não podiam estar interessados em destruir as construções dessa cidade, mas também estavam longe de querer manter as estruturas simbólicas da cultura inca transformadas em pedra. Uma das duas colunas com que se efetuara a medição da posição do sol no império inca foi removida pelo conquistador, porque ela dificultava o trânsito dos veículos que agora circulavam em Cuzco. O antigo convento das virgens do sol foi usado como caserna. O disco dourado do sol do templo inca desaparecera, e circulava o boato de que o soldado espanhol a quem coubera o disco tinha perdido esse instrumento de culto num jogo de dados. As múmias dos antigos soberanos incas foram tiradas do templo — evidentemente pelos moradores de Cuzco —, e os conquistadores pareciam divertir-se em descobrir pelo menos algumas delas. Mas tão rapidamente a capital dos incas se tornou apenas um sopro do que tinha sido, quanto fortemente se manteve, por outro lado, a crença — e o medo — de que os espíritos do passado ainda estavam longe de ter sido banidos. Era costume entre os incas, por exemplo, emparedar e não mais habitar uma casa que tivesse sido atingida por um raio. O inca Garcilaso conta como os espanhóis foram castigados pelo sol porque não obedeceram a essa regra:

> "Yo alcancé el cuarto cerrado; después lo reedificaron los españoles, y dentro en tres años cayó otro

rayo e dió en el mismo cuarto y lo quemó todo. Los indios, entre otras cosas, dezían que ya que el Sol havía señalado aquel lugar por maldito, para qué bolvían los españoles a edificarlo, sino dexarlo desamparado como se estava sin hazer caso dél."[7]

Nas lutas pelo poder que eram decididas nos bastidores de Cuzco, os incas praticamente não desempenhavam mais quase nenhum papel. Somente uma vez, em 1570, aconteceria uma revolta contra os conquistadores, que foi abafada de modo sanguinário. Entre os conquistadores, todavia, construía-se a tensão de uma situação semelhante a uma guerra civil. Francisco Pizarro e seu séquito haviam esperado que a coroa lhes cedesse a terra conquistada como feudo — como fora o costume dos soberanos feudais medievos. Mas o Estado espanhol — já moderno em muitos de seus procedimentos — se dispôs, no máximo, a confiar aos conquistadores, por tempo determinado, a administração das novas colônias (essa relação jurídica caracterizou-se pelo conceito de *encomienda*), mas, ao mesmo tempo, ele tentou fazer com que suas próprias pretensões de poder fossem representadas, impostas e administradas *in loco* por um vice-rei. O pai de Garcilaso, que era o segundo filho de uma família nobre da Extremadura e que, num primeiro momento, deve ter tido apenas interesse concebível em ver realizadas aquelas expectativas feudais, apoiou primeiramente o grupo de Pizarro e, apenas pouco tempo antes de sua derrota decisiva, passou para o lado da coroa. Assim parece que sua vida foi cunhada pela rivalidade, típica das colônias espanholas desde as primeiras conquistas, entre os interesses dos aristocratas e soldados, de um lado, e a missão administrativa estatal dos burocratas, do outro.

Também a relação entre os pais daquele que viria a se chamar Garcilaso de la Vega correspondeu totalmente às convenções da nova colônia. Acredita-se que houve em Cuzco aproximadamente oitenta uniões entre mulheres da nobreza inca e *capitanes* do exército conquistador, e o número de seus filhos foi grande o suficiente para justificar a fundação de uma escola espanhola. É verdade que a mãe de Garcilaso teve um batismo cristão e recebeu o nome de Isabel Suárez Oclla, mas nunca foi considerada digna do casamento pelo pai dele, e ela parece ter mantido contato com sua família de origem até o fim da vida. Quando o *capitán* Garcilaso desposou uma senhorita da nobreza espanhola, que viera para Cuzco com todo um grupo de mulheres solteiras de sua classe a fim de consolidar a situação colonial, Isabel Suárez Oclla casou-se com um soldado da infantaria.

O *capitán* Garcilaso, porém, nos seus últimos anos de vida, fez notável carreira na esfera da burocracia espanhola em formação. De 1554 até 1555, assumiu o cargo de *corregidor* de Cuzco, que corresponde quase à posição de prefeito, e convocou seu filho natural para trabalhar como escriturário durante esses anos. Ainda na América, portanto, o futuro inca Garcilaso pôde realizar experiências diretas com o Estado espanhol e seu sistema administrativo. Quando o pai morreu, em 1559, ele o havia colocado como um de seus herdeiros, o que de maneira alguma era natural. Não sabemos se a viagem do jovem Garcilaso para a Espanha, no ano seguinte, foi conseqüência de um desterro ou motivada pela esperança de poder assumir ali o papel pertencente por direito a seu pai. Mas sabemos por uma anedota contada pelo inca Garcilaso nos *Comentarios Reales* que ele já podia então contar com um interesse dos espanhóis pelo exotismo do mundo colonial. No centro da cena correspondente está o fascínio despertado pelas múmias dos soberanos incas:

> "Non se sabe qué años vivió ni cuántos reinó [el inca Viracocha], mas de que comúnmente se tiene que fueron más de cincuenta los de su reinado; y assí lo mostrava su cuerpo quando yo lo vi en el Cozco, al principio del año de mil y quinientos e sesenta, que, haviendo de venirme a España, fuí a la posada del licenciado Polo Ondegardo, natural de Salamanca, que era corregidor de aquella ciudad, a besarle las manos

y despedirme dél para mi viaje. El cual, entre outros favores que me hizo, me dixo: 'Pues que vais a España, entrad en ese aposento; veréis algunos de los vuestros que he sacado a luz, para que llevéis qué contar por allá'."[8]

Talvez Gómez Suárez de Figueroa, o futuro inca Garcilaso, tenha também realizado sua viagem com a esperança de que na Espanha todas as portas lhe estariam abertas, porque ele era não apenas o filho de um conquistador, mas também, além disso, um rebento da dinastia inca. Entre seus parentes na Extremadura, cujo nome ele usou durante seus primeiros 21 anos de vida, parece que não foi bem recebido. Assim rumou, em 1561, para Madri, para a nova capital do império espanhol, que, nesses anos, aparentemente, só era procurada quando se tinham interesses políticos, econômicos ou jurídicos totalmente específicos.

Madri e a Província Espanhola Depois de 1560

Justamente a partir de 1561 — os decretos correspondentes não chegaram até nós —, Madri, que até então fora um vilarejo mercantil, funcionava como centro administrativo do império espanhol.[9] Os motivos para o gesto de soberania que se expressa nisso, numa ação verdadeiramente moderna, continuam bastante evidentes. Em vista das tarefas burocráticas, em franco crescimento depois do descobrimento da América, tornou-se necessário desatrelar o exército de escrivãos e juristas do costume medieval da corte de viajar de cidade em cidade; além do mais, pode ter interessado à Coroa subtrair esse aparelho da influência de grupos de interesse, como aqueles que se formaram, com certeza, em Valladolid e Toledo. A existência, aliás, de uma tal burocracia estatal em meados do século XVI, na Espanha, deveu-se aos Reis Católicos.[10] Ainda antes de 1500, eles haviam substituído as assembléias dos *consejos* da alta nobreza por grêmios de especialistas (*consejeros*), entre os quais o mais famoso até hoje foi o *Consejo de las Indias*, responsável pelas questões coloniais. Ainda que a estratégia de Fernando de Aragão e Isabel de Castela tenha sido transformar os *consejos* de parceiros do poder em instrumentos do poder, parece, porém, que logo se desenvolveu um desdobramento, no fim do qual a administração não mais servia de instrumento da Coroa, mas a Coroa de emblema da administração.

A rotina do poder nos reinados ibéricos da Idade Média já tinha cunhado um equivalente à tarefa principal dessa burocracia — como uma conseqüência da chamada *Reconquista*. A burocracia devia decidir — como os *consejos* medievais — sobre a legitimidade das reivindicações ao estatuto de nobre e, sobretudo, sobre as pretensões e direitos econômicos daí advindos. O elemento estrutural decisivo de tais procedimentos repousava no fato de que não cabia à burocracia a iniciativa de contestar tais pretensões; era muito mais a obrigação dos que queriam validar direitos de propriedade e de nobreza fazer com que estes fossem garantidos por escrito pela burocracia. Para tal fim, precisava-se apresentar à administração uma série de documentos rigorosamente padronizados conforme o conteúdo e a forma, cuja peça central era uma documentação completa da própria genealogia; tinha-se de ter um intercessor nobre; e, sobretudo — em vista da complexidade do processo administrativo — precisava-se de muito tempo. Considerando a importância desse procedimento na sociedade espanhola do século XVI, torna-se plausível a tese de que a estrutura discursiva fundamental desses escritos inscreve-se em uma série de gêneros literários contemporâneos.[11] As confissões de vida dos místicos e as autobiografias ficcionais dos *pícaros*, mas também inúmeros romances pastoris, eram encenados como projetos de identidade pessoal, que remetiam a perguntas ou dúvidas de destinatários mais ou menos anônimos, e freqüentemente eram dedicados a mecenas nobres (a burocracia corresponde ao destinatário anônimo, enquanto o papel discursivo do mecenas lembra o do intercessor jurídico). Algo análogo acontece, no plano coletivo, com as *crónicas* contemporâneas, que se tornaram as nossas mais importantes fontes para a história colonial espanhola. Muitos desses textos foram editados a pedido e por encomenda do *Consejo de las Indias*, o qual prescrevia aos autores as questões, os critérios de relevância e as linhas mestras para a forma textual a escolher. E as *crónicas* também se ocupavam de um problema de formação de identidade. Tratava-se — a partir da perspectiva do *consejo* — sobretudo, da questão de saber se, por causa de suas ações e por causa de sua conduta, era conveniente transferir aos conquistadores o poder sobre as novas colônias. Toda apresentação positiva servia aos interesses dos *conquistadores*, enquanto a crítica — sobretudo quando era exposta de maneira tão veemente quanto a de Bartolomé de las Casas, por exemplo — não somente enfraquecia a posição dos *conquistadores*, mas também apoiava, ao mesmo tempo, o projeto do Estado de não delegar poder e legitimidade, mas de se fazer presente nas colônias através de sua burocracia.

Quem entre os muitos cujos interesses estavam em jogo podia se permitir encarregava certamente um advogado, no novo centro administrativo do império, de representar seus interesses, porque a infra-estrutura do Estado em formação ainda não estava de modo algum, nas primeiras décadas depois de 1561, à altura das conseqüências de suas novas funções. Havia começado uma atividade de construção frenética, praticamente incontrolável. Na esteira de um decreto real, que determinava que os segundos andares de todas as casas deviam ser mantidos livres para os órgãos da burocracia estatal, acelerou-se essa expansão, pois agora a maioria dos novos edifícios eram construções de um andar.[12] Somente com o tempo desenvolveu-se em Madri uma vida cultural, tanto mais que a corte se fixou — bastante longe da cidade — no Escorial, que surgiu simultaneamente, e a corte e a administração, no início do século XVII, voltaram novamente, por alguns anos, a Valladolid.

Para compreender a situação intelectual na Espanha desse tempo e suas conseqüências sociais, que não devem ser subestimadas, convém considerar que lá, em 1500, durante o tempo de regência dos Reis Católicos, as estruturas da subjetividade e, portanto, as formas de poder e de práxis da época moderna se haviam tornado muito mais desenvolvidas e institucionalizadas do que, provavelmente, em qualquer outro lugar da Europa contemporânea. Nesse contexto, uma tese plausível é que a Reforma não pôde, entre outras coisas, fincar pé na Espanha, porque a Igreja, sob a influência teológica do erasmismo e no contexto de mudanças da estrutura política, adaptara-se completamente a esse ambiente moderno — ao menos por um curto espaço de tempo. Somente o concílio de Trento e o programa da Contra-Reforma, tornado obrigatório durante os anos de reinado de Filipe II — apesar do ambiente modernamente diferente — voltaram a transformar uma cosmologia cristã de estilo medieval num padrão de vida. A tensão, que por isso, desde meados do século XVI, vai se tornando cada vez mais intensa entre as estruturas da realidade cotidiana remanescentes do desenvolvimento do início da época moderna e a imagem do mundo da Contra-Reforma, permite compreender três tendências principais da cultura clássica espanhola, que deveriam tornar-se imediatamente importantes para a segunda metade da vida de Garcilaso de la Vega. A partir do estreitamento de possíveis horizontes de experiência promovido pela Contra-Reforma explica-se uma necessidade de evasão, à qual atenderam tanto a transfiguração literária do mundo soçobrado da Espanha islâmica quanto a investigação mística de espaços interiores da alma, e isto talvez explique também esse prazer pelo exótico, com o qual Garcilaso podia contar na Espanha. A necessidade de adaptar a subjetividade e as formas de auto-referência específicas dela a uma publicidade encenada pré-modernamente (em outras palavras: uma "teatralização" do cotidiano) é o tema central do romance picaresco e deve ter agido como fortalecimento da pressão, feita pela nova burocracia, de que se descobrissem identidades aceitáveis publicamente. A necessidade de mundos alternativos e de tais identidades "esboçadas em massa" pode, finalmente, esclarecer a aura, bastante singular na Europa de então, que já em 1600 envolvia o papel do autor literário na Espanha.[13]

Distante de toda a ingenuidade de uma vítima em potencial, Garcilaso de la Vega, o outrora Gómez Suárez de Figueroa, enfrentou os desafios desse mundo altamente complexo com notável flexibilidade e com um instinto de autopreservação quase aterrador em suas conseqüências. Em Madri assumiu o nome do pai. Nomeou um advogado para representar seus interesses e mudou-se para a cidadezinha andaluza de Montilla, onde um tio de posses o recebeu e logo o adotou. Em 1570 morreu esse parente, mas Garcilaso só pôde reivindicar sua herança dezesseis anos mais tarde, após a morte da viúva. Até 1580 ele participou da guerra de Alpujarra, o aniquilamento sangrento de uma revolta dos mouriscos, onde conseguiu atingir o posto de *capitán*. Finalmente rico, mudou-se em 1588 para Córdoba e revelou-se um virtuoso no reinvestimento permanente de seu patrimônio na criação de cavalos, no comércio de trigo e, finalmente, na compra de prebendas eclesiásticas. Poucos contemporâneos na Espanha parecem ter entrevisto tão bem o mecanismo da inflação e a possibilidade de usá-la para multiplicar o patrimônio quanto Garcilaso.[14] Quão perspicazmente ele calculava e quão estreitamente esse cálculo estava ligado à tarefa de construir uma identidade pública respeitável torna-se evidente nos cuidados que dispensou ao seu único descendente. Em Córdoba, Garcilaso tivera um filho com sua governanta. Mais ou menos no tempo de seu nascimento, ele comprou a liberdade de um escravo bérbere. Mas, ao invés de ser um ato de magnanimidade humanitária, esse investimento estava ligado a uma obrigação, fixada em contrato, de o liberto servir, durante sua vida, ao filho de Garcilaso e sua concubina.

Porém, ele investiu seu dinheiro sobretudo no financiamento da impressão de seus próprios livros. O primeiro deles, publicado em 1590, é, ao mesmo tempo, o testemunho mais antigo da modificação definitiva de seu nome, que passou a ser "Garcilaso de la Vega, el Indio" (e logo "Garcilaso de la Vega, el Inca"). Como na cultura inca o equivalente a uma posição de nobreza só era herdado patrilinearmente, o aumento do nome equiparou-se à auto-imputação ilegal de uma posição que poderia torná-lo mais interessante como autor — e que pelo menos a sua mãe, falecida nesse meio tempo, não mais podia questionar. Supostamente, Garcilaso estava consciente disso tudo e certamente ele intuía, ademais, o quanto de reconhecimento social estava ligado ao papel de autor e o quanto as *crónicas*, que logo se tornaram seu gênero predileto, serviam de meio de constituição e de consolidação institucionalizada da identidade. O primeiro livro, publicado em 1590, foi uma tradução castelhana (admira-se que não tenha sido censurada pela Inquisição) dos *Dialoghi d'Amore*, editados em italiano, de Leone Ebreo, um emigrante judaico-espanhol, em cuja obra a utilização do símbolo do sol como metáfora para um deus adorado por diversas religiões provavelmente fascinava Garcilaso. Origina-se de 1593 um manuscrito, no qual Garcilaso, cuja posição nobre nunca foi oficialmente confirmada, tentou retraçar a linha de seus ascendentes paternos na nobreza castelhana até o tempo da *Reconquista*. Sua primeira crônica, *La Florida*, foi publicada em 1605 e descreveu a conquista dessa parte do continente americano por Hernando de Soto com uma crítica tão evidente às crueldades dos conquistadores e com tantos indícios de simpatia pelo destino das vítimas, que inevitavelmente lhe foi atribuída uma parcialidade pelos interesses do Estado e da burocracia (contra os *conquistadores*). Em 1606, dez anos antes de sua morte, e em 1617, um ano depois da morte do inca Garcilaso de la Vega, foram publicadas em Lisboa ambas as partes dos *Comentarios Reales de los Incas*.

Texto e Contextos dos *Comentarios Reales*

Já as implicações do seu prólogo inscrevem os *Comentarios Reales* em uma cultura da palavra impressa dominada pela burocracia:

> "Por lo cual, forçado del amor natural de la patria,
> me ofrescí al trabajo de escrevir estos *Comentarios*. [...]

> En el discurso de la historia protestamos la verdad della, y no diremos cosa grande que no sea autorizándola con los mismos historiadores españoles que la tocaran en parte o en todo; que mi intención no es contradezirles, sino servirles de comento y glosa..."[15]

Aqui, não mais se ressalta como função da crônica, como era típico da historiografia medieval, a luta contra o esquecimento do saber. Ao contrário, Garcilaso pressupõe o conhecimento de um número expressivo de textos publicados sobre o seu tema, dos quais seu próprio discurso deve ser "comentário e glosa". Como ele quer despertar, simultaneamente, a impressão de ter assumido uma tarefa em honra da pátria — por encomenda do Estado —, deve-se compreender aqui as palavras *comento* e *glosa* muito mais como nomes para formas e funções textuais jurídicas, como eram exigidas no contato com a burocracia. Somente o contexto de um estado de saber, já presente em livros, tornou possível a Garcilaso justificar que a especificidade de sua própria colaboração era fundada num testemunho ocular e auditivo, ao passo que, inversamente, cronistas medievais, perante seus concorrentes, se haviam considerado então superiores quando seu saber era haurido em livros. Por isso, nos *Comentarios Reales*, não faltam anedotas, que se apóiam na pretensão de Garcilaso a autenticidade, e algumas delas — como a seguinte "lembrança de infância" do autor — parecem até ser estilizadas, de modo excessivamente cuidadoso, para essa função:

> "— Inca, tío, pues no hay escritura entre vosotros, que es la que guarda la memoria de las cosas pasadas ¿qué noticia tenéis del origen y principio de nuestros Reyes? [...]
>
> El Inca, como que holgándose de haver oído las preguntas, por el gusto que recebía de dar cuenta dellas, se bolvió a mi (que ya otras muchas vezes le havía oído, mas ninguna con la atención que entonces) y me dixo:

— Sobrino, yo te las diré de muy buena gana; a ti te conviene oírlas y guardarlas en el coraçón (es frasis dellos por decir en la memoria)."[16]

O aposto "el Inca" acrescentado ao seu nome não veio, portanto, como já vimos, apenas ao encontro de uma inclinação historicamente específica do público leitor contemporâneo pelo exótico; ele sublinha, no caso dos *Comentarios Reales*, o papel político-burocrático específico, que Garcilaso tentou definir para si mesmo. Assim, logo na primeira frase do prólogo, apresentou-se, orgulhoso, como "nascido em Cuzco", mas ao mesmo tempo falou da Espanha, de maneira bem natural, como sua "pátria"; dessa forma, ele — o *indio* — degradava, quase com violência, seus conhecimentos de latim e sua competência para participar do debate sobre a importância cosmológica da América como um "novo mundo", para, de outro lado, enaltecer incessantemente a pretensão de ter à mão as últimas informações e interpretações. Seu interesse político e a utopia que embasa esse interesse podem, por isso, ser determinados facilmente. Com sua crítica à conduta dos *conquistadores*, Garcilaso apoiou inevitavelmente a posição do Estado e da burocracia. Mas na medida em que, simultaneamente, combatia com veemência a hipótese de uma inferioridade moral da cultura inca, apresentava como parceiros naturais da política colonial da coroa espanhola — ao invés do conquistador — os descendentes da aristocracia inca, à qual ele mesmo pertencia.

Essa hipótese desvela as estruturas discursivas fundamentais que estão na base dos nove livros dos *Comentarios Reales*. Em cada um desses livros, Garcilaso combinou o relato de um determinado recorte temporal da história dos incas, ordenada de maneira estrita segundo a seqüência dos soberanos, com retratos detalhados de determinadas instituições culturais, que não estavam necessariamente em relação especial com cada reinado tematizado. Esse princípio de apresentação produz a impressão de uma continuidade cultural — e moral — nunca rompida. Ele é fortalecido, de maneira decisiva, na medida em que Garcilaso creditou ao tempo anterior à fundação do império inca (aproximadamente quatrocentos anos antes da conquista européia) todos aqueles fenômenos, que — na perspectiva dos espanhóis — poderiam ser prejudiciais a essa imagem. Em vez de combater os boatos de que o caos, a multiplicidade de divindades, a sodomia e o sacrifício humano seriam a norma fora do mundo cristão (e com isso talvez até frustrando desejos secretos de leitores), ele citou detalhadamente retratos correspondentes do manuscrito da crônica do padre Blas Valera,[17] para depois poder atribuir aos incas o mérito de ter posto um fim a tais excessos. Assim Garcilaso sugeriu, além de uma continuidade dentro da cultura inca, também uma continuidade entre a cultura inca e a cultura cristã, e se esforçou para comprovar essa impressão através de uma profusão de detalhes. Assim ele eliminou qualquer dúvida concebível sobre o caráter monoteísta da religião inca do sol; viu no fato de a forma gramatical do nome do deus do sol corresponder ao particípio uma prova de que essa divindade teria sido entendida como um princípio espiritual; e referiu-se — com todos os sinais retóricos de admiração — à sua observação de que, em inúmeros sítios cultuais da religião inca, haviam sido encontrados símbolos semelhantes à cruz. A rotina na sociedade do império inca foi retratada como frugal e concentrada nos valores morais de assistência e amor ao próximo com tal perfeição épica que levantou a suspeita de que Garcilaso fez empréstimos da representação dos germanos por Tácito ou do enaltecimento do povo americano dos araucanos no poema de seu contemporâneo Ercilla.[18] Se permaneceram dúvidas sobre a estratégia adotada pelo autor, foram apagadas pelo último capítulo do nono livro dos *Comentarios Reales*, que é dedicado a *La descendencia que ha quedado de la sangre real de los Incas*.

Certamente a continuidade entre cultura inca e cristianismo, que Garcilaso de la Vega construiu e defendeu com um interesse tão evidente, é apresentada exclusivamente como uma continuidade de valores e alegações morais. Do mesmo modo que na determinação de seu próprio papel de autor, também se torna clara, na apresentação das conquistas intelectuais dos incas, a tendência complementar de demonstrar que suas formas de pensamento e comunicação eram rudimentares também nas esferas em que os primeiros relatos haviam excitado a admiração do público espanhol:

> "Pero esto [la virtud de algunas yervas y plantas medicinales] lo alcançaron más por esperiencia (enseñados de su necessidad), que por su filosofía natural, porque fueron poco especulativos de lo que no tocavan con las manos. [...] Admirávanse de los efectos [del movimiento del Sol, de la Luna etc.], pero no procuravan buscar las causas..."[19]

Diversos detalhes desse tipo, tirados dos primeiros livros dos *Comentarios Reales,* podem ser resumidos na fórmula de que a cultura inca — ao menos na apresentação de Garcilaso — não era capaz de distinguir os signos dos objetos e fatos designados por estes signos. Por isso era-lhe desconhecida a especulação sobre as causas dos fenômenos naturais, por isso ela imitava os mundos de sua experiência de diversas maneiras, em vez de criar novos mundos: o plano urbano de Cuzco corresponderia à sua representação da geografia de todo o império inca; no jardim do soberano estavam as criaturas de seu mundo como estátuas fundidas em ouro; e nas formas populares de representação cênica, na corte inca, que Garcilaso denomina "tragédias", os atores deviam representar apenas os papéis que correspondessem ao destino de suas vidas. Um canto de amor tornava fisicamente presentes nesse mundo os sentimentos do amor, conforme retratam os *Comentarios Reales*:

> "De manera que se puede dezir que [el galán enamorado] hablava por la flauta. Un español topó una noche a deshora en el Cozco una india que él conoscía, y queriendo bolverla a sua posada, le dixo la india:
>
> — Señor, déxame ir donde voy; sábete que aquella

> flauta que oyes en aquel otero me llama con mucha pasión y ternura, de manera que me fuerça a ir allá. Déxame, por tu vida, que no puedo dexar de ir allá, que el amor me lleva arrastrando para que yo sé su mujer y él mi marido."[20]

De forma ainda mais evidente do que esses exemplos vivos, os meios e instituições de transmissão de informação no império inca, que se estendia por enormes distâncias, mostram de que modo uma cultura, que não podia diferenciar os signos dos objetos designados, era *logisticamente* inferior a uma cultura que estava no umbral da autoburocratização. Informações e estruturas de sentido só podiam existir na cultura inca enquanto fossem conduzidas por corpos humanos. A transmissão de informação, portanto, era organizada como uma corrente de corpos de mensageiros, cuja contigüidade tinha de ser garantida por um ordenamento específico:

> "*Chasqui* llamavan a los correos que havía puestos por los caminos, para llevar com brevedad los mandatos del Rey y traer las nuevas y avisos que por sus reynos e provincias, lexos o cerca, huviesse de importancia. Para lo cual tenían a cada cuarto de legua cuatro o seis indios moços y ligeros, los cuales estavan en dos choças para repararse de las inclemencias del cielo. [...] los unos miravan a la una parte del camino y los otros a la otra, para descubrir los mensajeros antes que llegassen a ellos. [...]
>
> Llamáronlos *chasqui*, que quiere dezir trocar, o dar y tomar [...]. No les llamaron *cacha*, que quiere dezir mensajero, porque este nombre lo davan al embaxador o mensajero proprio que personalmente iva del un principe al otro [...]. Las palabras [que llevavan] eran pocas y mui concertadas y corrientes, por que no se trocasen y, por ser muchas, no se olvidassen. El que venía con el

mensaje dava vozes, llegando a vista de la choça, para que se apercibisse el que havía de ir, como haze el correo en tocar su bozina..."[21]

Mesmo a apresentação e explicação detalhada de Garcilaso da corda de contar, o *medium* da cultura inca que, segundo o consenso dos historiadores e antropólogos, deve antes ser comparado a uma forma de escrita, torna evidente o esforço, quase obsessivo, de manter a forma do signo tão próxima quanto possível da forma do objeto designado. Nada pode estar mais distante daquele efeito libertador que, em outras culturas, estava ligado à descoberta do princípio de arbitrariedade do signo:

> "*Quipu* quiere dezir añudar y ñudo, y también se toma por la cuenta, porque los ñudos la davan de toda cosa. Hazían los indios hilos de diversos colores: unos eran de un color solo, otros de dos colores, otros de tres y otros de más, porque las colores simples, y las mezcladas, todas tenían su significación de por si; [...]. Por las colores sacavan lo que se contenía en aquel tal hilo, como el oro por el amarillo y la plata por el blanco, y por el colorado la gente de guerra."[22]

Talvez ainda mais instrutivo do que o capítulo correspondente dos *Comentarios Reales* aqui citado seja, para o nosso entendimento do contato dos incas com os *quipus*, o contraste entre os contextos de seu uso e o contexto do *medium* (europeu) da "carta" na documentação assinalada de Felipe Guamán Poma de Ayala.[23] Enquanto os *quipus* nesses retratos são, sem exceção, segurados na mão por mensageiros, cuja figura sozinha ocupa o campo da imagem, aparecem cartas, de modo típico, em cenas de entrega e circulação entre diversos protagonistas.

Os comentários de Garcilaso sobre esses meios de comunicação estão, como já foi mencionado, claramente cunhados pela intenção de sublinhar a inferioridade técnica e logística da cultura inca frente ao estilo de pensamento e às formas de ação dos senhores coloniais. Na verdade, há somente um plano temático em sua crônica, cuja figuração pode ser descrita sem maiores problemas com a fórmula "continuidade da moral e costumes *versus* inferioridade logística"—, qual seja, sua preocupação, quase obsessiva, de dar ao leitor pontos de referência precisos para a pronúncia de palavras *quechua* e para a correta compreensão de seus significados. Assim, de modo característico, segue-se imediatamente ao prólogo dos *Comentarios Reales* uma série de *Advertencias acerca de la lengua general de los indios del Perú*, que, entre outras coisas, contém uma lista daqueles sons do castelhano para os quais não há equivalente em *quechua*. Garcilaso parece ter notado que a densidade e minuciosidade de tais detalhes lingüísticos deve ter ido muito além do interesse da maioria de seus leitores. Mas, até os últimos capítulos de sua crônica, ele não conseguiu se decidir a abrir mão de tais suplementos:

> "El nombre de la Reina, mujer del Inca Viracocha, fué Mama Runtu: quiere dezir madre huevo; llamáronla assí porque esta Coya fué más blanca de color que lo son en común todas las indias, y por vía de comparación la llamaron madre huevo, que es gala y manera de hablar de aquel lenguaje; quisiera dezir madre blanca como el huevo. Los curiosos en lenguas holgarán de oír estas y otras semejantes prolixidades, que para ellos no lo serán. Los no curiosos me las perdonen."[24]

Burocracia e Gênese do Sujeito

Teria Garcilaso, em uma cultura sem imprensa e burocracia, escrito um texto fundamentalmente diverso dos *Comentarios Reales* sobre o mundo de sua origem? Teriam, aliás, os *Comentarios Reales* surgido sem a presença da imprensa e da burocracia? Já na introdução a este ensaio, eu admiti que a relação entre burocracia e imprensa não pode se tornar empiricamente evidente porque, até o século XX, as operações da burocracia se realizavam, sobretudo, por meio da escrita manual. Mas aquele potencial funcional constituído pela burocracia, pelo armazenamento e pela circulação de informações e estruturas de sentido *na escrita,* está ligado a uma condição que somente se generalizou através da institucionalização da imprensa e assim potencializou, decisivamente, seu efeito. Somente na era da imprensa parece ter se firmado a premissa de que os textos e seus conteúdos são fundamentalmente independentes da presença de um corpo humano. A imprensa insinuou-se simultaneamente entre o corpo daquele que escreve e o papel no qual se deve escrever, e essa suspensão da união imediata entre corpo e escrita serviu de componente em um desenvolvimento, do qual originou-se o moderno autor-sujeito como uma grandeza puramente espiritual.[25] Somente a partir da era da imprensa tornou-se comum ler textos, por princípio, com vistas a intenções e disposições de sujeitos; mas, da mesma forma, textos foram vivenciados, também apenas desde a época da imprensa, como "comunicação compacta" (*Kompaktkommunikation*),[26] como artefatos, os quais como que tinham "absorvido" os contextos de sua utilização e por isso podiam novamente "irradiar" sem a presença de um corpo em situações específicas de seu uso.

Quando se iniciou a auto-exportação da cultura européia para o continente americano, já estava bastante avançado o processo de institucionalização da subjetividade do texto e da comunicação compacta. A descrição de Garcilaso de formas da transmissão e armazenamento de informações no império inca e os desenhos correspondentes de Felipe Guamán Poma de Ayala mostram que eles vivenciavam perfeitamente no seu cotidiano a diferença pragmática entre a corda de contar, dependente da presença do corpo humano, e as cartas ou livros como formas de comunicação compacta. Somente sob a condição dessa diferença — que era, ao mesmo tempo, uma diferença da comunicação moderna frente às culturas americanas e frente à cultura do medievo europeu — poderia surgir o projeto da Coroa espanhola, fazer-se presente nas colônias através de sua burocracia — através de textos e não necessariamente através da presença de um regente de sangue real. As expectativas e interesses de posse dos *conquistadores*, ao contrário, estavam duplamente ligados à condição da presença corporal, sobre a qual, como fundamento, se constituíra o sistema feudal. Como membros da baixa nobreza, eles acreditavam poder (e dever) representar o domínio espanhol nas colônias através de sua presença física; queriam fundamentar a nova dignidade do nobre colonial na contigüidade corporal entre seus próprios feitos como conquistador e seus descendentes. Mas a burocracia interrompeu tal contigüidade e transformou tais pretensões. Propriedade e posição social eram asseguradas e mediadas, desde meados do século XVI no império espanhol, não mais por parentesco familiar, mas por documentos.

Apesar do fato de a era da imprensa transferir para a escrita a função principal de representar sujeitos na ausência de seus corpos, ao mesmo tempo a mera complexidade das tarefas administrativas, que resultaram da expansão espanhola, parece ter colaborado de maneira decisiva para uma inversão dessa relação. Enquanto se supõe, até hoje, que as formas de subjetividade se fixaram por meio da escrita, podemos observar no caso da vida e nos escritos do inca Garcilaso de la Vega que a subjetividade se tornou um *medium* para regras rígidas presentes nas formas da escrituração. Desde então nos referimos ao resultado dessa inversão quando falamos de *burocracia*. A burocracia gerou esse sistema de assentamento das *crónicas*, que suscitou esboços de subjetividade, prescreveu-lhes regras de realização e reservou para si sua confirmação. Sem a burocracia, não haveria pretexto para que Gómez Suárez de Figueroa se nomeasse "Garcilaso de la Vega, el Inca" e criasse a dupla identidade cunhada por ele. Da mesma forma, a burocracia mesma criou para si seu estilo de dominação e encontrou em Filipe II o seu soberano adequado, que transformou a ausência corporal no princípio da presença de seu poder.[27] Para os sujeitos gerados pela burocracia, passou a ser uma obrigação (freqüentemente vivenciada como obsessão) tornar os textos da burocracia independentes de sua própria presença corporal. Quando Garcilaso, por exemplo — a princípio sem relação evidente com a função historiográfica dos *Comentarios Reales* — estava tão preocupado em compilar o significado preciso e a pronúncia das palavras em *quechua*, ele contribuiu para desligar o valor informativo dos textos da sua presença corporal. A tarefa análoga — e constitutiva de uma época — da transferência da burocracia espanhola para o continente americano repousava na desassociação entre presença do poder e presença física. Desde então encontramos, na forma de documentos escritos, a pobreza e a riqueza, a infelicidade e a felicidade, os malogros e os sucessos.

Assim, a vida do inca Garcilaso de la Vega contém diversos motivos para se pensar de maneira nova o esquema de memória histórica que o transforma — ele que nasceu na América — em uma vítima da aculturação européia. Ele se transformou em inca apenas no campo de força da burocracia. O que, por outro lado, colocou o poder dessa burocracia à distância de si mesmo e assim o excluiu do campo de experiência, foram os corpos e sua presença — tanto os corpos dos vencidos pelos *conquistadores* quanto os corpos dos próprios *conquistadores* e os corpos dos reis. Apenas poderia sobreviver aquele que se compreendesse como *medium* da burocracia e construísse para si uma identidade segundo as regras da burocracia. A obrigação de ter uma tal forma pública apresentável de subjetividade derivou do nascimento do sistema "burocracia"; e desde então, a burocracia ditou — tanto disfarçada quanto intransigentemente — as formas, as fronteiras e os espaços livres da subjetividade.

Notas

[1] Sobre a gramática de Nebrija e seu contexto histórico, cf. H.U. Gumbrecht, *Eine Geschichte der Spanischen Literatur*, Frankfurt, 1990, pp. 223 e ss.

[2] A diferenciação (terminologicamente não muito evidente a um primeiro olhar) entre "comunicação" e "interação" foi reconstruída por Niklas Luhmann, em inúmeras publicações da década passada, como um *leitmotiv* na apresentação historiográfica da passagem da cultura do final da Idade Média para o início da era moderna. Ela implica que a "interação" é dependente de formas de copresença corporal (ou mais exatamente: co-representação corporal) dos sistemas psíquicos que interagem, enquanto a "comunicação" não contém essa condição como condição necessária. Essa diferenciação produz, por isso, um fundo histórico para a decisão teórica de Luhmann de desatrelar os conceitos de "comunicação" e "sociedade" do conceito de sujeito.

[3] Cf. Roberto González Echevarría, "The Law of the Letter: Garcilaso's *Commentaries* and the Origins of Latin American Narrative", *The Yale Journal of Criticism*, I, 1, 1987, pp. 10 e ss.

[4] Cf. González Echevarría, ibidem, p. 107. A crítica (algo barata) a essa tese é minha única objeção ao ensaio inovador de González Echevarría, que, pela primeira vez, realçou a significação da burocracia em formação para os gêneros literários do *siglo de oro*.

[5] Esse detalhe sobre a história da recepção da obra de Garcilaso de la Vega (bem como todas as datas e fatos de sua biografia empregados a seguir) retirei do livro, que é tão rico em informações quanto caótico, de Carmelo Sáenz de Santa María, *El inca Garcilaso de la Vega*, Madrid, 1987.

[6] Cf., sobre a estrutura do plano geral e das construções de Cuzco motivadas por aspectos religiosos, sobretudo o capítulo II/1 dos *Comentarios Reales de los Incas* de Garcilaso. Eu utilizo a nova impressão, surgida em 1963 em Montevidéu, da edição de Angel Rosenblat (Buenos Aires, 1943), aqui pp. 51 e ss.

[7] [Vi com meus próprios olhos o quarto [assim] fechado; mais tarde os espanhóis o reedificaram, e dentro de três anos caiu outro raio e atingiu o mesmo quarto e o queimou todo. Os índios, entre outras coisas, diziam, já que o Sol havia marcado aquele lugar como maldito, por que os espanhóis voltaram a edificá-lo; ao contrário, deviam deixá-lo abandonado como estava, sem se preocupar com ele.] *Comentarios Reales*, II/1, p. 52.

[8] [Não se sabe quantos anos viveu nem quantos reinou [o inca Viracocha], mas comumente se supõe que foram mais de cinqüenta os anos de seu reinado. E era isso que mostrava seu corpo quando o vi em Cuzco, no começo do ano de mil e quinhentos e sessenta; nessa época, como estava de partida para a Espanha, fui à casa do licenciado Polo Ondegardo, natural de Salamanca, que era *corregidor* de Cuzco, para lhe beijar as mãos e me despedir dele. Entre outros favores que me fez, ele me disse: "Já que vais à Es-

panha, entra nesse aposento; verás alguns dos teus que desenterrei, para que tenhas o que contar lá".] *Comentarios Reales*, V/29, p. 226.

[9] Sobre o papel de Madri como novo centro administrativo do império espanhol e a história de sua construção, cf. *Eine Geschichte der spanischen Literatur*, op. cit., pp. 365 e ss.

[10] Não foi por acaso que Machiavelli festejou, no capítulo 21 de *O príncipe*, Fernando de Aragão como exemplo do novo monarca.

[11] Esta é a tese principal de González Echevarría, op. cit., pp. 108 e ss.

[12] À aparência de Madri daí resultante refere-se claramente um soneto irônico de Luis de Góngora:

"Nilo no sufre márgenes, ni muros
Madrid, oh, peregrino, tú que pasas,
que a su menor inundación de casas
ni aun los campos del Tajo están seguros.

Emula la verán siglos futuros
de Menfis no, que el término le tasas;
del tiempo sí, que sus profundas basas
no son en vano pedernales duros."

[O Nilo não tolera margens, nem muros / Madri, ó peregrino, tu que passas, / porque nem da sua menor inundação de casas / os campos do Tejo estão seguros. // Êmula vê-la-ão séculos futuros / de Mênfis não, que o término lhe regras; / do tempo sim, que suas profundas bases / não são em vão duras pederneiras.]

[13] Sobre isso informa — a partir de perspectiva autobiográfica e de surpresa (encenada?) à distância — o último texto que Miguel de Cervantes escreveu, o prefácio a seu romance *Persiles y Sigismunda*: "Mal ouvira ele [um estudante de Salamanca] o nome Cervantes, já se arremessava sobre mim, depois de ter descido de sua montaria e de terem caído aqui a capa de sua sela e ali seus alforges — pois ele se pusera a caminho com todo esse peso —, estendeu então a mão rapidamente para pegar meu braço esquerdo e disse: 'É realmente ele, o maneta incólume, o famoso sobre todas as massas, o futuro escritor — para dizê-lo com uma palavra: o preferido das Musas'."

[14] Cf. sobre isso *Eine Geschichte der Spanischen Literatur*, op. cit., p. 461.

[15] [Pelo que, forçado pelo amor natural à pátria, me propus o trabalho

de escrever estes *Comentarios*. [...] No discurso da história fazemos protestos de seguir a verdade dela, e não diremos nada de grande que não seja com base na autoridade dos mesmos historiadores espanhóis que escreveram sobre isso em parte ou no todo; porque minha intenção não é contradizê-los, mas servir-lhes de comentário e glosa...] *Comentarios Reales, Proemio al Lector*, p. 8.

[16] [— Inca, tio, já que não existe escrita entre vós, que é o que guarda a memória das coisas passadas, que notícia tendes da origem e princípio de nossos reis? [...] O Inca, como que regozijando-se por ter ouvido essas perguntas, pelo prazer que tinha de explicar essas coisas, voltou-se para mim (que o havia ouvido muitas outras vezes, mas nenhuma com a atenção desse momento) e disse: — Sobrinho, eu te contarei [essas coisas] com muita boa vontade; quanto a ti, é bom que as ouça e guarde no coração (é a expressão que usam para dizer na memória).] *Comentarios Reales*, I/15, p. 33.

[17] *Comentarios Reales*, I/11, pp. 27 e ss.

[18] Cf. sobre Ercilla, *Eine Geschichte der Spanischen Literatur*, op. cit., pp. 316 e ss.

[19] [Mas isso [a virtude de algumas ervas e plantas medicinais] eles adquiriram mais por experiência (ensinados por sua necessidade), do que por sua filosofia natural, pois eram pouco especulativos sobre aquilo que não podiam tocar com as mãos. [...] Admiravam-se dos efeitos [do movimento do sol, da lua etc.], mas não lhes procuravam as causas...] *Comentarios Reales*, II/21, pp. 87 e s.

[20] [De sorte que se pode dizer que [o galante apaixonado] falava por intermédio da flauta. Certa noite, às altas horas, um espanhol deparou-se, em Cuzco, com uma índia a quem conhecia, e querendo acompanhá-la de volta à sua casa, a índia lhe disse: — Senhor, deixa-me ir aonde vou; saiba que aquela flauta que estás ouvindo naquela colina me chama com muita paixão e ternura, de maneira que me força a ir para lá. Deixa-me, por sua vida, que não posso deixar de ir para lá, porque o amor me leva arrastando para que eu seja sua mulher e ele, meu marido.] *Comentarios Reales*, II/26, p. 95.

[21] [Davam o nome de *chasqui* aos correios que tinham postos nos caminhos, para levar com rapidez as ordens do Rei e trazer as notícias e avisos que fossem de importância por seus reinos e províncias, distantes ou próximos. Para isso tinham a cada quarto de légua quatro ou seis índios jovens e ligeiros, os quais ficavam em duas cabanas para proteger-se das inclemências do céu. [...] uns ficavam olhando para um lado do caminho e os outros para o outro, a fim de descobrir os mensageiros antes que chegassem até eles. [...] Deram-lhes o nome de *chasqui*, que quer dizer trocar, ou dar e receber [...].

Não os chamaram *cacha*, que quer dizer mensageiro, porque davam esse nome ao embaixador ou mensageiro próprio que ia pessoalmente de um príncipe a outro [...]. As palavras [que levavam] eram poucas e muito bem preparadas e correntes, para que não as trocassem e, por serem muitas, não as esquecessem. Aquele que vinha com a mensagem gritava, quando chegava à vista da cabana, para que aquele que tinha de ir se apercebesse, como faz o correio ao tocar sua buzina...]*Comentarios Reales*, VI/7, p. 240.

[22] [*Quipu* quer dizer dar nós e nó, e também se toma pela conta, porque os nós davam a conta de todas as coisas. Os índios faziam cordas de diversas cores: umas eram de uma cor só, outras de duas cores, outras de três e outras de mais, porque as cores simples, e as misturadas, todas tinham seu significado por si mesmas; [...]. Pelas cores sabiam o que continha uma dessas cordas, como a amarela para designar o ouro, a branca para a prata, e a vermelha para as pessoas de guerra.] *Comentarios Reales*, VI/8, p. 241.

[23] Cf., por exemplo, Franklin Pease (org.), *Felipe Guamán Poma de Ayala: Nueva Corónica y buen gobierno*, Caracas, 1980, pp. 141, 250, 252 e 275 (*quipus*), e pp. 66, 68 e 178 (cartas).

[24] [O nome da Rainha, mulher do Inca Viracocha, foi Mama Runtu: quer dizer mãe ovo; chamaram-na assim porque esta Coya [rainha] era mais branca de cor do que o são comumente as índias, e por via de comparação chamaram-na de mãe ovo, que é honra e maneira de falar daquela língua; queriam dizer mãe branca como o ovo. Os curiosos por línguas se regozijarão em ouvir estas e outras semelhantes prolixidades, que para eles não o serão. Os não-curiosos que mas perdoem.] *Comentarios Reales*, V/28, p. 225.

[25] Cf. sobre as especificidades dessa fase na história cultural européia, sob condições espanholas, meu artigo "The Body vs. the Printing Press. Media in the Early Modern Period, Mentalities in the Reign of Castile, and another History of Literary Forms", *Poetics* 14 (1985), pp. 179-202 [traduzido neste volume às pp. 67-107].

[26] O conceito origina-se de Niklas Luhmann, "Das Kunstwerk und die Selbstreproduktion der Kunst", in Hans Ulrich Gumbrecht e K. Ludwig Pfeiffer (orgs.), *Stil. Geschichten und Funktionen eines Kulturwissenschaftlichen Diskurselements*, Frankfurt, 1986, pp. 620-72.

[27] Cf., nesse contexto, a biografia surgida nos anos 30 (e, apesar de seu tom muito apologético, ainda sempre impressionante) de Ludwig Pfandl, *Philipp II. Gemälde eines Lebens und einer Zeit*, 7ª ed. München, 1973. Também *Eine Geschichte der Spanischen Literatur*, op. cit., pp. 350 e ss.

2. A RAZÃO FUGINDO DO IMAGINÁRIO[1]

No seu número 215, o semanário *Révolutions de Paris* informa sobre aquela famosa "festa da razão" que a comuna e o *département* de Paris organizaram em Notre Dame no *décadi*, no 20 brumário do ano II (em 10 de novembro de 1793).[2] O motivo desse festejo, segundo o correspondente do *Révolutions*, teria sido a decisão dos cidadãos de Ris — uma pequena comuna vizinha a Paris, que se atribuíra o nome revolucionário de "Brutus" — de transferir para a nação, representada pelo convento, valiosos objetos de culto de sua igreja paroquial. Esse "grande exemplo" levou o bispo de Paris, em conjunto com todo o capítulo, igualmente no convento, a "abjurar todas as heresias que os padres pregavam há mil e oitocentos anos contra a lei e contra a religião natural".

Para a festa da razão, que se realizou três dias após esse acontecimento, erguera-se em Notre Dame, no cimo de uma montanha artificial ("sur la cime d'une *montagne*"), um templo da filosofia, "tão simples quanto majestoso", enfeitado com os bustos dos grandes iluministas, em cujo centro queimava sobre uma rocha a chama da verdade. Ao som da "música republicana em língua popular", desciam da montanha artificial duas fileiras de donzelas, vestidas de branco; entre elas estava "a liberdade, representada por uma bela mulher". Nesse ponto de sua descrição, o correspondente do *Révolutions de Paris* permite-se um excurso sobre a teoria do imaginário:

> "[...] tout fut ordonné à propos, & l'on doit remarquer sur-tout cette attention que l'on eut à employer pour représenter la liberté, une femme vivante & non

> point une statue. On voulut dès le premier instant déshabituer les esprits de toute espèce d'idolâtrie; on se garda bien de mettre à la place d'un saint-sacrement un simulacre inanimé de la liberté, parce que des esprits grossiers auroient pu s'y méprendre, & à la place du dieu pain, substituer un dieu pierre; il ne faut plus de superstition aux hommes: si nous renversons les cultes trompeurs, ce n'est pas pour les tromper par d'autres, pour leur présenter des objets qui puissent égarer leur imagination & leur coeur; et cette femme vivante, malgré tout les charmes qui l'embellissent, ne pouvoit pas être déifiée par les ignorants, comme l'eût été une statue de pierre.
>
> C'est donc une chose qu'il ne faut pas laisser de dire au peuple: la liberté, la raison, la vérité, ne sont que des êtres abstraits. Ce ne sont point là des dieux, car à proprement parler, ce sont des parties de nous-mêmes. La liberté n'est autre chose que notre volonté qui a le pouvoir de se manifester & de se réaliser. La raison n'est autre chose que cette faculté que est en nous, de saisir la nature & le rapport des objets; & la verité enfin n'est rien d'autre que la nature même! C'est le rapport réel & primitif des choses, ce n'est donc pas une partie de notre être que nous voulons adorer, car ce seroit adorer nous-mêmes. En célébrant la fête de la liberté, de la raison, nous nous bornons à nous réjouir des avantages que nous procure cette portion de nous-mêmes qui se régénère, qui se développe en nous avec avantage.
>
> Si l'on personnifie des qualités abstraites & métaphysiques, c'est par un langage figuré, c'est par ce que ces manières de parler jettent dans les discours & dans les grandes assemblées plus de promptitude & de vivacité."[3]

O motivo dessa digressão foram dois conflitos dos quais a política cultural jacobina nunca conseguiu se libertar. Ela necessitava da festa para apresentar aos cidadãos — que participavam no duplo papel de atores e espectadores — seu duplo papel na sociedade republicana: aqui eles podiam experimentar o outro como *souverain*, mas ao mesmo tempo podiam se representar também como *souverain*. Toda representação figurativa ou simbólica era prejudicial à *imediatez* de uma tal experiência recíproca; isso os políticos jacobinos da cultura tinham aprendido na *Lettre à d'Alembert* de Rousseau, e, por isso, o conceito de *simulacre* tinha sempre uma conotação pejorativa nos seus discursos. Por sua vez, o sensualismo como fundamento psicológico da estética do século XVIII havia nesse meio tempo se tornado de tal forma um bem comum, que, como prova o final da nossa citação, não se podia deixar de notar o *ganho técnico-didático* prometido pelas representações figuradas como meio de educação ao povo.[4] O segundo conflito originou-se, por um lado, da aplicação da filosofia racionalista em *eliminar representações transcendentais* e, por outro lado, da idéia, que se desenvolveu rapidamente a partir do verão de 1793, de que, para compensar a campanha de descristianização bem como para institucionalizar o saber social conforme a república, se necessitava de uma *religião civil*. Seu discurso sobre o "ser superior", sobre a "razão" ou a "natureza" era, em relação ao posicionamento de tais conceitos no aqui ou no além, tão ambivalente[5] quanto permanecia indecisa a escrita em maiúsculas ou minúsculas dos predicados correspondentes.

Ora, dos conflitos entre a festa sem figuras e a força didática de representações figuradas, assim como entre a renúncia iluminista à transcendência e a necessidade político-social de transcendência, é possível encontrar infinitas provas nos textos da Revolução Francesa que chegaram até nós. O que proporcionou ao trecho citado do *Révolutions de Paris* uma certa posição privilegiada entre esses documentos foi o destaque determinante da decisão de representar a liberdade, na festa da razão, por uma pessoa viva e não por uma estátua. A pesquisa sobre a revolução encontrou explicações aparentemente plausíveis para essa medida: plausíveis porque podem ser ligadas a reflexões contemporâneas (como são postas na nossa citação); mas apenas *aparentemente* plausíveis porque essas explicações não se deixam encaixar sem contradição na ideologia jacobina, mas até são contraditórias entre si. "A festa da revolução", segundo J. Starobinski, "é aquele ato solene em que o homem honra uma força divina, que ele reconheceu em si mesmo [...] porque a vida humana participa da divina, os homens querem representar a divindade nas manifestações da vida".[6] A proposta de entendimento de Starobinski aponta para o *ganho de experiência* que a representação da liberdade ou da razão por pessoas vivas traz consigo: a imagem viva aproxima-se bem mais da divindade representada, pois essa é parte da vida humana. O que esse argumento deixa do lado de fora é uma *estratégia de evasão*, com a qual se queria enfrentar uma tendência dupla à divinização: a divinização de partes constitutivas da natureza humana ("ce ne sont point là des dieux", enfatiza o correspondente do *Révolutions de Paris*) e a tendência à divinização da imagem ("des esprits grossiers auroient pu s'y méprendre, & à la place du dieu pain, substituer un dieu pierre"). Diferentemente de Starobinski, M. Ozouf interpreta as figuras vivas das festas da revolução justamente como uma manifestação dessa estratégia de evasão, portanto, como uma medida político-cultural defensiva.

O motivo para evitar uma adoração — que tende à magia — da figura tem uma digna tradição na proibição de imagens pelo decálogo[7] e nos diferentes movimentos iconoclastas da história da igreja cristã.[8] Uma olhadela nessa tradição contribui, sob dois aspectos, para a compreensão do fenômeno das figuras vivas na Revolução Francesa. Ela mostra, por um lado, que a representação da razão ou da liberdade por pessoas, que, após o fim da festa, podem ser encontradas nos seus papéis cotidianos, é um procedimento pelo qual — como antes por inúmeros outros procedimentos da arte religiosa — deve ser assegurada a distância, que evita a magia da imagem, entre a figura e o figurado (ao que se pode naturalmente perguntar, se "homens como imagem" devem ter, nesta função, necessariamente mais sucesso do que — por exemplo — a linguagem cifrada da pintura medieval). Além disso, a história da igreja nos esclarece que a teologia cristã do Iluminismo — muito antes da descristianização na revolução — desenvolvera uma crítica nova, racionalista da idolatria.[9] Se a teologia do Iluminismo, na medida em que voltou há pouco sua atenção para um tema que na verdade há muito tempo não estava mais presente, e a política cultural dos jacobinos, embora ela — pense-se, por exemplo, no argumento de Starobinski — pudesse ao menos ter saudado uma identificação das pessoas humanas enquanto imagem à natureza humana figurada,[10] se a teologia iluminista e a política cultural jacobina se encontraram em uma atitude defensiva frente a figuras, então, as condições factuais dessa convergência despertam a suspeita de que as figuras vivas da festa revolucionária poderiam ter sido mais do que simples sintoma de um problema da política cultural jacobina: a saber, uma tentativa de superar a tensão muito mais abrangente entre a razão iluminista e o imaginário.

Por que essa tensão era insuperável e por que, no contexto interativo das festas revolucionárias, ela foi inevitavelmente atualizada, pode-se mostrar com a ajuda do modelo ficcional triádico de W. Iser. Se, por um lado, o imaginário pode tomar na ficção uma forma expressiva, por outro lado, aquele "autodesnudamento" (*Selbst-entblössung*) da ficção, que Iser analisa como um terceiro "ato do fingir",[11] deve cumprir a função de distinguir da utilização cotidiana a utilização ficcional de signos lingüísticos ou icônicos. A diferença entre esses dois tipos de uso de signos, segundo Iser, repousa no fato de que, no âmbito de atos cotidianos de exposição e compreensão, uma relação social estabilizada entre signos e unidades de sentido significadas assegura a intersubjetividade, enquanto os signos na situação de comunicação da ficção — por assim dizer, "de forma menos exata"— *apontam para* conteúdos imaginários de consciência daquele que estabeleceu os signos, e *estimulam* conteúdos imaginários de consciência naquele que recepciona os signos. Isto quer dizer: os conteúdos de consciência que se atualizam no receptor, por meio de um texto ou de uma imagem, escapam em grande medida do controle daquele que estabelece os signos. O dilema de comunicação da teologia cristã do iluminismo, das festas da revolução e da religião da revolução repousava no fato de que, na medida em que se conseguia evitar a magia anti-racionalista da imagem (porque contaminava o espírito com a matéria) por meio do "autodesnudamento" dos signos, se aproximava do imaginário anti-racionalista (porque não controlável intersubjetivamente). Que a vontade da política cultural jacobina de "controlar e guiar a imaginação por meio da razão"[12] era algo paradoxal se reflete, entre outros lugares, nos programas das festas revolucionárias, que "não tinham nem um caráter de comprovação nem de prescrição, mas são descrições normativas, que abrangem tanto as excitações da alma quanto os quadros cênicos".[13]

Quando se procura entender do ponto de vista do historiador da arte ou da literatura essas tentativas da revolução de subjugar o imaginário por meio da razão, corre-se o perigo de ver nisso apenas algo semelhante "à conseqüente continuação do estilo intelectual do Iluminismo". Todavia, os políticos culturais da Revolução naturalmente tinham motivos de maior peso para seu esforço em subjugar o imaginário à razão ou — com essa formulação captamos antes o perfeccionismo cheio de detalhes dos programas das festas — proteger a razão da invasão do imaginário. A estimulação da imaginação não coordenável intersubjetivamente, este era um efeito que se devia impedir numa situação como aquela dos meses entre o verão de 1793 e o verão de 1794, em que todos os esforços direcionavam-se para a institucionalização de um saber novo, "civil", que deveria ser a base de uma interpretação congruente do ambiente e, assim, a pressuposição de um consenso permanente de ação.[14] A proposta de J.R. Jauss de derivar o imaginário da categoria ontológica do perfeito[15] (*Vollkommenen*) sugere a hipótese de que, ao lado da padronização do saber, a impermeabilização das festas revolucionárias contra o imaginário necessitava de mais um motivo. Se, portanto, é verdade que o fascínio do imaginário, que a ficção indica e estimula, é condicionado por uma necessidade do perfeito, e se também é válido que o irreal ou imaginário (ou perfeito) na ficção só se pode tornar expressivo através da irrealização do real próprio do mundo cotidiano, se, dito mais sinteticamente, o fascínio da ficção exclui que se veja o real próprio do mundo cotidiano como perfeito, então as festas revolucionárias também deveriam evitar qualquer auto-remissão ao caráter ficcional do que era representado nelas, porque ele teria desacreditado a pretensão oficial dessas festas. Pois elas não deveriam agir como compensação do imperfeito ou como antecipação do perfeito, mas como representação de uma perfeição da comunidade, alcançada pretensamente na república jacobina.

Se a política cultural jacobina quis, portanto, festejar o Estado jacobino como a realização de utopias iluministas, ela estava assim condenada — e essa formulação não é muito patética, tendo em vista o fracasso evidente de seus esforços — a desenvolver um repertório de meios de comunicação pública, que se inscreveu no estreito espaço entre o Cila da magia da imagem e o Caribde do imaginário. Pode-se contrapor dois tipos de solução: num, a tendência ao reaproveitamento de códigos simbólicos tradicionais (geralmente antigos ou franco-maçônicos) e — esporadicamente — à *introdução de novos códigos simbólicos*, nos quais os signos e o que é significado não podiam se confundir em termos de magia da imagem, porque sua relação era tendencialmente arbitrária; o outro quase não estimulava a imaginação, pois tais relações arbitrárias de signos alcançaram, por tradição ou por decreto, o estatuto de instituições e, portanto, estavam estabilizadas socialmente. Com certeza, símbolos como a montanha artificial no campo de Marte ou na Notre Dame, emblemas como o olho da lei que atravessa uma nuvem escura, ou alegorias como a estátua do povo francês (planejada por David), necessitavam de um comentário escrito ou falado (que no máximo poderia parecer redundante ou mesmo excessivamente "loquaz"[16] para pesquisadores do Iluminismo pouco familiarizados com a hermenêutica, mas certamente não para os *sans-culottes* presentes entre o público das festas).

Os grupos de pessoas e os objetos nas festas revolucionárias *representaram-se a si mesmos* espontaneamente a uma distância tão extrema entre figura e coisa figurada e, com isso, afastavam-se tanto de uma identificação injustificada entre figura e objeto figurado como da ficcionalização pela recepção. Quando, no aniversário da deposição de Luís XVI, em 10 de agosto de 1793, foi festejada a nova constituição republicana, marcharam no desfile festivo crianças do orfanato, internados do instituto estatal para cegos e do asilo público — aqueles que se denotavam a si mesmos e os que conotavam a filantropia tornada lei na república. Em vista disso, é digno de nota que os jogos de guerra, evidentemente muito amados no quadro programático das festas, não se tornaram um teatro ao ar livre, porque não foi levada a cabo nem uma separação entre os papéis de atores e espectadores nem uma imitação exata de determinadas batalhas: os cidadãos representavam-se a si mesmos como um exército da revolução.[17] Também os canhões das guerras vitoriosas, nos desfiles festivos, seguiam o mandamento da identidade entre a figura e o figurado, e teria se aproximando dele, conforme as possibilidades técnicas, uma miniatura da Bastilha modelada com pedras da verdadeira Bastilha destruída; finalmente, naqueles casos em que também não poderia mais ser realizada uma identidade parcial entre figura e figurado, procurava-se ainda, pela aproximação mais exata possível em tamanho, em detalhes e material, eliminar qualquer germe de uma auto-indicação ficcional.[18] A tendência à identidade entre figura e figurado teve, evidentemente, para além da expulsão parcial do imaginário, um efeito adicional, por meio do qual ainda foi completada a representação coletiva da igualdade, pretensamente realizada pelos cidadãos em virtude de seu duplo papel (no sentido da Revolução Francesa). Se os jogos de guerra, as batalhas ou a miniatura da Bastilha não *lembravam* acontecimentos passados, mas os *representavam*, então os anos a partir de 1789 (pelo menos em suas realizações) poderiam ser experienciados como um estado atemporal, o que, por sua vez, convergia com o fim político-cultural de festejar a república como promessa de perfeição já realizada. As representações dos grandes acontecimentos da revolução só se tornaram espetáculos ao ar livre, na verdade, num momento em que se estava de todos os lados empenhado em "consumar a revolução".[19]

Desde que F. Furet introduziu uma revisão global da interpretação marxista da revolução com a tese de que o acontecimento central dos anos de 1789 até 1799 não deve ser visto na mudança dos modos de produção feudal para os modos de produção capitalista, mas numa modificação das formas discursivas políticas dominantes, não mais é marginal a perspectiva que abre uma teoria do imaginário para a pesquisa sobre a revolução — ao menos no âmbito da ciência histórica francesa.[20] J. Starobinski já destacara — antes de Furet — uma interpenetração mútua da vontade coletiva, vai buscar na razão a força para sua imposição, e da razão, que doma a vontade coletiva.[21] Furet e Starobinski concordam em que exatamente esse princípio impregna até hoje a comunicação nos sistemas políticos das mais diferentes ideologias; em que, por outro lado, o seu discurso a partir de 1794 perdeu cada vez mais intensidade. O que significa "perda de intensidade" e como se pode entender essa tese historicamente?

As premissas gerais do discurso da revolução são — como já foi dito — a representabilidade de todos os fenômenos (segundo Foucault: "représentabilité des êtres") e a possibilidade por princípio de um controle da psique, tanto individual quanto coletiva, pela razão. Ambas as premissas desembocam mais ou menos no conceito de *volonté générale*.[22] O discurso da Revolução Francesa só perde intensidade a partir do momento em que, mesmo continuando a ser usado como instrumento de organização e legitimação políticas, a convicção da validade de suas premissas desaparece. Que esse desaparecimento de convicção começa imediatamente após a institucionalização do discurso, isto se esclarece pelo fato de que sua institucionalização coincide com o ponto culminante da crise da episteme clássica, a qual, por seu lado, fundamentava-se no princípio de "représentabilité des êtres". Não se trata, portanto, nas festas da revolução, de assegurar o consenso político, de defender a presunção dos jacobinos de terem realizado o *état de bonheur*,[23] mas também da defesa da velha episteme. Os desfiles festivos de David, no momento em que foram concebidos, já eram antiquados; pois eles correspondiam aos *tableaux* dos dramas de Diderot, nos quais o tempo está parado, porque "sob a condição do *pathos*, os agentes perdem sua individualidade, para se tornarem representações da natureza humana imutável".[24] Os escritos de David e a religião revolucionária de Robespierre são cronologicamente contemporâneos dos *Tableaux de Paris* de Mercier, que justamente procuravam captar o historicamente singular.

No outono de 1793, o correspondente do *Révolutions de Paris*, citado no início, partilhava da — ainda — não rompida intensidade do discurso jacobino. Justamente por isso era-lhe completamente incompreensível que aqueles mesmos cidadãos que deram o primeiro impulso à "festa da razão" somente com a transferência dos bens da igreja à nação, na sua entrada no convento, não se apresentassem com aspecto sério ou com palavras patéticas, mas representassem uma situação carnavalesca de um "mundo invertido", na medida em que vestiam hábitos sacerdotais. Também o riso a que eles se abandonaram (ou queriam se abandonar) não os protege da crítica do correspondente do *Révolutions de Paris* — na verdade, sem argumentos neste trecho:

> "Le seul reproche qu'on pourroient nous faire, peut-être, c'est de ne point accompagner nos offrandes de cette dignité, de cette majesté qui doit présider aux sacrifices de la raison. Comment des hommes qui vouent au mépris la superstition & ses attributs, osent-ils endosser le ridicule costume des prêtres en cérémonies, nous rappeler les mascarades du carnaval en s'affublant d'une chappe, d'une dalmatique, d'une chasuble, & de finger en quelque sorte les processions de la soi-disant fête-dieu, tout en faisant l'enterrement du clergé. Il faut l'avouer, le peuple est déjà si avancé, ses idées sont si mûres, qu'un rire prolongé en éclats fait souvent ces

farces grotesques; mais certes le peuple se montreroit bien plus grand encore s'il ne déshonoroit pas ainsi ses épaules avec les livrées de la superstition, s'il dédaignoit d'y toucher & de souiller la vue d'un spectacle qui lui rappelle de vieilles erreurs."[25]

Notas

[1] Extraído de Dieter Henrich & Wolfgang Iser (eds.), *Funktionen des Fiktiven*, München, Wilhelm Fink Verlag, 1983, pp. 463-72.

[2] O exemplar da edição original, que sigo nas minhas citações, foi-me gentilmente colocado à disposição pelo antiquário Alain e Dorothée Piermont (Wesseling); a indicação do artigo sobre a "festa da razão" agradeço a Rolf Reichardt.

[3] [Tudo foi organizado a propósito, e deve-se enfatizar, sobretudo, essa atenção que se teve em empregar, para representar a liberdade, uma mulher viva e não uma estátua. Quis-se, desde o primeiro instante, desacostumar os espíritos de toda espécie de idolatria; evitou-se colocar no lugar de um santo sacramento um simulacro inanimado da liberdade, porque espíritos rudes poderiam ter se equivocado, e no lugar do deus pão colocar um deus pedra; os homens não precisam mais de superstição: se destruímos os cultos enganosos, não foi para os enganar com outros, para lhes apresentar objetos que possam extraviar sua imaginação e seu coração; e esta mulher viva, apesar de todos os encantos que a embelezam, não podia ser deificada pelos ignorantes, como teria sido uma estátua de pedra. Portanto, é uma coisa que não se deve deixar de dizer ao povo: a liberdade, a razão, a verdade são apenas seres abstratos. Não são deuses, porque, para falar com exatidão, são partes de nós mesmos. A liberdade não é outra coisa senão nossa vontade, que tem o poder de se manifestar e de se realizar. A razão não é nada mais do que esta faculdade que está em nós, de apreender a natureza e a relação dos objetos; e a verdade, enfim, não é outra coisa senão a própria natureza! É a relação real e primitiva das coisas; não é, portanto, uma parte de nosso ser que queremos adorar, pois isto seria adorar a nós mesmos. Ao celebrar a festa da liberdade, da razão, limitamo-nos a nos regozijar com as vantagens que nos fornece esta porção de nós mesmos que se regenera, que se desenvolve em nós vantajosamente. Se se personificam qualidades abstratas e metafísicas, é por uma linguagem figurada, é porque estas maneiras de falar lançam nos discursos e nas grandes assembléias mais perspicácia e vivacidade.]

[4] Aqui eu sigo J. Starobinski, *La transparence et l'obstacle*, Paris, 1971, pp. 116-21; cf. também M. Ozouf, *La fête révolutionnaire 1789-1799*, Paris, 1976, pp. 241 e ss.; idem, "Le simulacre et la fête révolutionnaire", in J. Ehrard e P. Viallaneix (orgs.), *Les fêtes de la Révolution — Colloque de Clermont Ferrand (juin 1974)*, pp. 332-53, e o item "Revolutionsfeste", de Gumbrecht, em "Skizzer einer Literaturgeschichte der Französischen Revolution", in J. von Stackelberg (org.), *Neues Handbuch der Literaturwissenschaft*, vol. 13, Wiesbaden, 1981, pp. 269-328, aqui, pp. 291-8. [Ver J. Starobinski, *A transparência e o obstáculo*, São Paulo, Companhia das Letras, 1991.]

[5] Cf. sobre esse aspecto a interpretação de um *Discours d'Apothéose de Marat* de 23 de agosto de 1793, por Gumbrecht, em "Faszinationstyp Hagiographie", in. C. Cormeau (org.), *Deutsche Literatur im Mittelalter — Kontakte und Perspektiven. Hugo Kuhn zum Gedenken*, Stuttgart, 1979, pp. 37-84.

[6] *1789: les emblêmes de la raison*, 2ª ed., Paris, 1979, p. 64. [Ver J. Starobinski, *1789: os emblemas da razão*, São Paulo, Companhia das Letras, 1989.]

[7] No seu livro sobre *Das antike Judentum*, em *Gesammelte Aufsätze zur Religionssoziologie*, 5ª ed., vol. 3, Tübingen, 1971, pp. 1-400, M. Weber defende, num primeiro momento, a tese de que o deus Jahve continuou "simplesmente sem imagem", "porque ele ainda o era no tempo da recepção devido ao estado material do culto da região na qual foi recebido"; mais tarde, ele interpreta a hostilidade radical da religião judaica à imagem como conseqüência do intelectualismo dominante no sacerdócio levítico. O judaísmo e a religião da revolução, aliás, não estão em congruência apenas na proibição da imagem; também a arca, na qual, em uma festa revolucionária organizada por David em 10 de agosto de 1793, foram carregadas pelas ruas de Paris aquelas tábuas onde estavam impressos os direitos humanos e a constituição, lembra a arca da aliança de Israel, a qual continha as tábuas da lei do Sinai (cf. K. Scheinfuss, *Von Brutus zu Marat — Kunst im Nationalkonvent 1789-1795*, vol. 1, Dresden, 1973, p. 98). São evidentes as explicações funcionalistas para tais e outros paralelos.

[8] B. Brock, "Der byzantinische Bilderstreit", em M. Warnke (org.), *Bildersturm — die Zerstörung des Kunstwerks*, München, 1973, pp. 30-40, reconstruiu, com a ajuda de um caso representativo da tradição cristã da disputa das imagens, os argumentos recorrentes mais importantes sobre uma base da teoria dos signos.

[9] H. Dieckmann, "Reflexionen über den Begriff *raison* in der Aufklärung und bei Pierre Bayle", *Studien zur europäischen Aufklärung*, München, 1974, pp. 312-26.

[10] Que uma identidade parcial da pessoa a ser figurada e da parte figurada da natureza humana realmente pertenceu ao horizonte reflexivo contemporâneo das festas da revolução, e quais as conseqüências para a escolha das pessoas a ser figuradas que se originaram dessa suposição, mostra o seguinte trecho do artigo supracitado do número 215 do *Révolutions de Paris*: "[...] Que les ordonnateurs de fêtes, s'ils veulent, à l'exemple de Paris, employer une femme pour représenter la raison, fassent demain, un choix digne de la fête, qu'ils offrent aux yeux du peuple une femme dont la conduite rende la beauté respectable, dont la sévérité des moeurs & des regards, dont la réputation sans tâche repousse la licence des désirs & celle des propos; que celle que est chargée d'un rôle si auguste, bien loin d'avilir la liberté ou la raison dont elle est momentanément l'image, imprime dans tous les coeurs par sa présence le respect qui leur est dû." [Que os organizadores de festas, se quiserem, a exemplo de Paris, empregar uma mulher para representar a razão, façam amanhã uma escolha digna da festa, que ofereçam aos olhos do povo uma mulher cuja conduta torne a beleza respeitável, cuja severidade dos costumes e dos olhares, cuja reputação sem mácula repila a licença dos desejos e a das conversas; que aquela que está incumbida de um papel tão augusto, bem longe de aviltar a liberdade ou a razão, das quais ela é momentaneamente a imagem, imprima em todos os corações, por sua presença, o respeito que lhes é devido.]

[11] "Akte des Fingierens oder: was ist das Fiktive im fiktionalen Text", pp. 121-51, especialmente a seção (IV).

[12] Segundo Starobinski, *1789: les emblêmes de la raison*, op. cit., p. 81.

[13] Segundo Ozouf, *La fête révolutionnaire*, op. cit., p. 258; cf. também J.E. Schlanger, "Le peuple au front gravé (1793)", in *Les fêtes de la Révolution*, op. cit., pp. 387-95, aqui, p. 394: "C'est un programme dont l'intention profonde n'est pas informative. Elle est plutôt incantatoire. En ce sens, la réalité absolue de cette journée est peut-être dans ces phrases que la vivent sous le mode du désir réalisé dans l'imaginaire." [É um programa cuja intenção profunda não é informativa. Ela é antes encantatória. Nesse sentido, a realidade absoluta desse dia talvez esteja nessas frases que a vivem sob o modo do desejo realizado no imaginário.] Os períodos seguintes do *Essai sur les Fêtes Nationales* de Boissy d'Anglas (ano II) mostram, todavia, que tais esperanças de um comando rigoroso das reações dos participantes das festas já provocava ceticismo nos contemporâneos (citado segundo H. Grange, "La Revellière-Lepeaux théoricien de la Fête Nationale 1797", in *Les fêtes de la Révolution,* op. cit., pp. 493-502, aqui, p. 502): "C'est un tableau dont vous arrêtez l'ordonnance et le plan mais dont vous laissez à d'autres qu'à vous le soin de tracer les ombres et les diverses parties; sans cela vous mettez la con-

trainte à la place du sentiment et du plaisir et vous faites une fatigue de ce qui ne doit être qu'un amusement; sans cela vous faites jouer une comédie quand nous voudrions nous livrer d'après nous-mêmes aux divers sentiments qui nous agitent'. On peut très bien, dans les récits des fêtes passées, intéresser par le tableau plus ou moins animé des diverses émotions qui ont saisi les âmes, *mais on ne peut prévoir d'avance jusqu'où iront des émotions et les calculer c'est les éteindre*" (o grifo é meu). [É um quadro cuja organização e plano decidis, mas cujo cuidado de traçar as sombras e as diversas partes vós deixais a outros; sem isto pondes a coerção no lugar do sentimento e do prazer e converteis em fadiga aquilo que não deve ser senão um divertimento; sem isto, encenais uma comédia, quando queríamos nos entregar por nós mesmos aos diversos sentimentos que nos agitam. Pode-se muito bem, nos relatos das festas passadas, inspirar interesse pelo quadro mais ou menos animado das diversas emoções que se apoderaram das almas, *mas não se pode prever de antemão até onde irão essas emoções e calculá-las é extingui-las.*]

[14] Cf. sobre este aspecto da política (cultural) jacobina o capítulo "Die Sicherung institutioneller Einmütigkeit: epideiktische Reden zum Tode Marats (Juli/September 1793)", in H.U. Gumbrecht, *Funktionen parlamentarischer Rhetorik in der Französischen Revolution*, München, 1978, pp. 93-125.

[15] "Das Vollkomene als Faszinosum des Imaginären", in Dieter Henrich & Wolfgang Iser (eds.), *Funktionen des Fiktiven*, München, Wilhelm Fink Verlag, 1983, pp. 444-461.

[16] Ozouf, *La fête révolutionnaire*, op. cit., p. 253.

[17] Cf. sobre as "representações de combates", as descrições em Ozouf, "Le simulacre et la fête révolutionnaire", op. cit., pp. 339 e ss.

[18] Cf. ibidem, p. 332.

[19] Cf. ibidem, p. 342: "Une fête pour laquelle la Révolution est déjà accomplie, et qui se donne seulement pour fin d'annoncer son développement heureux n'a nul besoin de simulacre. En revanche, les fêtes du 14 juillet de l'an VI ou de l'an VII ne prétendent pas apporter une radieuse promesse. Leur ambition commémorative cherche à s'aider des images du passé. Elles ont besoin de la Bastille." [Uma festa pela qual a Revolução já está consumada e que se realiza apenas para anunciar seu desenvolvimento feliz não tem nenhuma necessidade de simulacro. Em compensação, as festas do 14 de julho do ano VI ou do ano VII não pretendem trazer uma promessa radiosa. Sua ambição comemorativa procura se valer das imagens do passado. Elas têm necessidade da Bastilha.]

[20] *Penser la Révolution française*, Paris, 1978, p. 69: "La Révolution

est cette dénivellation qui s'est creusée entre le langage de *Cahiers* et celui de *L'Ami du peuple*, que séparent seulement quelques mois [...] Elle invente un type de discours et un type de pratique politique, sur lesquels, depuis, nous n'avons cessé de vivre". [A Revolução é esse fosso que se cavou entre a linguagem de *Cahiers* e a de *L'Ami du peuple*, separadas apenas por alguns meses [...] Ela inventa um tipo de discurso e um tipo de prática política pelos quais, depois, não cessamos de viver.]

[21] Starobinski, *1789 — les emblêmes de la raison*, op. cit., p. 45: "L'éloquence laconique et paroxystique des jacobins apparaît comme une tentative de mainmise magique sur les consciences: elle vise moins à élucider l'évènement qu'à le créer par un acte démiurgique. Voulant ajouter aux principes la force qui les rend efficaces, cette parole se laisse gagner par la violence qu'elle veut dompter". [A eloqüência lacônica e paroxística dos jacobinos aparece como uma tentativa de apossamento mágico das consciências: ela visa menos a elucidar o acontecimento do que o criar por um ato demiúrgico. Querendo acrescentar aos princípios a força que os torna eficazes, essa palavra deixa-se apoderar pela violência que ela quer domar.]

[22] [vontade geral]

[23] [estado de felicidade]

[24] Segundo K. Stierle, "Baudelaire and the Tradition of the *Tableau de Paris*", *New Literary History* 9 (1979-80), pp. 345-62.

[25] [A única crítica que poderiam nos fazer, talvez, fosse de não acompanhar nossas oferendas com esta dignidade, esta majestade que deve presidir aos sacrifícios da razão. Como homens que votam ao desprezo a superstição e seus atributos ousam envergar a vestimenta ridícula dos padres em cerimônias, nos lembrar as mascaradas do carnaval, enfarpelando-se com um manto, com uma dalmática, com uma casula, e fingir, de certo modo, as procissões da chamada festa do Corpus Christi, fazendo ao mesmo tempo o enterro do clero. Deve-se reconhecer que o povo já está tão avançado, suas idéias estão tão maduras, que gargalhadas prolongadas freqüentemente tornam grotescas essas farsas; mas certamente o povo se mostraria muito maior ainda se ele não desonrasse assim seus ombros com as librés da superstição, se ele desdenhasse tocá-las e sujar a vista com um espetáculo que lhe lembra velhos erros.]

IV.

Modernidade Epistemológica / Alta Modernidade

1. "MUNDO COTIDIANO" E "MUNDO DA VIDA" COMO CONCEITOS FILOSÓFICOS: UMA ABORDAGEM GENEALÓGICA

I

A cerimônia inaugural da Universidade Leland Stanford Junior realizou-se na quinta-feira, em 1º de outubro de 1891. Depois do coro de Mozart "Glória a Deus nas Alturas", de uma oração e uma leitura das Escrituras IV, o fundador da Universidade, Leland Stanford, um dos grandes magnatas ferroviários do século XIX e antigo governador do estado da Califórnia, que exercia então seu primeiro mandato parlamentar como senador dos Estados Unidos, fez um discurso para uma grande multidão de estudantes, professores e convidados de honra.[1] Stanford descreveu sua idéia de um progresso moral, espiritual e material da humanidade, facilitado pelos "maravilhosos progressos nas invenções e na maquinaria",[2] aos quais ele esperava que a nova Escola daria um dia uma contribuição substancial. As expectativas dele em relação à faculdade e aos estudantes da Universidade de Stanford foram expressas com palavras que, à primeira vista, podem nos parecer apenas mais um exemplo de um antigo padrão retórico para celebrações acadêmicas:

> "O passado de vocês como educadores é uma garantia suficiente para o seu trabalho aqui, mas desejamos lembrar-lhes que é nossa esperança que as jovens e os jovens que se graduarem em Palo Alto sejam não apenas acadêmicos, mas tenham uma *idéia sólida e prática das questões correntes cotidianas*, uma autoconfiança que lhes permita, em caso de emergência, ganhar

> a própria vida tanto em uma esfera humilde quanto numa elevada. Além disso, queremos que saiam pelo mundo com a responsabilidade ampla e conscienciosa de homens e mulheres na terra [...] Tudo o que podemos fazer por vocês é mostrar as oportunidades ao seu alcance; cabe a vocês pegá-las e melhorá-las. Lembrem-se de que *a vida é, acima de tudo, prática*; que vocês estão aqui para se prepararem para uma carreira útil [...]"[3]

Entretanto, fica claro pelo discurso inaugural do primeiro presidente da Universidade de Stanford, David Starr Jordan, como era raro definir, por volta de 1890, o ensino de uma "idéia sólida e prática das questões correntes cotidianas" como meta de uma instituição acadêmica, e enfatizar, no mesmo contexto, a opinião de que a vida era "acima de tudo, prática". Poucos meses antes, a conselho do amigo Andrew Dickson White, presidente aposentado da Universidade de Cornell, Leland e Jane Stanford haviam contratado o ictiólogo quadragenário, que ministraria um curso sobre as "Leis da vida orgânica" (inclusive uma discussão dos escritos de Darwin e Spencer) durante o ano acadêmico de 1891-92,[4] por um salário anual de dez mil dólares, mais de três vezes os seus ganhos anteriores como presidente da Universidade de Indiana. Ambos os lados declararam estar profundamente impressionados com a convergência de suas idéias sobre educação superior;[5] mas a formulação de Jordan sobre os principais objetivos da nova universidade não refletia absolutamente a preeminência que o senador Stanford dera à "vida prática". De modo muito mais tradicional, ele fundamentava a importância do conhecimento no conceito de verdade, na prova esmagadora da observação objetiva:

> "Toda influência que sair destas salas deve enfatizar *o valor da verdade*. A essência da erudição é conhecer algo que é *absolutamente verdadeiro*; possuir, nas palavras de Huxley, 'algum conhecimento cuja certeza nenhuma autoridade poderia aumentar ou dimi-

nuir e para o qual a tradição de mil anos não é senão a palavra ouvida ontem' [...] Devemos ensinar *o valor da verdade* aos nossos estudantes, mostrando que valorizamos a nós mesmos."[6]

No que era então a extrema periferia do mundo intelectual do Ocidente e com ambos os palestrantes provavelmente inconscientes da impressionante diferença de suas posições, podemos ler o contraste entre a "idéia sólida e prática das questões correntes cotidianas" de Stanford e o conceito enfático de "verdade" de David Starr Jordan como um sintoma de importante mudança epistemológica que se operou no final do século XIX e que se articulava no discurso filosófico como uma cisão entre as noções de "verdade" e "realidade".[7] Num nível institucional, vinha acompanhada da dignificação da "engenharia" como um campo de ensino acadêmico e da fundação de "universidades técnicas" ou "escolas politécnicas", de cujo espírito o primeiro programa de "Cursos de Instrução" de Stanford era exemplo típico.[8]

Minha principal preocupação nas páginas subseqüentes será mostrar que os conceitos de "mundo cotidiano" (*everyday-world*) e de "mundo da vida" (*life-world*), que têm desempenhado um papel considerável na filosofia fenomenológica e na sociologia desde os anos 1920, originaram-se na própria constelação intelectual de que foi por acaso um palco marginal o dia da inauguração da Universidade de Stanford. Essa intenção implica uma dupla restrição de meu artigo em relação ao tópico "Problemáticas da vida cotidiana". Exclui, em primeiro lugar, a pré-história filosófica da cisão entre "verdade" e "realidade", que se poderia considerar, obviamente, mais um capítulo da pré-história do fascínio atual pelo "cotidiano". Em segundo lugar, os conceitos fenomenológicos "mundo cotidiano" e "mundo da vida" são apenas uma das diversas linhas de pensamento que estão convergindo nesse fascínio.[9] Não são nem idênticos a um certo interesse politicamente motivado pelo "grão de cada dia" dos intelectuais marxistas, nem à dimensão corporal do "toque" que Michael Taussig descobre na obra de Walter Benjamin, nem a algumas áreas de pesquisa que se tornaram proeminentes nas publicações da escola francesa dos *Annales* após 1930. Desta perspectiva, a pré-história especificamente *filosófica* do fascínio pelo cotidiano é apenas um elemento dentro de um complexo amálgama de linhas de pensamento que ainda estão por ser analisadas.

Diante dessa tela de fundo, gostaria de inscrever meu ensaio sobre as noções de "mundo cotidiano" e "mundo da vida" no gênero acadêmico da *Begriffsgeschichte* ("história conceitual") que se tornou uma especialidade alemã nas últimas décadas.[10] Estas histórias de determinados conceitos podem ser escritas tanto com uma motivação predominantemente sócio-histórica (como contribuições ao projeto da *histoire des mentalités*) quanto com o interesse mais filosófico de esclarecer as implicações veladas e recuperar o potencial semântico esquecido de noções no uso sistemático e corrente. A tentativa de enfatizar a segunda dessas duas funções pode ser rotulada de *função genealógica*[11] da história conceitual. Ela não conduz necessariamente à legitimação dos conceitos em questão, nem implica a obrigação de analisar integralmente todos os textos em que se encontram citadas. Nas páginas seguintes recuarei, inicialmente, à situação epistemológica da década de 1890 e tentarei mostrar como essa nova noção de "realidade", que não era mais sinônimo da noção de "verdade", emergiu da mudança de visão sobre a relação entre o mundo dos objetos e o homem como seu observador — uma nova relação em que ambas as instâncias não poderiam mais manter-se a uma distância que fora até ali aceita como garantia para a "objetividade do conhecimento" (II). Sustentarei que a fenomenologia e a psicanálise originaram-se de esforços diferentes de conceituar essa ruptura epistemológica, e que o projeto de Durkheim de estabelecer os fundamentos da sociologia como nova disciplina acadêmica pode ser interpretado como uma outra reação a ela (III). Sob a impressão da "revolução conservadora" dos anos 1920, a fenomenologia tentou, de forma um tanto paradoxal, escapar às suas próprias conseqüências e acentuou sua pretensão de retomar a dimensão das certezas ontológicas, atribuindo definições filosóficas aos conceitos de "mundo cotidiano" e "mundo da vida" (IV). Por intermédio da sociologia do conhecimento de Alfred Schütz, essas noções entraram na cena acadêmica americana, onde desempenharam um papel importante no desenvolvimento da etnometodologia, sobretudo nos anos 1960 e 1970 (V). E é na sua versão sociológica e na etnometodológica que os conceitos de "mundo cotidiano" e "mundo da vida" parecem contribuir fortemente para o atual interesse pela "Problemática da vida cotidiana".

II

O que se manifestou no clima epistemológico da década de 1890, na Europa, foi efeito de um longo processo que culminou com o colapso do paradigma sujeito/objeto como padrão básico para a produção de conhecimento. Desde a invenção da *Scienza nueva*, no Renascimento italiano, o paradigma sujeito/objeto estabelecera-se como uma estrutura bipolar que opunha, de um lado, o homem concebendo a si mesmo como um sujeito de observação (e, no papel de observador, como puramente espiritual) e, de outro, o mundo (inclusive o corpo humano) como pura matéria, como realidade e como objeto das observações do homem. O pressuposto básico que põe em movimento esse paradigma como artifício produtor de conhecimento reside na expectativa de que cada objeto "tinha" (ou podia "ser-lhe atribuído") um sentido. Esta pressuposição transformou o mundo num mundo "legível" e cada um de seus objetos, num signo em potencial. Uma vez "decifrados" esses signos pelos homens, sua materialidade perderia toda a importância, pois sua função exclusiva de servir de significante fora cumprida. Finalmente, na era das Luzes, o ideal de aperfeiçoar o conhecimento do mundo conectou-se ao sonho de dominar totalmente os seus objetos e ao anseio de felicidade coletiva como um resultado.

Alguns dos motivos recorrentes nos escritos de Friedrich Nietszche permitem compreender por que as histórias da filosofia apresentam amiúde o pensamento dele como o primeiro questionamento sério do paradigma sujeito/objeto. Nietzsche desdenhou vivamente esse tipo de auto-referência em que o homem e a humanidade viam-se como observadores puramente espirituais, e ridicularizou constantemente a busca da verdade e do conhecimento últimos, assim como sua associação com a esperança de bem-estar social. Se existe algum sentido estável na noção um tanto vaga de *Lebensphilosophie*, com a qual seus contemporâneos passaram a categorizar a obra de Nietzsche, ele está na rejeição do paradigma sujeito/objeto, que atribuíra ao homem uma posição excêntrica em relação ao mundo. Com o desaparecimento da bem equilibrada bipolaridade entre sujeito e objeto, o mundo dos objetos deixou de ser experienciado como um mundo universalmente legível; e, com o mundo dos objetos deixando de ser "dado" como um mundo de signos, abriu-se um espaço para experimentos intelectuais e artísticos que podem ser chamados metaforicamente de "desregulação do signo". A poesia simbolista, por exemplo, fez com que o valor da materialidade dos significantes transcendesse a simples função de articular o significado (a importância dada por Mallarmé à disposição tipográfica de seus textos pode servir aqui de prova), e com que compositores como Richard Wagner, por seu turno, tentassem semanticizar estruturas sonoro-musicais, as quais durante séculos haviam desfrutado o privilégio de serem vazias de sentido. Neste cenário epistemológico e intelectual emergiu uma nova disposição a aceitar como "reais" fenômenos que não podiam ser definidos como existentes independentemente da mente humana. Ela abriu a brecha entre o "conhecimento verdadeiro" sobre o mundo dos objetos e as "realidades" produzidas pela mente humana.[12]

Quando, em 1898, Émile Zola publicou seu famoso artigo de jornal, "*J'accuse*", em defesa de Albert Dreyfus, ele reconheceu inteiramente que a eficácia de um complô "forjado" criara a realidade do exílio de Dreyfus — não obstante sua ânsia de denunciar esse complô como fruto das maquinações de certos círculos anti-semitas do exército francês:

> "Deste momento em diante foi o comandante Paty de Clam quem criou o caso Dreyfus; tornou-se sua própria obra, reuniu todos os esforços para convencer o traidor, para arrastá-lo a uma confissão completa [...] No início só há o comandante Paty de Clam, que manipula e hipnotiza a todos, pois está também interessado em espiritismo, está em contato com os espíritos. É difícil imaginar todas as provas a que ele sujeita o pobre Dreyfus, todas as armadilhas, as ultrajantes investigações e imaginações, toda a loucura torturante [...]
>
> Quando a culpabilização de Dreyfus, obra dele próprio, esteve em perigo, é claro que Paty de Clam quis defender sua obra. Um novo julgamento teria sido o colapso de seu excêntrico e trágico *roman-feuilleton* cuja cena final está sendo encenada na Ilha do Diabo neste momento!"[13]

Mais ou menos na mesma época, Theodor Herzl anotou, em seu diário, sua grande surpresa em perceber que a visão de um Estado judeu, que inicialmente acreditara ser apenas um sonho, vinha ganhando mais e mais impacto no seu "trabalho prático". Como Zola, que usara nomes de gêneros literários como metáforas para descrever sua percepção inovadora de realidades não-objetivas, Herzl observou como o projeto de um romance transformou-se ele mesmo progressivamente num projeto de ação política:

> "Tenho me ocupado, já faz algum tempo, com uma obra de grandeza imensurável. Não sei dizer, por enquanto, se conseguirei levá-la a cabo. Tem a aparência de um sonho gigantesco. Mas, por dias e semanas, ela me preencheu, saturou até mesmo meu subconsciente; acompanha-me aonde quer que eu vá, paira acima das minhas conversas diárias ordinárias, espia por cima de meu ombro meus pequenos trabalhos jornalísticos, perturba-me e intoxica-me [...] Como passei das idéias que preten-

dia expressar no romance para o trabalho prático, para mim ainda é um mistério, embora isso tenha acontecido nas últimas semanas. Aconteceu no subconsciente."[14]

Simultaneamente a essa metamorfose na auto-referência da alma humana de um observador para um criador de realidades, o corpo humano passou a ser arrastado para a cena da criação de realidade. Havia, por exemplo, uma consciência cada vez maior do fato de que o papel público que começava então a ser chamado de "a estrela" era uma realidade específica do corpo humano no palco, e só podia emergir de uma interação entre a encenação do ator e o desejo de um público. Sarah Bernhardt, a derradeira estrela do *fin de siècle*, sabia que esse *status* não era nem idêntico à sua vida privada nem igual ao seu papel profissional:

> "É óbvio que a atividade física do ator que constrói no palco uma personalidade sobreposta à sua própria influenciará, de modo mais ou menos intenso, a sensibilidade coletiva do público. Do mesmo modo, a mentalidade coletiva dos coadjuvantes influenciará favorável ou desfavoravelmente a energia animadora do ator. O mecanismo dessa dupla troca de influências funciona de um jeito misterioso [...].
>
> Naquela noite tive um enorme sucesso. Ainda assim, a dúvida continuou comigo. Terei talento bastante para ser a Estrela que eles procuram?"[15]

O halo de mistério em que Zola, Herzl e Bernhardt envolveram as suas descrições destas "realidades constituídas" reflete o caráter novo dessa forma de experiência. Zola ressaltou o interesse de Paty de Clam pelo espiritismo, ao passo que Herzl e Bernhardt usaram as palavras "mistério" e "misterioso". Aparentemente, a capacidade de constituir realidades — e de enfrentá-las — não vinha necessariamente acompanhada da capacidade de conceituar esse ainda não familiar estilo de experiência.

III

Essa própria conceituação se deu como uma crítica filosófica e uma reformulação do paradigma sujeito/objeto. Pode ser vista como um passo decisivo rumo à fundação da fenomenologia. Talvez em parte motivado, talvez por causa de sua frustração com a falta de reconhecimento acadêmico nos anos de 1890, Edmund Husserl lançou, no seu *Vorlesungen*, um agressivo desafio à "visão natural do mundo" que preponderava nas então triunfantes ciências naturais. Insistindo no aspecto de que toda cognição fundamenta-se em formas intelectuais especificamente humanas, Husserl enfatizava a "transcendência" do mundo dos objetos em relação à mente humana e negava a possibilidade de observar diretamente o mundo dos objetos. O que Husserl portanto definia como uma nova pauta do pensamento filosófico era a descrição do único objeto não-transcendental possível de experiência, qual seja, a descrição das estruturas e mecanismos interiores pelos quais a mente humana constitui realidades e, ao mesmo tempo, a impressão de que elas são "objetivas":

> "Acontece que a possibilidade de conhecimento torna-se um enigma em toda a parte. Se conformarmos nossa mente às ciências da natureza [...], tudo parece ser claro e compreensível [...]. Mas tão logo iniciamos nossa reflexão, ficamos confusos e perdidos [...].
>
> Se nos limitarmos à tarefa de explicar a essência do conhecimento humano e a essência da objetividade do conhecimento, praticamos o que quero chamar de fenomenologia do conhecimento e de fenomenologia da objetividade do conhecimento."[16]

Como sabemos, esse projeto transformar-se-ia, nas décadas seguintes, numa (re)construção filosófica do "sujeito transcendental", "transcendental" referindo-se aqui aos elementos e estruturas da consciência humana que Husserl considerava não serem nem individualmente nem historicamente específicos. Sob a mudança de sua motivação ética a filosofar, já no final de sua vida, ele finalmente substituiria o "sujeito transcendental" pelo conceito de "mundo da vida".

Pouco antes de Husserl e partindo de preocupações filosóficas bastante diferentes, Henri Bergson desenvolvera um programa espantosamente parecido. Um de seus pontos de partida fora o então muito discutido antagonismo entre "liberdade" e "determinismo", que se fundava naturalmente na polaridade entre sujeito e objeto. Em vez de priorizar um lado ou o outro, Bergson criticara a premissa de uma oposição existente entre uma esfera de consciência e uma esfera de objetos (na sua própria terminologia: entre "inextensão"/ "tempo" e "extensão"/ "espaço"), definindo como "real" uma *esfera intermediária* que fora excluída como um conceito possível pelo paradigma sujeito/objeto:

> "E o que é real não é a extensão, dividida em partes independentes: como, estando privada de toda a relação possível com nossa consciência, poderia ela desenvolver uma série de mudanças cujas relações e cuja ordem correspondessem exatamente às relações e à ordem ou às nossas representações? O que é dado, o que é real, é alguma coisa intermediária entre a extensão dividida e a pura inextensão."[17]

Bergson descreveu essa esfera intermediária como o lugar para uma "representação espacial e social" da consciência individual,[18] e ele contribuiu solidamente para um interesse novo no tópico da memória humana, que agora se apresentava como o ponto de referência ideal para explorar a interpenetração da mente e da matéria. Esse era um fascínio que Bergson partilhava com Sigmund Freud, que parece ter contado com uma teoria da memória como um elo possível entre a descrição científica das funções corporais e seu próprio modo inovador de conceituar a psique:

> "O centro de um ataque histérico, não importa a forma de sua manifestação, é uma *memória*, o reviver alucinatório de uma cena que é significativa para o desencadear da doença. É esse acontecimento que se manifesta de um modo perceptível na fase das *attitudes passionnelles*; mas também está presente quando o ataque parece consistir apenas em fenômenos motores [...]"[19]

Bastante significativo é o fato de que um importante ponto de partida para a teorização de Freud fora a própria mudança no uso do conceito de realidade que identificamos como crucial para a situação epistemológica do final do século XIX. Para ele, era representado pela decisão de Charcot de não mais desconsiderar os sintomas de histeria como uma realidade meramente inventada: "Esses sintomas, ele tinha coragem de reconhecê-los como reais em sua maior parte, sem negligenciar a cautela demandada pela dissimulação dos pacientes".[20] Uns dez anos mais tarde, Freud abriria o seu livro sobre a "Interpretação dos sonhos" com uma proposta paralela de levar a sério o que a tradição intelectual viera reputando como a camada emblemática da irrealidade.

Enquanto a fenomenologia e a psicanálise se estavam assim constituindo pelo desenvolvimento de novos conceitos de realidade, o esboço de Émile Durkheim das regras operacionais básicas da sociologia como uma nova disciplina acadêmica era motivado pela determinação de manter o paradigma sujeito/objeto — como agora podemos nos inclinar a vê-lo: contra todas as singularidades epistemológicas.[21] É importante enfatizar, contudo, que em lugar de contar com os *faits sociaux* como objetos dados da pesquisa sociológica, Durkheim foi cuidadoso o bastante para reconhecer que a pretensão de objetividade deles era meramente uma hipótese de trabalho que ajudava a constituir a sociologia como uma disciplina. Em outras palavras, ele contava com a possibilidade de uma situação na qual se tornasse talvez necessário renunciar à exterioridade dos *faits sociaux* em relação às interações concretas e em relação às observações "científicas" destas:

"Temos portanto de focalizar os fenômenos sociais em si mesmos, independentemente dos sujeitos conscientes que os pensam; temos de estudá-los de fora, como coisas exteriores; pois é realmente nesta qualidade que eles se apresentam a nós. Se tal exterioridade se revelar apenas uma ilusão, ela desaparecerá com o progresso de nossa disciplina, e veremos, por assim dizer, como o exterior penetra no interior [...]. Mesmo que [os fenômenos sociais] não tenham todos as qualidades específicas dos fatos, temos que começar a operar com eles como se fossem fatos."[22]

IV

Os conceitos de "mundo cotidiano" e "mundo da vida", tal como emergiram dos debates filosóficos do início do século XX, eram semanticamente similares àquilo que Bergson circunscrevera como uma esfera intermediária da realidade, mas, ao mesmo tempo, conotavam, de algum modo, a preocupação em ver as realidades sociais como "fatos". Como veremos, contudo, essa preocupação adicional não tinha mais a ver com o empenho de Durkheim em dignificar a sociologia como uma disciplina acadêmica. A chamada "revolução conservadora" que pode ser vista, em parte ao menos, como uma reação à experiência geracional da Primeira Guerra Mundial, era a nova dimensão pragmática dos conceitos articuladores das "realidades intermediárias".[23] Como um nome na historiografia cultural, a revolução conservadora abrange os primeiros trabalhos filosóficos de Heidegger, assim como os precedentes ideológicos do nazismo, as posições neoclássicas na discussão estética tal como foram articuladas, por exemplo, pelo poeta Hugo von Hofmannsthal e pelo crítico Ernst Robert Curtius, assim como o cenário intelectual da pintura expressionista. No mundo acadêmico, a revolução conservadora apresentou-se, sobretudo, como uma reação a um estilo de pesquisa científica que se tornara tão abstrato que não podia mais se relacionar com formas de experiência não-científicas, e também se opôs a uma tendência de negar a possibilidade de fornecer fundamentos sólidos aos juízos de valor, reivindicando, ao mesmo tempo, um saber objetivo. Mais do que qualquer movimento político, posições como aquela representada por Max Weber nos anos mais avançados de sua vida provocaram a revolução conservadora:

> "A *objetividade* de todo conhecimento adquirido pela experiência reside na estruturação por ele de uma dada realidade conforme categorias que são *subjetivas,* na medida em que refletem as premissas de nossa experiência [...] Aos que pensam que este tipo de verdade não é bastante precioso [...], nossa disciplina não tem nada a oferecer. Mas eles buscarão em vão aquela outra verdade que a sociologia substitui por aquilo que somente ela pode oferecer: conceitos e juízos, que nem são nem refletem a realidade empírica, mas permitem estruturá-la integralmente."[24]

Os que realmente acharam que "este tipo de verdade" não era "bastante precioso" voltaram-se cada vez mais para uma noção enfática de "vida" contra essa modéstia e sofisticação epistemológica.[25] Mas as vozes da oposição não eram necessariamente destituídas de sofisticação. Amiúde seus argumentos em prol de uma retomada do fundamento ontológico projetavam-se com plena consciência de como era impossível restabelecer o paradigma sujeito/objeto e a excentricidade do homem em relação ao mundo. O capítulo introdutório de *Ser e tempo* de Heidegger e a primeira reação, bastante positiva, de Husserl a ele foram os exemplos mais notáveis desta posição.

Desde as suas primeiras aparições, o conceito de "mundo da vida" implicou uma ambigüidade que nunca recebeu um esclarecimento sistemático definitivo. Referia-se, às vezes, às situações culturais e sociais historicamente específicas, como na introdução de Hugo von Hofmannsthal a uma tradução das *1001 Noites* de 1908:

> "O que poderiam ser estes poemas, o que poderiam ser para nós, se não emergissem de um mundo da vida? Incomparável é esse mundo da vida, pleno de infinita serenidade [...] que penetra e conecta tudo."[26]

Mas "mundo da vida" também marcou a ambição de identificar aspectos transculturais e meta-históricos da existência humana, algo como seu "denominador comum":

> "A forma de humanidade (*Menschentum*) que queremos compreender teria de aparecer envolvida pelos fatos inegáveis e eternos do mundo da vida. Teríamos de investigar como os arquifenômenos da humanidade refletem-se e colorem-se no seu caráter individual."[27]

Há um paralelismo estrutural entre essa preocupação com os "arquifenômenos da humanidade" e a idéia heideggeriana de uma penetração a partir do ser no Ser, cuja possibilidade ele definiu em *Ser e tempo* como o privilégio e o destino da existência humana (*Dasein*). No caminho impressionantemente complexo da auto-reflexividade que devia levar do ser ao Ser, o leitor do seu livro encontra duas vezes a noção "forma cotidiana de existência" (*Alltäglichkeit des Daseins*) — com duas significações surpreendentemente diferentes.[28] No início de sua argumentação, Heidegger assinala que a análise filosófica referir-se-a à forma cotidiana de existência — e não a alguma de suas formas específicas. Essa decisão parece ser motivada, ao menos em parte, pela atitude antiintelectual da revolução conservadora, por meio da desconfiança que nutre em relação à sofisticação acadêmica intelectual:

> "No início da análise o ser-aí (*Dasein*) não será interpretado segundo o aspecto da diferença de um mo-

> do determinado de existir; ao contrário, ele deverá ser descoberto no modo indiferenciado sob o qual ele nos aparece de imediato e mais freqüentemente (*indiferentes Zunächst und Zumeist*). Essa indiferença de cotidianidade do ser-aí *não é nada,* mas, ao contrário, é um caráter fenomenal positivo desse ente (*Seiende*). É a partir desse modo de ser e com referência a ele que todo o existir é o que é. A essa indiferença cotidiana do ser-aí chamamos de *medianeidade.*"[29]

Mais tarde, porém, o termo foi associado à versão de Heidegger da idéia de alienação, a saber, ao anonimato do "Homem", e à superficialidade e inquietação que desvia do Ser a existência humana. Se o primeiro sentido de "forma cotidiana de existência" marca um valor positivo como uma contrapartida de uma forma criticada de intelectualidade, o segundo sentido parece referir-se diretamente àquelas formas da civilização moderna que Heidegger desprezava — e portanto articula um juízo negativo de valor:

> "O *Homem* está sempre presente, mas de modo tal que já desaparece toda vez que a existência reclama uma decisão. Como o *Homem*, porém, produz todo julgamento e toda decisão, ele retira a responsabilidade de cada *Dasein* individual [...] Sempre foi o *Homem* que o fez, e, portanto, pode se dizer que foi ninguém que o fez. Na forma cotidiana de existência a maioria das coisas ocorrem através daquilo do qual devemos dizer que ninguém foi responsável por ele. Assim o *Homem* retira a pressão do *Dasein* em sua forma cotidiana."[30]

Contrastando com a de Heidegger, a motivação sob a qual o conceito de "mundo da vida" tornou-se importante para Husserl, durante o estágio final de sua obra, nos chamados manuscritos de *Krisis*, que datam dos anos 1930, era duplamente paradoxal.[31] Como um professor judeu existencialmente ameaçado pela ascensão do nazismo, buscou orientação de alguns dos representantes da revolução conservadora, em especial do declaradamente antidemocrático *Kulturbund*, cuja polêmica contra os aspectos tecnológicos da modernidade Husserl parece ter identificado à sua própria crítica epistemológica das ciências:

> "De acordo com o modo pelo qual nós aqui tomamos consciência do mundo da vida como um tópico, este tópico aparece como [...] um tópico parcial em relação ao tópico completo da ciência objetiva. A ciência objetiva em geral — isto é, em todas as suas disciplinas positivas — tornou-se incompreensível. Se por acaso ela se tornar problemática deste ponto de vista, devemos nos afastar de suas atividades e ocupar uma posição acima dela."[32]

Esta afiliação intelectual parece ter motivado Husserl a postular explicitamente a retomada de um fundamento meta-histórico para todas as formas diferentes da existência humana, e acabou deste modo participando de um projeto intelectual que se iniciara como uma reação negativa a algumas das conseqüências do início da filosofia fenomenológica:

> "Se esse tipo de história dos fatos em geral — e, além disso, essa com que estamos familiarizados e que recentemente ganhou dimensão universal espalhando-se por toda a humanidade —, se esse tipo de história possui algum sentido, este só pode residir naquilo que podemos chamar, neste contexto, de 'história interior' — e como tal fundamentado num a-priori histórico universal."[33]

Por mais que a idéia de Husserl de um "a-priori histórico universal" tenha se aproximado de uma posição central da revolução conservadora, a passagem citada também deixa claro que a sua guinada final rumo a uma filosofia do mundo da vida não significou uma ruptura radical no seu pensamento. Mais propriamente, como já foi mencionado, o conceito de "mundo da vida" era um substituto do "sujeito transcendental", que estava ocorrendo sob o impacto da situação histórica específica.[34]

O que podemos reter como condição importante para o nosso uso contemporâneo dos conceitos de "mundo da vida" e "mundo cotidiano" é o fato de que eles emergiram da cena intelectual dos anos 1920 revelando uma tripla ambigüidade: uma ambigüidade em suas conotações que, especialmente em *Ser e tempo* de Heidegger, estendia-se entre a solidez de uma existência não-intelectual e a superficialidade do mundo moderno; uma ambigüidade em sua função epistemológica, que poderia residir em uma crítica de todas as certezas cognitivas, tal como haviam sido garantidas pelo paradigma sujeito/objeto, mas que poderia também ser um protesto contra a perda dessas mesmas certezas; uma ambigüidade, finalmente, em sua referência, que, em alguns casos, visava a situações historicamente específicas e, em alguns outros casos, a um "a-priori meta-histórico" como terreno comum para todos os fenômenos cultural e historicamente específicos. Tais ambigüidades muitas vezes são responsáveis pelo amplo sucesso de certos conceitos; ao mesmo tempo, contudo, elas tornam problemático o seu uso em qualquer contexto sistemático.

V

A transposição do pensamento de Husserl para a discussão sobre os fundamentos teóricos da sociologia pode ser vista como uma realização exclusiva de Alfred Schütz.[35] E como Schütz terminou lecionando na Faculdade de Graduação da New School for Social Research em Nova York, após emigrar para os Estados Unidos por causa da ocupação alemã da Áustria em 1938, essa transposição filosófica também adquiriu o caráter de uma *translatio studii* da Europa para a América.[36] O que vinha fascinando Schütz desde o seu livro *Der sinnhafte Aufbau der sozialen Welt*, publicado em 1932, era a possibilidade de tirar proveito do arcabouço fenomenológico das noções de "mundo da vida" e "mundo cotidiano", a fim de desenvolver a idéia de um "cabedal de conhecimento" partilhado pelos membros de uma sociedade como base de suas interações:

> "'O mundo da vida cotidiana' significará o mundo intersubjetivo que existia muito antes do nosso nascimento, experienciado e interpretado por outros, nossos predecessores, como um mundo organizado. Agora ele é dado à nossa experiência e interpretação. Toda interpretação deste mundo está baseada num cabedal de experiências prévias e daquelas que nos foram transmitidas pelos nossos pais e professores, que, na forma de 'conhecimento à mão', funcionam como um esquema de referência."[37]

Embora seja difícil — senão impossível — descobrir uma coerência terminológica definitiva a este respeito, Schütz delineou com mais clareza do que todos os seus predecessores dos anos 1920 e 30 a distinção entre a descrição de mundos sociais historicamente particulares e as especulações sobre seu possível fundamento meta-histórico:

> "O homem nasceu num mundo que existia antes de seu nascimento; e este mundo é [...] um mundo pré-constituído e pré-organizado cuja estrutura particular é o resultado de um processo histórico e é, por conseguinte, diferente para cada cultura e sociedade. Alguns aspectos, contudo, são comuns a todos os mundos sociais, porque eles estão enraizados na condição humana."[38]

Parece haver uma tendência, nos escritos de Schütz, a usar o termo "mundo da vida" para designar estes "aspectos [...] enraizados na condição humana" e reservar o termo "mundos cotidianos" para denotar culturas e sociedades particulares. Essa tendência foi enfatizada pelas decisões terminológicas básicas no livro *Structures of life-world*, que o antigo aluno de Schütz, Thomas Luckmann, escreveu com base em manuscritos inacabados. Mas a ambigüidade semântica nunca foi removida definitivamente.

Ela desapareceu um tanto inadvertidamente, contudo, naquilo que se tornou a acolhida americana mais importante à obra de Schütz, na pesquisa e teorização etnometodológica. Considerando mais uma vez certas afinidades e genealogias acadêmicas, poder-se-ia indagar se a admiração irrestrita que Schütz tem recebido neste contexto não remonta — ao menos em parte — ao fato de que Harold Garfinkel, o principal representante da etnometodologia, foi um aluno de certa forma renegado por Talcott Parsons,[39] e que Parsons, por sua vez, parece nunca ter levado muito a sério as idéias sociológicas de Schütz.[40] De qualquer maneira, Garfinkel vê em Schütz o inventor de uma sociologia do cotidiano:

> "Alfred Schütz tornou disponíveis, para o estudo sociológico, as práticas do conhecimento corrente das estruturas sociais das atividades cotidianas, circunstâncias práticas, atividades práticas e raciocínio sociológico prático. É sua realização original ter mostrado que esses fenômenos possuem propriedades características próprias e que, por isso, constituem por si mesmos um campo legítimo de indagação."[41]

A legitimidade filosófica dessa pretensão à herança torna-se precária por causa das três principais diferenças entre a sociologia do conhecimento de Schütz e a etnometodologia. Em primeiro lugar, a etnometodologia não se interessa por nenhum tipo de especulações sobre um fundamento meta-histórico dos mundos cotidianos historicamente específicos (eis por que a ambigüidade semântica do conceito desaparece); em segundo lugar, ela focaliza muito mais as técnicas e estratégias através das quais inventam-se novamente, a cada embate social, as condições estruturais para a interação, do que as estruturas institucionais que supostamente transcendem situações sociais específicas; em terceiro lugar, reiterando a negação da possibilidade de qualquer observação objetiva de fora, a etnometodologia desenvolveu uma sofisticação impressionante na auto-observação dos sociólogos.

É sobretudo essa terceira perspectiva a responsável pela estranha denominação "etnometodologia". Os etnometodologistas pretendem descrever os métodos pelos quais os membros de uma sociedade — normalmente os membros da sua própria sociedade — "fazem sentido" nos embates sociais, assumindo uma postura a mais semelhante possível aos modos empregados pelos etnógrafos na descrição de culturas estrangeiras. Há um ponto de convergência interessante entre a tendência corrente a uma prática *reflexiva* na etnografia e a etnometodologia sociológica, uma convergência que ultrapassa o sentido pretendido pelo nome "etnometodologia" e que tem sido entrementes reconhecida do lado dos etnógrafos.[42] Enquanto os etnometodologistas tentam tomar distância como observadores de suas próprias sociedades, os etnógrafos experienciam a impossibilidade de tomar essa distância mesmo em relação a culturas que costumavam ser vistas como "estrangeiras". Ambos os casos podem evidentemente ser identificados como seqüelas tardias do colapso do paradigma sujeito/objeto (donde a freqüente referência ao "sujeito descentrado") — e a questão que se colocaria é se as nossas disciplinas acadêmicas não estão tão solidamente enraizadas nesse paradigma que seremos sempre afetados por tais seqüelas.

Mas se o interesse emergente pelos mundos cotidianos como "realidades intermediárias" ou "realidades socialmente construídas"[43] constitui um paralelismo óbvio entre as nossas reações contemporâneas a essa crise e as reações em torno de 1900, existe uma diferença igualmente interessante nos meios pelos quais ambas as reações tentam compensar a perda da exigência de objetividade. Enquanto a crise epistemológica do final do século XIX suscitou toda espécie de especulações sobre um denominador comum para os mundos cotidianos historicamente específicos, o equivalente contemporâneo parece ser uma sofisticação ilimitada em auto-reflexividade. Enquanto a consciência de quão impossível se tornara a retomada de um território ontologicamente estável gerou a ontologia dos anos 20, a consciência de quão impossível é agir como um observador externo objetivo transformou o observador auto-reflexivo no herói epistemológico de nossos dias. Em ambas as situações a reminiscência (ou talvez mesmo o substituto) de uma "Realidade verdadeira" não-mediada era — e é — mantida no horizonte, ganhando o *status* de um Sublime estético, o *status* daquilo que jaz além das capacidades perceptivas do observador. As ambições literárias dos etnógrafos reflexivos ao aludirem à autenticidade perdida — que eles pranteiam — podem ser vistas como um eco remoto das funções que Heidegger atribuía à arte e à literatura no desvelamento do Ser.

Já que começamos a jogar com esses paralelos e contrastes entre essas duas situações epistemológicas de crise, mesmo a mais trivial diferença — uma diferença, entretanto, que moralmente é muito favorável à situação contemporânea — é uma divergência nas suas orientações políticas predominantes. Enquanto os conceitos de "mundo cotidiano" e "mundo da vida" foram produtos da revolução conservadora da década de 20, a etnografia reflexiva apresenta-se como antiimperialista quase por definição[44] e como totalmente preocupada com tudo o que se puder encontrar à margem da hegemonia cultural. Se a topologia da "direita" e da "esquerda" pode ainda ser aplicada ao teatro político contemporâneo, é mais uma auto-imagem esquerdista do que um fundo filosófico partilhado que relaciona a etnografia reflexiva com um movimento intelectual como a *Internationale situationniste* francesa dos anos 50 e 60 e com os seus sonhos de "revolução e libertação no domínio da vida cotidiana".[45]

Mas não devemos esquecer que Heidegger também gostava dos camponeses da Floresta Negra.[46]

NOTAS

[1] Norman E. Tutorow, *Leland Stanford — Man of Many Careers*, Menlo Park, Pacific Coast Publishers, 1971, pp. 233 e ss.

[2] *Exercises of the Opening Day of the Leland Stanford Junior University*, Circular 5, Publicação da Universidade, Palo Alto, 1891, p. 8.

[3] *Exercises of the Opening Day*, op. cit., pp. 11 e ss. (meus os grifos).

[4] *The Leland Stanford Junior University*, Circular of Information 6, Publicação da Universidade, Palo Alto, 1891, p. 34.

[5] Ver Tutorow, *Leland Stanford*, op. cit., pp. 242 e ss.; Margo Davis e Roxane Nilan (eds.), *The Stanford Album. A Photographic History, 1885-1945*, Stanford, Stanford University Press, 1989, p. 14; e a correspondência entre Jordan e a senhora Stanford em Gunter W. Nagel, *Iron Will. The Life and Letters of Jane Stanford*, Stanford, Stanford Alumni Association, 1975.

[6] *Exercises of the Opening Day*, op. cit., p. 22 (meus os grifos).

[7] Estas cisões entre "verdade" e "realidade" ocorreram várias vezes na história da filosofia ocidental. Normalmente, contudo, era o conceito de "verdade" que desvalorizava as pressuposições da "realidade". Ver Bernhard Waldenfels, "Alltag als Schmelztiegel der Rationalität", in *Der Stachel des Fremden*, Frankfurt, 1990, pp. 189-203, principalmente p. 194.

[8] Ver *Circular of Information* 6, pp. 30 e ss.

[9] Ver a lista de conotações do conceito "mundo cotidiano" em Waldenfels, "Alltag als Schmelztiegel der Rationalität", op. cit., p. 199.

[10] Sobre os fundamentos teóricos e metodológicos de *Begriffsgeschichte*, ver Reinhart Koselleck (ed.) *Historische Semantik und Begriffsgeschichte*, Stuttgart, Klett-Cotta, 1979; e Karlheinz Barck, Martin Fontius, Wolfgang Thierse (eds.), *Aesthetische Grundbegriffe. Studien zu einem historischen Woerterbuch*, Berlin, Akademie-Verlag, 1990.

[11] Sobre o sentido deste conceito muitas vezes usado equivocadamente, ver Odo Marquard, "Genalogie", in Joachim Ritter (ed.), *Historisches Wörterbuch der Philosophie*, vol. III, Basel/Stuttgart, Schwabe & Co., 1974, pp. 268 e ss.

[12] O surgimento da hermenêutica como base para a *Geisteswissenschaften*, especialmente a obra de Wilhelm Dilthey, é uma outra parte importante — alemã — deste capítulo da filosofia ocidental. Durante os últimos anos tem sido reformulada como (a história da) emergência de um "ní-

vel secundário de observador". Ver Niklas Luhmann, Humberto Maturana, Mikio Namiki, Volker Redder & Francisco Varela, *Beobachter. Konvergenz der Erkenntnistheorien?*, München, Wilhelm Fink, 1990; e Hans Ulrich Gumbrecht & Ulrike Müller-Charles, "Umwelten / Grenzen. Eine Aporie-Spiel-Retrospektive", in Joschka Fischer (ed.), *Ökologie im Endspiel*, München, Wilhelm Fink, 1989, pp. 69-75.

[13] Citado de Émile Zola, *L'affaire Dreyfus. La verité en marche*, Paris, Garnier/ Flammarion, 1969, pp. 114 e ss.

[14] Citado de Mordecai Newman (ed.), *Theodor Herzl, excerpts from his diaries*, Jerusalém / Tel Aviv, M. Newman, s. d., pp. 1 e ss.

[15] Citado de Sarah Bernhardt, *The art of theatre*, New York, Benjamin Bolen, 1974, p. 146 e ss.

[16] Traduzido de Edmund Husserl, *Die Idee der Phänomenologie*, 5ª ed., Herausgegeben und eingeleitet von Walter Biemel, Husserliana, vol. 2, Haag, Martinus Nijhoff, s. d., pp. 21 e 23.

[17] Citado de Henri Bergson, *Matter and memory*, tradução autorizada, London, Swan Sonnenschein, 1911, p. 326 (a edição original data de 1890). [Ver H. Bergson, *Matéria e memória: ensaio sobre a relação do corpo com o espírito*, São Paulo, Martins Fontes, 1990.]

[18] Ver Henri Bergson, *Essai sur les donneés immédiats de la conscience*, Génève, Albert Skira, s. d., p. 177 (o texto original data de 1889). [Ver H. Bergson, *Ensaio sobre os dados imediatos da consciência*, Lisboa, Edições 70, 1988.]

[19] Extraído das notas de rodapé de Freud para a sua tradução das *Aulas de terça-feira* de Charcot. In: *The complete psychological works of Sigmund Freud*, vol. 1, London, Hogarth Press, 1966, p. 137. [Ver S. Freud, *Obras psicológicas completas: edição standard brasileira*, Rio de Janeiro, Imago, 1974.]

[20] "Report on my Studies in Paris and Berlin", in *The complete psychological works of Sigmund Freud*, op. cit., vol. 1, p. 11.

[21] Friedrich Tenbruck, "Émile Durkheim oder die Geburt der Gesellschaft aus dem Geist der Soziologie", in *Die kulturellen Grundlagen der Gesellschaft. Der Fall der Moderne*, Opladen, Westdeutscher Verlag, 1989, pp. 187-211, vai até mais longe. Atribui toda a gênese do conceito "sociedade" ao empenho de Durkheim em estabelecer uma disciplina acadêmica. Alois Hahn, "La sociologie allemande. Traditions et tendances actuelles", ms., Paris, 1988, vê na insistência sobre a facticidade uma preocupação específica da tradição francesa — em oposição à alemã — em sociologia.

[22] Traduzido de Émile Durkheim, *Les règles de la méthode sociologique*, 6ª ed., Paris, Félix Alcan, 1912, p. 36. [Ver É. Durkheim, *Regras do método sociológico*, São Paulo, Nacional, 1971.]

[23] Ver o excelente estudo histórico e filosófico de Ferdinand Fellmann, *Gelebte Philosophie in Deutschland. Denkformen der Lebensweltphänomenologie und der kritischen Theorie*, Freiburg/München, Karl Alber, 1983, pp. 98 e ss.

[24] Max Weber, "Die 'Objekivität' sozialwissenschaftlicher und sozialpolitischer Erkenntnis (1904)", in *Gesammelte Aufsätze zur Wissenschaftslehre*, Tübingen, J.C.B. Mohr, 1968, pp. 146-214; a citação é das pp. 212 e ss.

[25] Ver as citações em Fellmann, *Gelebte Philosophie in Deutschland*, op. cit., pp. 73 e ss.

[26] Traduzido de uma citação in Fellmann, ibidem, p. 120.

[27] Traduzido de uma citação de "Theorie des objektiven Geistes" de Hans Freyer in Fellmann, ibidem, pp. 122 e ss.

[28] Ver o verbete "Alltäglichkeit" in: Joachim Ritter (ed.), *Historisches Wörterbuch der Philosophie*, op. cit., vol. I, 1971, pp. 190 e s.

[29] Traduzido da 15ª edição de *Sein und Zeit*, Tübingen, Max Niemeyer, 1984, p. 43. [Ver Heidegger, *Ser e tempo*, Petrópolis, Vozes, 1988.]

[30] *Sein und Zeit*, op. cit., p. 142.

[31] Sobre a situação da fase final da filosofia de Husserl, ver Fellmann, op. cit., pp. 80 e ss.

[32] Traduzido de Edmund Husserl, *Die Krisis der europäischen Wissenschaften und die transzendentale Phänomenologie*, Husserliana, vol. 6, Haag, Martinus Nijhoff, 1976, pp. 124 e ss.

[33] Traduzido de Husserl, *Die Krisis der europäischen Wissenschaften*, op. cit, p. 386.

[34] Sobre uma contextualização histórica e uma interpretação da filosofia husserliana do mundo da vida, ver Elisabeth Ströker (ed.), *Lebenswelt und Wissenschaft in der Philosophie Edmund Husserls*, Frankfurt, Klostermann, 1979.

[35] Ver Walter M. Sprondel e Richard Grathoff (eds.), *Alfred Schütz und die Idee des Alltags in den Sozialwissenschaften*, Stuttgart, Enke, 1979.

[36] Para mais detalhes sobre a biografia de Schütz e a história da nova escola de pesquisa social, ver Benita Luckmann, "Alfred Schütz und Aron

Gurwitsch an der New School", in Richard Grathoff & Bernhard Waldenfels (eds.), *Sozialität und Intersubjektivität. Phänomenologische Perspektiven der Sozialwissenschaften im Umkries von Aron Gurwitsch und Alfred Schütz*, München, Wilhelm Fink, 1983, pp. 315-37.

[37] Alfred Schütz, *On phenomenology and social relations. Selected writings*, editado por Helmut R. Wagner, Chicago / London, University of Chicago Press, 1970, p. 72.

[38] *On Phenomenology and social relations*, op. cit., p. 79.

[39] Para uma análise da relação entre o pensamento sociológico de Schütz e a etnometodologia ver as introduções a Arbeitsgruppe Bielefelder Soziologen (ed.), *Alltagswissen, Interaktion und gesellschaftliche Wirklichkeit*, vol. 1, Hamburg, Rowohlt, 1973; e a Elmar Weingarten, Fritz Sack, Jim Schenkein (eds.), *Ethnomethodologie. Beiträge zur einer Soziologie des Alltagshandelns*, Frankfurt, Suhrkamp, 1976.

[40] Ver Alfred Schütz e Talcott Parsons, *Zur Theorie sozialen Handelns. Ein Briefwechsel*, Frankfurt, Suhrkamp, 1977.

[41] Harold Garfinkel e Harvey Sacks, "On Formal Structures of Practical Actions". In: John C. McKinney & Edward A. Tiryakian (eds.), *Theoretical sociology. Perspectives and developments*, New York, Meredith, 1970, pp. 337-66.

[42] Ver James Clifford, "Introduction: Partial Truths". In: James Clifford & George E. Marcus (eds.), *Writing culture. The poetics and politics of ethnography*, Berkeley / Los Angeles, University of California Press, 1986, p. 23.

[43] A obra *The social construction of reality* de Peter Berger e Thomas Luckmann tornou-se provavelmente o livro mais bem-sucedido sobre os fundamentos teóricos de uma sociologia do conhecimento.

[44] Os etnometodologistas mostram-se normalmente relutantes nas conclusões "políticas" a ser tiradas de suas pesquisas. Mas negam qualquer superioridade dos *insights* do sociólogo sobre o conhecimento aplicado e desenvolvido nas interações sociais cotidianas (ver Weingarten, Sack, Schenkein, op. cit., p. 20).

[45] Ver Jean-Marie Apostolides, "Du Surréalisme à l'Internationale situationniste: la question de l'image", *Modern language. Notes 105* (1990), pp. 727-49 (a citação é da p. 739).

[46] Agradeço a Harrison Brace a revisão da primeira versão desse artigo.

2. *I REDENTORI DELLA VITTORIA*[1]
SOBRE O LUGAR DE FIUME NA GENEALOGIA DO FASCISMO

"Ma, nel movimento detto 'fascista', il meglio non è generato dal mio spirito? La riscossa nazionale di oggi non fu annunziata da me ora e — ahimè! — quarant'anni, e non fu promossa dal condottiero di Ronchi? [...] Come posso io dunque essere il tuo avversario? e come dunque vuoi tu essere il mio?"[2] Estas frases, tiradas de uma carta que Gabriele d'Annunzio escreveu a Benito Mussolini em 9 de janeiro de 1923, exatamente cinco semanas depois da tomada do poder pelo fascismo, estão repletas de profundo ressentimento. Mais uma vez jogando com a semântica do seu nome ("annunziata da me"), "o poeta" — como era chamado com patética simplicidade por inúmeros admiradores — atribuiu-se o mérito de ter renovado, com a marcha de Ronchi a Fiume, em setembro de 1919, o espírito da marcha de Garibaldi sobre Roma, em janeiro de 1862, e desse modo ter "anunciado" ao mesmo tempo a "comoção nacional" da nova marcha de Mussolini sobre Roma em outubro de 1922. Os historiadores demonstraram, com efeito, que a idéia de uma segunda marcha sobre Roma surgiu durante os quinze meses e meio em que Fiume foi ocupada.[3]

Entretanto, enquanto a realização dessa idéia transformou Mussolini em primeiro-ministro italiano, d'Annunzio, que, como "Comandante" de Fiume, se sentira abandonado, senão traído, por Mussolini, languescia no ostracismo político desde o término de sua regência adriática na virada do ano 1921/1922. A prisão dourada da "Vittoriale", no lago Garda — ainda conhecida na época como "Ermida de Cargnacco" — afastou-o das lutas decisivas do poder.[4] Ainda que pessoalmente tivesse boas razões para se sentir usado por Mussolini,[5] d'Annunzio festejava publicamente o Duce como o realizador de sua obra, e tentou estilizar sua própria situação como uma renúncia escolhida livremente: "Io ti darò tutte le mie forze e tutta la mia pazienza, in silenzio, *senza nulla chiedere, senza nulla ambire*"[6]. Contudo, somente algumas linhas adiante, na mesma carta, essa reserva — realmente incomum para d'Annunzio — transforma-se numa fantasia de grandeza histórica, quando redefiniu o cargo que ocupava na época de "representante público dos trabalhadores navais" com o título mais elevado de "salvador dos trabalhadores": "aiuterò i lavoratori a conseguire la redenzione".[7]

Entretanto, d'Annunzio, a despeito do poder de seus gestos verbais, simplesmente não podia rivalizar com a habilidade política com que Mussolini soube tirar proveito do prestígio do antigo comandante do Fiume e autonomeado salvador do proletariado e, ao mesmo tempo, conservá-lo a uma distância segura. Em 12 de janeiro de 1923, três dias depois da carta supracitada, o primeiro-ministro respondeu-lhe nas frases concisas de um telegrama,[8] dando a explicação mais trivial possível para a desconfiança recíproca que d'Annunzio lamentara de modo tão eloqüente: "Secondo mio convincimento profondo ciò que sembra dividerci è risultato azione elementi estranei. Miei sentimenti verso te sono assolutamente puri e niente que non sia puro mi guida nella mia dura quotidiana fatica".[9] Aludindo ao famoso/malafamado estilo de vida de d'Annunzio, Mussolini acrescentou com ironia mal velada: "Invido stato perfetto virtù cristiana in cui ti trovi".[10] Já no dia seguinte, d'Annunzio apressou-se a "concordar agradecido" com a referência de Mussolini à interferência de "elementos estranhos", e, em 15 de janeiro, recebeu outro telegrama que simplesmente reduzia a mensagem anterior de Mussolini, de 12 de janeiro, a uma repetição das frases acima. Entretanto, em vez de lamentar essa negligência ostentosa, d'Annunzio, nas cartas seguintes, insistiu na ficção de uma estreita relação de confiança entre ele e o primeiro-ministro. Obviamente, essa formulação veio a calhar na sua surpreendente tentativa de persuadir Mussolini a satisfazer-lhe um profundo desejo, a saber, construir um campo de pouso no lago Garda, que o colocaria, mais uma vez, ao alcance dos eventos políticos: "di stabilire qui, in riva al lago, un piccolo campo dove possano scendere in volo i messageri veloci, e dove tu medesimo possa discendere o io possa partirmi, nelle ore del pericolo imminente o del consiglio necessario".[11]

É impossível separar, no fraseado dessas cartas, as ilusões políticas do herói descartado d'Annunzio do seu oportunismo, e tampouco se pode supor que a postura sempre tão fria de Mussolini estava isenta de alguma admiração — talvez mesmo invejosa. Sem dúvida, a historiografia oficial do Estado fascista regularmente relegou d'Annunzio a um lugar menor no passado nacional. A biógrafa — e amante — de Mussolini, Margherita Sarfatti, descreveu com condescendência os famosos golpes de mão de d'Annunzio na Primeira Guerra Mundial e a ocupação de Fiume como "façanhas maravilhosas todas elas, marcadas por fogo, ousadia e originalidade, mas também [...] com a natureza de meros episódios".[12] Os historiadores atuais quase não têm intervindo nesta zona de tensão entre a desvalorização combinada dos feitos de d'Annunzio e sua própria pretensão de ter sido o inventor do fascismo, com nada mais que novas versões da interpretação oficial do partido fascista — e isso significa: em detrimento de d'Annunzio. Segundo a interpretação um tanto esquemática de Renzo de Felice, por exemplo, o que estava por detrás do fascismo italiano era "a tentativa da pequena burguesia em ascensão a afirmar-se como uma nova classe, como uma nova força", e ele concede a Mussolini o mérito de ser o único a possuir o "carisma" necessário "para mobilizar essas massas".[13] Para explicar a ocupação de Fiume, portanto, resta somente a tese um tanto fraca de que ela era "um símbolo desse movimento". Isso equivale a uma admissão da perplexidade diante da tarefa de compreender o lugar importante que o episódio de Fiume, que tanto fascinou os contemporâneos, ocupou na genealogia do fascismo. É particularmente notável que mesmo historiadores como Renzo de Felice ou Michael A. Ledeen, que demonstraram interesse pelo seu Fiume em uma série de importantes publicações — apesar de orientadas com materiais primários —, tropecem nesta tarefa.[14] Pois, num nível pré-conceitual, eles parecem conceder tanto a Fiume como a d'Annunzio um valor histórico que transcende o de um mero "símbolo".

Em seu ensaio sobre "Fascismo como uma Religião Política", Emilio Gentile inaugurou o que é certamente uma perspectiva mais produtiva, na medida em que lembra que a relação entre fascismo e o movimento em prol da unidade nacional do Risorgimento no século XIX era "uma revolução *inacabada*".[15] Somente neste cenário torna-se possível interpretar a série histórica da marcha de Garibaldi sobre Roma, da marcha de d'Annunzio sobre Fiume e da nova marcha de Mussolini sobre Roma não apenas como uma seqüência de *figurae*, mas também como uma realização cada vez mais acabada de uma ambição nacional — ou, para introduzi-lo negativamente, como uma "redenção" gradual da não-satisfação dessa ambição. Essa redenção, segundo Gentile, estava desde sempre antecipada na atividade simbólica do início do fascismo: "antes da tomada do poder, todos os rituais fascistas eram encenações simbólicas do 'novo nascimento' da nação, que fora redimida com o sangue de seus heróis de guerra e com os mártires fascistas".[16] O quadro dessa obsessão pela redenção era a idéia de um espaço histórico governado pelo destino, onde tanto a vontade individual como a vontade coletiva pelo poder podiam pôr-se à prova.[17]

Esse uso político do termo "redenção" tem uma pré-história bastante anterior ao fascismo e remonta ao processo de unificação nacional italiana. No artigo "Irredentismo", para a *Enciclopedia Italiana di Scienze, Lettere ed Arti*, publicada entre 1933 e 1941, é apresentado como primeira prova o sintagma "terre irredente", que fora usado pelos patriotas italianos a partir de 1877, para designar a cidade de Trieste, que caíra sob domínio austríaco em 1866. Com surpreendente sobriedade, essa enciclopédia da Itália fascista explica o sucesso e a dinâmica específica dessa metáfora pela sua capacidade de deixar inespecificadas as reivindicações territoriais, de modo que elas possam ser articuladas a qualquer momento dado.[18] Embora a cidade de Fiume tenha sido incluída na lista dessas reivindicações já em data comparativamente tardia, não foi menos por força do destino que o conceito do Irredentismo tornou-se o elo entre Risorgimento e fascismo ("la congiunzione diretta e visibile fra Risorgimento e Fascismo"). Em outras palavras: o fascismo deixou-se orientar pela consciência que se desenvolvera no Risorgimento de que as reivindicações moral e historicamente legítimas da nação pelo restabelecimento de um passado feliz (mas nunca mais descrito especificamente) restavam ainda por ser redimidas. A complexidade dessa tese da *Enciclopedia Italiana* sobre a dupla relação estrutural entre o Risorgimento e o fascismo, entre a cidade de Fiume e o conceito de Irredentismo excede em muito a interpretação corrente do episódio de Fiume como um "símbolo do fascismo". Além do mais, isso se confirma repetidamente com os relatos de testemunhas oculares da história. Para Corrado Zoli, antigo Secretário de Estado para os Negócios Exteriores de Fiume, o mais próximo confidente de d'Annunzio nos últimos meses da "regência", a aventura dos anos 1919 e 1920 não foi meramente um "maravilhoso campo de experimentação",[19] mas também e sobretudo o período histórico em que "foi reencontrada a consciência da vitória na Primeira Guerra Mundial"[20] — precisamente porque essa vitória não dera à Itália o controle sobre Fiume. O mesmo sentimento de que um obstáculo precisava ser removido, a fim de colher realmente o prêmio de uma vitória "conquistada na carnificina do campo de batalha", levou d'Annunzio à formulação citada no título deste ensaio, "i redentori della vittoria" (os redentores da vitória). Para compreendê-la convém ter em mente que o ato de redenção raras vezes coincide com a obtenção de um prêmio. Seu efeito imediato consiste muito mais em deixar que a possibilidade de redenção se torne uma certeza — postergando, ao mesmo tempo, a sua realização para um futuro sem data certa. Tal é a suposição de Zoli, que escreveu suas memórias de Fiume ainda antes da tomada do poder pelo fascismo, ao explicar o conceito da "consciência reencontrada da vitória": "Tutto il fenomeno fiumiano era, [...], um mezzo per guadagnar tempo diplomaticamente e politicamente. E il tempo lavorava indiscutibilmente per noi".[21]

Nas páginas seguintes, tentarei mostrar que a interação entre a esperança de redenção, o ato de redenção em si e a postergação de seu conseqüente prêmio é que constituía a perspectiva histórica e, por conseguinte, também o estilo de ação do fascismo. Eram precisamente esses componentes que distinguiam o fascismo de outros movimentos políticos que se fiavam em modelos teleológicos de um desenvolvimento contínuo rumo a um "objetivo final" da história. Desenvolverei, além disso, a tese de que o conceito de redenção nacional, tal como foi constituído no Risorgimento, foi adaptado ao novo cenário político, social e intelectual sobretudo nos meses da ocupação de Fiume. A complementaridade das duas afirmações implica a possibilidade de falar da "invenção do fascismo em Fiume" — e (se alguém estiver disposto) de confirmar, neste sentido, a reivindicação de d'Annunzio frente a Mussolini de ser o seu autor.

Não existia, obviamente, nenhuma teoria ou filosofia fascista explícita da redenção. Antes, o que temos é uma dinâmica de emoções e expectativas que proveio, igualmente, de uma urdidura "rizomática", de sobreposições e lacunas entre termos e imagens centrais na linguagem dos políticos fascistas. Sendo minha preocupação tornar patentes esses elementos não-ditos, ou não-escritos no fascínio fascista pela redenção,[22] é seguro supor que os adeptos de d'Annunzio e Mussolini eram sempre capazes, com base na sua socialização católica, de ler e ouvir no ar, como algo auto-evidente, aquilo que não era dito e nem escrito nos discursos e rituais do fascismo. Enfatizar o que significou, depois de 1918, na Itália, a crença na redenção deverá nos ajudar a compreender a ascensão do fascismo (e não somente na Itália). Com menos de vinte anos transcorridos, essa esperança na redenção já se transformara numa autodestrutiva "compulsão à redenção", a qual, por seu turno, trouxe uma contribuição essencial para redimir a Europa do fascismo.

Teologia da Redenção[23]

A despeito de todos os esforços para fixá-lo dogmaticamente, o termo "redenção" é tão difícil de definir nos seus contextos ideológicos originais quanto no seu uso político. Os mitos de redenção, como articulações narrativas de uma estrutura semântica complexa, tornam claro que uma série de planos e aspectos dessa estrutura podem ser preenchidos por elementos alternativos de conteúdo. O modelo básico da constituição temporal, contudo, mantém-se constante. A redenção, conforme tal modelo, pressupõe um passado ideal (ou, pelo menos, "melhor"), cuja memória permanece viva o bastante para manter a esperança de um restabelecimento no futuro. Entre aquele passado e um presente experienciado como deficiente em relação ao passado está um acontecimento que explica a suspensão da condição inicial ideal (ou "melhor"). No seio da cultura judaico-cristã, esse espaço (mesmo nas formas não-religiosas de narrativa de redenção) é quase sempre ocupado por um pecado, pelo qual os pecadores e seus descendentes são punidos por um poder transcendente. Equivalentes funcionais para "o pecado original" podem também ser decisões unilaterais ou mesmo conspirações de divindades e poderes injustos.

Os atos de redenção possibilitam o retorno à condição de felicidade inicial. Essas ações oferecem tanto um desagravo aos deuses pela ofensa que eles sofreram através do pecado, quanto (como indica a palavra latina *redemptio*) um pagamento real em retribuição ao retorno ao estado anterior de felicidade. O desagravo, assim como o resgate, são obtidos por meio de um sacrifício executado por aqueles que foram punidos com a perda da condição ideal. Quando se trata do desagravo (ou conciliação) dos deuses, a redenção nunca é alcançada com um simples pagamento. Nesses casos, exige-se do pecador, geralmente, um ato de automutilação (ou, pelo menos, uma disposição a tanto). Essa automutilação pode ser vista como uma forma radical de autopurificação, o que, por sua vez, conduz a uma variação em que, ao contrário da autopurificação, um ato agressivo de redenção é dirigido contra os outros "impuros".

Já mencionei que a condição de estar redimido raramente segue-se diretamente ao ato de redenção. Em princípio, o ato de redenção oferece apenas a certeza de que a redenção virá no futuro (talvez distante). O hiato entre o ato de redenção e a chegada da própria redenção é "preenchido" por sinais que tanto relembram o ato de redenção como anunciam a condição de estar redimido. Onde o ato de redenção ocorre como um sacrifício e este assume a forma de automutilação, imagens de chagas, corpos amputados, sangue e cadáveres dominam a iconografia de religiões baseadas em mitos redentores.

As ações redentoras são, sem exceção, ações representativas. Ou seja, pessoas que nem eram nascidas no momento de sua ocorrência podem tirar proveito delas. Além do mais, uma vez que a severidade do sacrifício redentor inevitavelmente sublinha a força e a condição do sujeito coletivo ou individual de redenção, esse sujeito passa a possuir, normalmente, uma aura de dignidade transcendental. Por outro lado, as figuras redentoras nunca podem pertencer por inteiro a uma esfera sobrenatural, porquanto não mais poderiam deste modo ser representativas das pessoas a serem redimidas. Assim, os redentores possuem, tipicamente, *status* semidivino. Quando a perda de sua vida constitui o sacrifício necessário, os ritos da Eucaristia e da teofagia permitem aos pecadores que estão sendo redimidos "ganhar uma parte do poder expiatório de sua morte".[24]

A complexidade da ação redentora é agora intensificada ainda mais, no sentido de que não só é uma ação representativa, mas de que a sua intenção primária — o retorno da comunidade à condição ideal — nunca é diretamente alcançada. A esperança da restauração de um passado feliz só pode ser satisfeita por um poder transcendente — desde que o sacrifício oferecido lhe seja agradável. Por causa desta dilação que geralmente ocorre entre o ato de redenção e o de ser redimido, o ato de redenção com freqüência contrasta com as ações cotidianas que têm efeitos diretos. Isso explica o amiúde admirado sangue-frio dos sujeitos que agem no caso. Para eles, a sua forma de ação importa mais do que a função de seu ato, ou, para ser mais preciso: o preenchimento da função de suas ações depende, sobretudo, de quão perfeita é a forma de execução. Em muitos casos, um componente essencial dessa forma de execução é o lugar onde se efetua a ação redentora. Pode ser o lugar do pecado ou o da ignomínia, cujos efeitos estão prestes a ser eliminados; pode, também, ser o lugar ao qual a comunidade retornará após sua redenção; ou, de modo mais genérico, um lugar — como um altar — que torna amplamente visível a ação redentora. Ir para esse lugar torna-se, geralmente, uma abertura para o ato redentor, ou até mesmo uma parte dele, quando o rigor da jornada se permite uma estilização como sacrifício consumado por meio de esforço corporal.

Exceto nas teodicéias, as ações redentoras são freqüentemente experienciadas como trágicas.[25] A tragédia torna-se plausível tanto na perspectiva do futuro quanto na do passado, pois os que sofrem o sacrifício geralmente não são nem responsáveis pelo pecado original nem estão sempre numa posição de participar do prazer de ser redimidos. Afora o pecado original (no passado), uma razão para tal tragédia se tornar possível (no futuro) é a excepcional ênfase num modelo temporal quiliasta. Enquanto, nas formas cristãs do quiliasmo, um reino de felicidade de muitas centenas e mesmo milênios de anos precede a ressurreição de Deus como o fim definitivo e a meta da história, os mitos fascistas de redenção não apenas contam com uma dilação entre o ato de redenção e a condição de estar redimido, mas também extinguem a irreversibilidade da condição de estar redimido. Mesmo após a ocorrência da redenção, a comunidade redimida poderá sempre retornar à condição de não-redimida. Como as ações redentoras não podem jamais, nesta conexão, evitar o destino, elas muitas vezes caem sob o peso da repetição e da renovação.

Como explicar, porém, que esses teologemas de redenção, que estiveram sempre presentes na tradição judaico-cristã, tenham alcançado tanta plausibilidade e aceitação nas décadas em torno de 1900, a ponto de motivar essa multiplicidade inequívoca de continuações — e, até mesmo, finalmente, de fazer com que as esperanças de redenção se tornassem uma tendência decisiva na política européia?[26] Neste contexto, é melhor começar referindo uma tendência histórica específica. Na segunda metade do século XIX, uma problematização cada vez mais agressiva das teleologias otimistas, institucionalizadas a partir do Iluminismo, originou uma aspiração coletiva de retorno a um mundo perdido de segurança. Junto com isso, veio o colapso de uma epistemologia que oferecera ao homem como "sujeito conhecedor" a perspectiva de um conhecimento completo do "mundo objetivo". A aspiração de um retorno aos tempos melhores, que, na Alemanha, desembocou no movimento intelectual conhecido como "revolução conservadora", convergiu no modelo temporal básico dos mitos redentores. Ao mesmo tempo, um mundo que se acreditava poder ser observado como objeto, a uma distância segura de um sujeito, é agora cada vez mais observado como um mundo cuja cotidianidade absorveu até mesmo aquelas esferas que outrora transcendiam o aquém. Essa perda do "além" explica, entre outras coisas, o fascínio que suscitou, no final da Primeira Guerra Mundial, um conceito de morte que não considerava mais a morte um ingresso em outro mundo, mas uma parte da vida. Do mesmo modo, a perda do "além" também torna compreensível a facilidade com que várias sociedades européias deixaram-se enganar por líderes políticos que se proclamavam os executores de poderes transcendentais — os eleitos do "destino" ou da "providência". Os cenários das histórias da redenção — com suas interações entre deuses e humanos e sua preferência por figuras semidivinas — prestavam-se quase perfeitamente a essa inclusão do transcendente no cotidiano. Finalmente, o período em torno de 1900 assistiu a uma aceleração no ritmo de mudança como talvez nunca antes ou depois foi experienciada com tanta intensidade na cultura européia. Metáforas para uma "ruptura" no curso linear do tempo articularam essa impressão em vários contextos, e elas podiam ser prontamente integradas nos dois lugares da descontinuidade temporal constitutivos das narrativas redentoras. Assim, o sentimento de uma ruptura no tempo podia sempre reconfirmar a esperança de que se estava realmente no caminho certo entre o ato de redenção e a condição de estar redimido.

A Certeza da Redenção

Vinte e seis anos após a guerra em que a Itália perdeu a cidade de Trieste para a Áustria, e vinte e seis anos antes do final da

Primeira Guerra Mundial, na qual a Itália estaria ao lado das potências vitoriosas, Gabriele d'Annunzio escreveu uma série de poemas tratando de temas tirados da história da frota italiana, publicados pouco mais tarde com o título de *Odi navali*.[27] Foram precedidos, no ano de 1888, por uma série de artigos de jornal sobre o mesmo assunto, julgados por especialistas como altamente competentes. Entre as *Odi navali* está o poema *A una torpediniera nell'Adriatico* no qual se prefiguram dois aspectos da retórica do aventureiro de Fiume.[28] O primeiro é a convergência entre a admiração de d'Annunzio pela tecnologia militar de então e um novo *pathos* heróico. Os cascos de aço dos navios[29] são associados, ao longo de uma cadeia de substituições metonímicas, a uma espada flamejante, e a espada flamejante, por sua vez, ao tipo de coragem masculina na qual o heroísmo é afiado como numa pedra de amolar. Por heroísmo, contudo, d'Annunzio compreende uma prontidão fatalista para a morte que, como parte da vida, deve acentuar a intensidade da vida:

> "Naviglio d'acciaio, diritto veloce guizzante
> bello come un'arme nuda,
> vivo palpitante
> come se il metallo un cuoro terribile chiuda;
>
> tu che solo al freddo coraggio dell'uomo t'affili
> come l'arme su la cote,
> e non soffri i vili
> su la piastra ardente del ponte che il fremito scote;
>
> messagero primo di morte sul mar guerreggiato,
> franco velite del mare,
> tu passi, — e il tuo fato
> io seguo nel flutto guardando la scia luccicare."[30]

Brotando dessas imagens esperançosas do presente estado da frota italiana, uma tempestade iminente conduz, no cenário do poema de d'Annunzio, a um momento ignominioso do seu passado

— e ao segundo elemento discursivo protofascista desse texto. "Colunas de guerra feitas de nuvens esfarrapadas" elevam-se, e pássaros gritantes "voam sobre as águas", que, sacudidas por uma tempestade ao largo de Ancona, na costa italiana oeste do Adriático, ganham um colorido "escuro-acinzentado". Somente nas estrofes subseqüentes é que vai se tornando claro (pelo menos d'Annunzio deve ter esperado uma tal compreensão da parte dos seus leitores contemporâneos) por que a tempestade se levanta exatamente sobre Ancona. De início, há uma reverência à cidade "não-redimida" de Trieste que — por causa da ignomínia de sua ocupação está coberta de nuvens — pode ser vista apenas com os olhos da alma:

> "Fa schermo la nube. Ma l'occhio dell'anima scorge
> oltremare in lontananza
> la città che scorge
> alta sul suo golfo splendendo a la nostra speranza,
>
> da tutte le torri splendendo nell'unica fede:
> 'Sempre a te! Sempre la stessa!'
> poi che ancora crede,
> la triste sorella domata, a la nostra promessa."[31]

De Ancona, no oeste, o olhar do poema andejou até Trieste, até a costa norte do Adriático, para agora, partindo do lado dálmata do Adriático, orientar-se para o sul, aproando rumo à ilha de Lissa (chamada de "Vis" em croata). Em 20 de julho de 1866, ao largo de Lissa, a mais numerosa e tecnicamente superior frota italiana que partira de Ancona foi varrida por navios austríacos. Na batalha, o capitão da nau-capitânia avariada, *Re d'Italia*, Emilio Faa, foi morto junto com a maioria da tripulação:

> "E un'ombra s'allunga, s'aggrava su l'acque (io
> [la scorgo
> con um brivido interrotto
> crescere, nel gorgo
> livido una macchia far come di sangue corrotto);

s'allunga da Lissa remota a la riva materna.
Ecco, appar Faa di Bruno.
'Sarà dunque eterna
la vergogna?' Ed ascolta. 'Nessuno risponde,
[nessuno?'"[32]

A referência à cidade de Trieste, que — ao contrário de Ancona e Lissa — não fora atacada nem antes nem após a batalha naval de 20 de julho de 1866, é um sintoma da intenção de d'Annunzio de encenar poeticamente a derrota italiana como um acontecimento de cujas conseqüências a nação devia se redimir por meio de uma vitória. A mancha de sangue dos marinheiros afogados ("sacrificados") é, para ele, aquele sinal quase sacro que tanto evoca a derrota passada como anuncia a futura vitória.[33] O movimento vertical do redemoinho, que suga os corpos dos derrotados para as profundezas do mar, já indica o movimento inverso de sua reemergência, de sua ressurreição, de seu *risorgere* — e introduz na ordem discursiva do século XIX um contraste tão forte quanto imaginável com as metáforas de dinâmica horizontal típica dos mitos históricos teleológicos. Mas por que d'Annunzio faz o espírito do heróico capitão Faa di Bruno falar de uma "vergonha" que exige uma redenção? Não seria fácil, para o discurso nacional do século XIX, transformar uma derrota militar numa "vitória moral"?

A resposta a essas perguntas está nas circunstâncias especiais e nas conseqüências especiais da derrota de Lissa. Carlo Pellion Conte di Persano, o almirante responsável por essa empreitada, era conhecido, tanto do público italiano como de seu oponente do lado austríaco, Wilhelm von Tegetthoff, por ser um homem irresoluto e, ao que parece, deveu sua nomeação de comandante da frota nacional tão-somente às suas excelentes conexões políticas.[34] Ele não só tinha fracassado em preparar taticamente a operação de Lissa, mas sua falta de coragem também parece ter influenciado de modo decisivo o andamento das hostilidades na manhã de 20 de julho de 1866. Sem ter informado disso sua frota, ele passou da nau-capitânia, de madeira, *Re D'Italia,* para o *Affon-*

datore, que, feito de aço, estava mais protegido contra o fogo inimigo e os navios de aríete.[35] Em vista da confusão que tomou conta da frota italiana por causa desta manobra, o destino do *Re d'Italia* "já estava selado" nas primeiras horas da noite:

> "Nesta situação crítica, o capitão do paquete, Faá (sic) di Bruno, viu à curta distância um couraçado inimigo — *Erzherzog Ferdinand Max* — ir diretamente de encontro ao *Re d'Italia*. Temendo que seria dificílimo para ele escapar ao golpe do aríete em tais circunstâncias, imediatamente ordenou que a divisão de abordagem fosse chamada ao tombadilho, a fim de se preparar para uma possível tomada do navio. Manobrando à frente a todo o vapor, não tinha escolha senão tentar salvar seu navio, talvez arrancando à frente ou, pelo menos, diminuindo o choque. Entretanto, essa esperança logo se mostrou enganosa; ele então ordenou uma manobra à ré com toda a força do motor, mas em vão! Sua sorte já estava selada, pois tão logo os efeitos dos dois movimentos opostos começaram a se fazer sensíveis, o *Re d'Italia*, como que parado, recebeu o golpe fatal do *Erzherzog Ferdinand Max*, a dois metros mais ou menos à frente da sala das máquinas. O rombo resultante tinha cerca de 5 m/2, com 3 m/2 sob a linha d'água. Assim que o *Erzherzog Ferdinand Max* retirou lentamente o aríete do flanco do *Re d'Italia*, este, que, com o terrível impacto, havia inclinado a estibordo cerca de 25/0, imediatamente revirou a bombordo, e afundou, com o castelo da proa à frente, cerca de 2 1/2 minutos mais tarde, sob os 'hurras' dos vencedores.
>
> No último momento, quando o *Re d'Italia* recebeu o golpe fatal, vários atiradores dispararam a bateria, depois do que todos aqueles que podiam saltaram no mar. O comandante, o capitão Faá di Bruno, embora já ferido no pé, manteve seu posto na ponte até o

último homem e finalmente meteu na cabeça uma bala de seu revólver.

Enquanto o navio afundava, várias pessoas correram para a popa, ao que parece para descer a bandeira do mastro — aparentemente para que não caísse nas mãos do inimigo. Mas o Guardiamarina Razzetto, que pertencia ao quadro da frota, impediu-os de fazê-lo, empurrou o marinheiro que segurava a corda da bandeira, e içou a bandeira — que só tinha sido descida a meio-pau —, de modo que o navio condenado desceu ao seu túmulo úmido com a bandeira nacional tremulando."[36]

O suicídio do capitão Faa di Bruno, que conforme a *Geschichte der K.K. Kriegsmarine* aqui citada foi confirmado em juízo por dois marinheiros italianos sobreviventes, não é mencionado nas descrições italianas da batalha de Lissa. No entanto, o contraste entre os gestos heróicos e mortais da tripulação do *Re d'Italia* e a covardia do almirante Persano rapidamente tornou-se um emblema público deste capítulo vergonhoso da história da Itália.[37] O noticiário nacional do julgamento de Persano, na corte naval, contribuiu decisivamente para essa impressão pública:

> "Foi um espetáculo patético aquele encenado nos dias entre 3 e 13 de abril [de 1867], no Palácio do Senado em Florença, e não sem razão se disse, mais tarde, que esse julgamento foi uma segunda Lissa para a Itália. Que impressão não terá provocado ouvir as mais altas autoridades da marinha acusarem-se mutuamente, perceber que cada um tentava livrar-se das responsabilidades e manifestava somente o desejo de brilhar com a melhor luz possível?"[38]

Como que para sublinhar a estrutura de repetição embutida em mitos de redenção mediante a estrutura do poema, d'Annunzio conclui resumindo a invocação do navio de aço das três estrofes introdutórias. Com uma variação decisiva, a terceira destas estrofes encaminha a ode ao seu final — redentor:

> "messagero primo di morte sul mar guerregiato,
> franco velite del mare,
> *oh rispondi! Il fato*
> *è certo; e a quel Giorno s'accendono i fochi su*
> *[l'are.*"[39]

Se atribuirmos as frases finais ("*Il fato è certo; e a quel Giorno s'accendono i fochi su l'are*") ao torpedeiro como sujeito narrativo — e como agente da redenção futura — então elas podem ser lidas como uma dupla resposta. Não somente como uma resposta à pergunta explícita de Faa di Bruno ("*Sarà dunque eterna la vergogna?*"), mas também uma resposta à pergunta implícita do eu lírico, que anunciara, na terceira estrofe, que seguiria o "destino" do torpedeiro "na onda olhando brilhar a esteira". E essa dupla resposta é — tal como indica a evocação dos "fogos nos altares" — uma resposta que possui o *status* de uma certeza religiosa. Tão "certo o destino" é para d'Annunzio: a tecnologia militar moderna, simbolizada para ele pelo torpedeiro de aço, e a coragem mortal, afiada nele, e demonstrada pelos soldados de sua geração, redimirão a nação da vergonha da derrota de Lissa. "Nesse dia", o dia do ato redentor, será — em contraste com o céu escuro do dia de Ancona e de Lissa — um dia de resplandecentes fogos sacrificiais. Mas "nesse dia" a redenção prometida como certa na última estrofe do poema de 1892 ainda estava por vir.

Postergação da Redenção

A declaração de guerra italiana às potências do Eixo veio em 24 de maio de 1915.[40] Por muitos meses, o governo do primeiro-ministro Giolitti resistira à crescente pressão pública que exigia a entrada na guerra, pressão na qual d'Annunzio, de regresso de seu exílio na França, desempenhou um influente papel. Para Benito Mussolini, essa mesma posição política doméstica já se tornara, por volta do outono de 1914, inconciliável com seu posto de editor-chefe do jornal socialista *Avanti* — e, um pouco mais tarde, ele foi afastado do Partido Socialista.[41] Mas foi precisamente essa hesitação da parte do governo italiano e sua neutralidade de quase um ano que lhe garantiram uma fabulosa posição na negociação com os aliados. No caso de vitória, a Itália tinha, entre outras coisas, a garantia de que Trieste tornar-se-ia uma "cidade livre", e de que o sul do Tirol, em toda a extensão do desfiladeiro de Brenner, a Istria e suas ilhas costeiras, assim como uma extensa parte da Dalmácia, seriam anexados ao território italiano. Nas negociações de Versalhes que se seguiram à guerra, contudo, surgiu o argumento, defendido sobretudo pelo governo americano de Wilson, de que o interesse aliado em criar um Estado iugoslavo devia ter precedência sobre o princípio de honra a um tratado — especialmente em relação à Itália.[42] Uma série de justificativas podiam ser alegadas em favor desse rumo político: o direito moral das nações do Leste europeu à autodeterminação, o fato de terem os aliados selado o pacto de 1915 com a Itália na forma de um tratado secreto sob a pressão da situação estratégica precária que estavam vivendo, e, sobretudo, o colapso do império austro-húngaro, o que significava que as necessidades defensivas da Itália ao longo de seu flanco oriental estavam eliminadas. Obviamente, a sociedade italiana, que caíra numa profunda crise econômica e política após a desmobilização do exército e o fim da produção industrial de guerra, recebeu esse rompimento do tratado como uma desfeita à nação. Ainda mais porque o governo italiano não tinha nenhum poder de negociação que lhe permitisse influenciar mais favoravelmente seus antigos aliados. O fato de nessa situação confusa a cidade de Fiume — que nem mesmo recebera menção nos tratados de 1915 e fora entregue à Iugoslávia com o nome de Rijeka — tenha surgido como ponto de convergência e metonímia da vergonha nacional e do anelo de redenção faz parte das ironias da história européia do início do século XX. Esse desenvolvimento muito provavelmente tinha a ver com a expectativa de que, se houvesse um plebiscito em Fiume — ao contrário de outras cidades ao longo da costa leste adriática — o povo certamente teria votado pela anexação à Itália.[43]

O que tornou o desapontamento nacional tão tangível para os italianos, durante o pós-guerra, foi sobretudo os campos complementares de imagem de mutilação corporal e de renascimento. Neles — como demonstra a carta de 1° de janeiro de 1919 de Mussolini a d'Annunzio — se condensa o programa dos futuros fascistas:

> "Le nostre idee collimano in questi punti fondamentali:
>
> 1. La vittoria non deve essere 'mutilata' nemmeno col prestesto della democracia o del wilsonismo interpretato alla croata
>
> 2. È necessario intraprendere dal e sul terreno della vittoria una profunda rinnovazione della nostra vita nazionale
>
> 3. Bisogna sbarrare la strada ai sabotatori della guerra..."[44]

Desde o final da guerra, os corpos mutilados e a esperança de sua reintegração não eram mais meros motivos tirados do contexto das mitologias redentoras. Um corpo mutilado tornara-se a concreta situação de vida de milhões de veteranos da guerra, e, nesse sentido, poderia ter determinado uma razão essencial para a tendência — estatisticamente demonstrável[45] — dos soldados mutilados a acreditar nos discursos fascistas que se fundamentavam em conceitos de redenção. Ninguém tirou proveito desses sentimentos coletivos com mais produtividade lingüística que Gabriele d'Annunzio. Ele várias vezes descreveu a situação nacional com paradoxos afiadíssimos, como quando falou de "un pegno ritolto al vincitore dal vinto",[46] ou quando lamentou, num artigo para o jornal francês *Le Figaro*: "Cette victoire nous coûte un million de morts et d'invalides, un autre million de blessés et d'infirmes".[47]

Em tom ufano de ultraje, d'Annunzio recusava-se a considerar a guerra terminada até que se tivesse alcançado a condição de redimido como uma recompensa para o preço do sacrifício de guerra: "La nostra guerra no soltanto non è finita ma è nel suo colmo".[48] Sobretudo, o poeta, entretanto, nunca se incomodou em expor aos olhos dos seus compatriotas os sofrimentos físicos experienciados de modo tão direto durante o pós-guerra, para servir como um símbolo da situação nacional: "Io i miei compagni non vorremmo più essere italiani di una Italia rammolta dai fomenti transatlantici del dottor Wilson e amputata dalla chirurgia transalpina del dottor Clemenceau".[49] À associação entre os corpos mutilados pela guerra e a nação mutilada d'Annunzio acrescentou explicitamente as demais conotações de mitos cristãos de redenção. Assim, os corpos dos mutilados da guerra eram no discurso transformados em signos sagrados do sacrifício nacional e eram consagrados à redenção nacional. Não foi por acaso que d'Annunzio declarou ter testemunhado a seguinte cena na Igreja de San Giorgio em Veneza:

> "Entrò un povero fante, avvolto nella mantellina bigia; e rimase immobile sotto l'inferriata, a capo scoperto. E aveva una cicatrice nella fronte; e non gli si vedevano le braccia. E somigliava ai fanti del Carso, a quelli que talvolta si dissettavano soltanto con la bora e con lo scirocco dell'Adriatico, a quelli que avevo veduti per doline e trincee confitti nella belletta color di dissenteria fino a mezzo gamba, a quelli che avevo veduti sopra la paglia nella chiesa di Doberto coricati presso l'altare dove in luogo del sacri arredi stavano ammucchiati gli elmetti e le scarpe dei morti. Chi l'aveva mandato? Il sacrifizio eucaristico principiava per me in quel punto. E dal vetro rosso dell'unica lampada, sospesa al soffitto, parve traboccare nel silenzio il sangue luminoso. Di esso era vestito il Primate e non della sua porpora, quando entrò."[50]

Esta passagem é de uma "Lettera ai Dalmati", datada de 15 de janeiro de 1919. Poderia parecer surpreendente que d'Annunzio iniciasse esse texto — cujo poder associativo parece não ter fim e cujo virtuosismo estilístico não tem limites — com um elogio à *brevitas* da retórica militar. "Della mia ripugnanza a sermonare una radunata comoda, dopo aver tante volte parlato breve a compagni pronti ed esser partito innanzi a loro, io non debbo giustificarmi".[51] Com a observação de que não precisava de nenhuma autojustificação, d'Annunzio estava, na verdade, justificando sua recusa de falar numa manifestação popular no dia seguinte. Estas cenas de protelação eram típicas das aparições públicas de d'Annunzio na primavera de 1919.[52] Equivoca-se quem tentar explicá-las exclusivamente pela sua ambição de usar esta estratégia para aumentar o valor público de sua própria pessoa e de suas próprias palavras. Por trás do desdém ostensivo pela palavra — "feminina" — está como seu reverso uma sacralização do ato — "masculino" — silenciosamente executado. Ao mesmo tempo, porém, o ato pelo qual a espera da redenção deve supostamente se transformar numa condição de ser-redimido é compreendido — como já vimos — como um ato cujo momento não pode ser previsto e muito menos determinado. O "destino certo" de ser redimido, garantido pelo sacrifício feito, deve supostamente vir do futuro;[53] neste meio tempo, a espera está carregada — apesar de todo desdém explícito pela palavra — de palavras, que anunciam os atos de redenção e a condição de ser-redimido. Foi justamente essa tensão entre o silêncio patético e a fala proliferadora emergente da paradoxal lógica temporal da teologia redentora que logo passou a dominar o comportamento de d'Annunzio durante a ocupação de Fiume. Em 25 de abril de 1919 — o dia de São Marcos, o santo padroeiro de Veneza — o jogo teatral das aparições públicas de d'Annunzio já respeitava essas seqüências paradoxais — e não menos por essa razão elas resultaram num dos primeiros incidentes de suas agitações de Fiume:

> "Volete dunque che io parli? Avevo rifiutato quando mi fu chiesto. Perché mi forzate?

Ho venuto in mezzo al popolo, Veneziano tra Veneziani, a questo spettacolo santo che fa tremare nel profundo anche un cuore mal nato. Come a Trieste, volevo serbare il silenzio a accrescermi di forza, aumentarmi di tutta la vostra anima.

Non è più tempo di parole. Abbiamo fatto troppo sperpero di eloquenza, da che stiamo con l'arme al piede. Se le parole sono femmine e se i fatti sono maschi, oggi ogni combattente riprende il su posto, ogni cittadino tiene il suo, in silenzio; e pronti. [...]

È la miglior bisogna che possa oggi fornire un soldato: occuparsi delle proprie armi.

Grande acclamazione.

La mitragliatrice è silenziosa, finché non la premano i pollici esatti. Le bandiere sono silenziose, finché il nembo dalla bataglia non le investa. Questa bandiera di Fiume non parla ma comanda: dal fondo dei secoli comanda al futuro, come il gesto di quel condottiero che è ritornato, come il bronzo di Alessandro del cavallo. È immobile come un'armatura. Hà per asta la volontà del popolo libero. No garrirà se non alla cima della nostra gioia, domani.

Grande acclamazione. Grida di 'Viva Fiume!'

E lo stendardo dei Dalmati stamani al sole riprende il suo colore originario: il rosso. In tutte le nostre bandiere stamani il rosso predomina. Che c'importa ormai del verde? Che c'importa della speranza?

Noi non più speriamo, ma vogliamo. Intendete? Vogliamo.

Ripetete questo verbo.

Tutto il popolo grida: 'Vogliamo!'

Ripetendolo, in carne e in spirito, ciascuno di voi — anche il più umile — crea il nuovo destino.

Il popolo grida ancora: 'Vogliamo!'

Questo basta."[54]

O texto de d'Annunzio joga com a diferença semântica entre esperar (nos dois sentidos) e querer, embora, pela reação da multidão, seja possível pensar que eles quisessem ouvir — e ouviram — o contraste muito mais dramático entre esperar e agir (ação). Este mal-entendido — historicamente produtivo — pode se explicar como uma conseqüência daquela sobreposição entre o mito de redenção e as expectativas da "nação mutilada", em que se baseara a retórica de d'Annunzio a partir do término da guerra. Do ponto de vista da redenção, o sacrifício que compraria o estado de redimido já se cumprira pelo sofrimento físico na Guerra Mundial — e a transformação num estado de felicidade coletiva só podia agora ser aguardada com paciência, mas, de modo algum, conquistada por meio de qualquer ação adicional. Foi o horizonte do futuro que fez de d'Annunzio um contemporizador. Mas, por outro lado, os patriotas que se haviam desapontado com a paz — e os mais importantes dentre todos, os veteranos mutilados — queriam ver atos de restauração nacional praticados pelo seu ídolo. Este foi o — outro — horizonte do futuro que d'Annunzio (ao contrário de Mussolini) estabeleceu para si mesmo sob crescente pressão. A distinção entre esperar e querer, mantida pelo seu discurso de 25 de abril de 1919, parecia ser, portanto, uma concessão às expectativas do público, e a função estratégica de suas palavras reside precisamente no fato de que apesar disso elas *ainda não* anunciavam o passo que levaria à ação.

Essas interferências entre a mitologia da redenção e a esperança pública de ação ajudam-nos a compreender por que, de um lado, se tornavam cada vez mais freqüentes, no verão de 1919, os rumores de que d'Annunzio estaria envolvido na conspiração de um golpe ou, pelo menos, num plano de ocupar Fiume,[55] enquanto, por outro lado, o poeta agia sobretudo na presunção de que estaria participando de uma fuga em etapas para Tóquio no outono. No final, um pequeno grupo de agitadores fiumianos deve ter conseguido persuadi-lo, numa negociação apressada, de que ele não podia mais evitar a compulsão de agir. No entanto, d'Annunzio barganhou uma série de condições efetivas de publicidade em troca da sua aceitação de liderar uma marcha sobre Fiume. Exigiu ser recebido por toda a população quando entrasse na cidade; reservou para si o posto de comandante; e fixou a data de 11 de setembro para o ataque-surpresa (que já não era surpresa), porque estava convencido de que o dia 11 de cada mês trazia-lhe sorte. Com sua chegada a Ronchi, um vilarejo a oeste de Fiume, onde se reuniram as colunas em marcha, d'Annunzio caiu doente com febre. Descobriu depois que os caminhões que deviam trazer os seus atiradores de elite não tinham chegado. Mas o perigo — ou a oportunidade — de mais um adiamento foi frustrado por Guido Keller, um ás da força aérea italiana na Grande Guerra Mundial, que d'Annunzio logo nomeou seu "Secretário de Ação". Em poucas horas, Keller conseguiu arranjar vinte e seis caminhões num depósito de transporte, nas vizinhanças. A marcha e a ocupação de Fiume finalmente aconteceu sem qualquer contato com inimigos — embora não sem o tipo de gestos fecundos dos quais, há muito tempo, d'Annunzio era mestre incontestável. Por exemplo, quando o general Pittaluga, leal ao governo, apenas seguindo ordens exigiu que a coluna em marcha retornasse, o poeta-comandante ofereceu-lhe o próprio peito altamente decorado, com o convite — bem pouco ousado — a que os soldados italianos atirassem nele, o herói patriota. Mas, sobretudo, d'Annunzio não esqueceu de lembrar àqueles que o seguiam o sacrifício sofrido pelo seu próprio corpo: "Mi guardate. Si, è vero, ho la febbre alta. No sò se il mio volto sia pallido o acceso. Ma certo in me arde un demone, il mio demone. E dal male non menomato mi sento ma aumentato".[56]

Depois de ter renunciado à sua espera para se lançar à ação, d'Annunzio parecia — pelo menos nas semanas iniciais desta empresa — ter se persuadido de que havia definitivamente libertado Fiume, não apenas preparando assim o caminho para a redenção nacional, mas também realizando-a. É deste modo que se deve ler, por exemplo, a sua carta para Mussolini no dia da mobilização, com os seus paralelos pretensiosos da travessia do Rubicão:

> "Mio caro compagno,
> il dado è tratto.

Parto ora. Domatina prenderò Fiume con le armi.

Il Dio d'Italia ci assista.

Mi levo da letto febricitante. Ma non è possibile differire. Anche una volta lo spirito domerà la carne miserabile."[57]

A confirmação de que d'Annunzio acreditara ter mudado o destino da ação está no discurso que pronunciou em 12 de setembro, logo após a ocupação de Fiume. Com efeito, o discurso, mais uma vez, seguia aquela estrutura na qual era escolhido o registro mais ameaçador da violência verbal, após um gesto de negação verbal ("eccomi. Non vorrei pronunziare oggi alta parola"[58]). Mas, em vez de finalizar com a mesma alusão a um futuro mais ou menos vago — como na retórica do início da primavera — esse texto terminou com uma frase monumental que deveria inscrever cerimonialmente a restituição de Fiume à nação italiana:

"IO VOLONTARIO, IO COMBATENTE DI TUTTE LE ARMI, FANTE, MARINAIO, AVIATORE, IO FERITO E MUTILATO DI GUERRA CREDO INTERPRETARE L'ANSIA PROFONDA DI TUTTA LA MIA NAZIONE VERA DICHIRANDO OGGI RESTITUITA PER SEMPRE LA CITTÀ DI FIUME ALL'ITALIA MADRE."[59]

D'Annunzio estava realmente convencido de que, através de sua ação, modificara-se a cena política nacional e mundial, e agora tinha esperanças de moldá-la conforme suas projeções. A ocupação de Fiume passou a ser, na sua concepção, um ponto de partida para o projeto de futuras anexações ao longo da costa oriental do Adriático.[60] Esta inquietação parece fazer parte das características definidoras de uma política baseada em esperanças de redenção. Enquanto, no quadro das ideologias teleologicamente modeladas, cada sucesso alcançado pode ser interpretado como uma etapa sucessiva no longo caminho para o objetivo final da história, o qual está sempre acenando à distância, nos mitos de redenção a chegada à condição de redimido estabelece um final repentino para a força motivadora de sua narrativa. Assim, uma vez realizada a redenção, se esses mitos tiverem de ser usados num sentido político, então ou se deve estimular um temor de retornar a um estado de não-redimido[61] — ou se deve adotar um novo objeto de redenção potencial.

O noticiário sobre o tema "Fiume", em setembro e outubro de 1919, mostra que a reação do público internacional seguia plenamente essa lógica. É claro, a história da conquista de d'Annunzio era o sonho de todo jornalista, e não é surpreendente, portanto, que, durante a segunda metade de setembro de 1919, muitos jornais dedicassem artigos detalhados sobre os últimos acontecimentos diários do conflito no Adriático. D'Annunzio apareceu na cobertura da imprensa como o herói incontestável — e até mesmo como o homem do futuro. No entanto, o que reduziu consideravelmente o apelo sensacionalista da aventura de Fiume foi a reação inteligente do governo italiano, que não se dispôs a aceitar a provocação de d'Annunzio, nem caiu na armadilha de reagir a ela com gestos dramáticos e ações de retaliação. Quando, pelo final de outubro, ficou claro, de um lado, que d'Annunzio não dispunha de sustentação militar suficiente para resistir a um possível ataque das forças aliadas e que, de outro lado, uma integração de Fiume ao território italiano por meio de negociação estava fora de questão, murchou o interesse da imprensa pelos acontecimentos que envolviam Fiume. D'Annunzio sabia muito bem que os militares e as forças militares à sua disposição eram incapazes de sustentar ações adicionais, nem o governo italiano o ajudaria a se elevar ao posto de herói sacrificial através de uma sangrenta libertação da cidade. Nessa desastrosa situação, não tinha outra escolha senão manter vivo o entusiasmo de seus adeptos com feitos que — já que eles não podiam produzir quaisquer sucessos numerosos nem provocar quaisquer contra-reações simétricas — correspondessem exatamente à definição de Georges Bataille de "ações heterogêneas", típicas do fascismo: "A ação fascista *heterogênea* faz parte do conjunto das formas mais elevadas. Apela a sentimentos tradicionalmente definidos como *sublimes* ou *nobres*, e tende a constituir a autoridade como um princípio incondicional, situado acima de qualquer juízo utilitário".[62] Era tarefa do "Secretário de Ação", Guido Keller, planejar e executar ações espetaculares e, muitas vezes, bizarras, de sorte a suprir os discursos de d'Annunzio com material para interpretações bombásticas. Em setembro de 1919, Keller já havia escrito para as instituições psiquiátricas da Itália, pedindo-lhes que dessem alta a todos os pacientes não-perigosos e os enviassem para Fiume.[63] Foram festejados publicamente os *colpi di mano* em que ele obrigou os navios que passavam por Fiume a descarregar armas e gêneros alimentícios — embora nem os aliados nem o governo italiano houvessem interrompido o envio de alimentos para a cidade ocupada e embora, realisticamente, não houvesse uso algum reservado às armas apreendidas. Em 14 de novembro de 1920, Keller chegou ao ponto de jogar do seu avião sobre o parlamento romano um urinol com a seguinte inscrição: "Guido Keller — Ala Azione nello splendore — dona al parlamento ed al governo che si rege nel tempo, la menzogna e la paùra, la tangibilità allegorica del Loro Valore."[64] Suas ações politicamente ineficazes envolveram os protagonistas de Fiume numa aura de auto-admiração estética. A meta de Keller era, essencialmente, "atacar a Europa com ousadia e elegância",[65] e celebrava o estilo de d'Annunzio com palavras cujo caráter hiperbólico não poderia ser superado nem mesmo pela própria linguagem do comandante. "Ha il gesto che rivela lo stile della disciplina di volontà che comanda la sua anima lirica e mistica di artista a cui l'ala ha portato la realtà del sogno".[66]

Mas esta estética da ação, do gesto e do estilo apenas deixou claro que o empreendimento de d'Annunzio recuara, por volta do outono de 1919, até ao limiar que ele havia — apenas de modo hesitante — cruzado na primavera. Já que a marcha sobre Fiume não alcançara a condição de redimido, todas as ações subseqüentes se exauriram em si mesmos como meramente simbólicas. A aventura de Fiume precisava ser reinterpretada como um sacrifício ritual, e o ser-redimido devia ser mais uma vez postergado. Essa tendência a descobrir na remissão à salvação futura o sentido mais profundo das ações fracassadas viria finalmente a transformar-se num dos pontos centrais da propaganda fascista — mas também numa tentação perigosa. De qualquer modo, na *Carta del Carnaro*, a nova constituição de Fiume, proclamada em 18 de setembro de 1920, d'Annunzio deu à espera, mais uma vez anunciada, de uma realização no futuro a forma institucional de um "estado profissional" sagrado:

> "La decima [corporazione] non ha arte né novero né vocablo. La sua pienezza è attesa come quella della decima Musa. È riservata alle forze misteriose del popolo in travaglio e in ascendimento. È quasi una figura votiva consacrata al genio ignoto, all'apparizione dell'uomo novissimo, alle trasfigurazioni ideali delle opere e del giorni, alla compiuta liberazione dello spirito sopra l'ansito penoso e il sudore di sangue."[67]

Uma outra imagem para a figura de um "futuro ainda desconhecido de realização", que se tornava agora o elemento básico dos discursos de d'Annunzio, era o da "quinta estação [...], da qual muitos de nós não temos consciência clara, mas somente um sentimento vago".[68] Esta formulação aparece num texto datado de 27 de outubro de 1920, com o título de "La fiamma intelligente", que d'Annunzio colocou no início da versão impressa do seu "Esboço de um Ordenamento do Exército de Libertação". Em nenhum outro lugar fica tão claro como o adiamento do estado de ser-redimido serve para trazer de volta todos os elementos da retórica da redenção. Como d'Annunzio não podia demonstrar nenhum sucesso palpável nos mais de treze meses de sua regência, tinha pelo menos que se gabar de ter fortalecido a crença na posição que ele representava: "Dopo un anno di dure prove, noi siamo confermati nella nostra verità ed esaltati nella nostra confessione".[69] Sendo verdade que a Itália ainda não havia sido "roubada" do prêmio da vitória na Guerra Mundial, d'Annunzio não podia mais pretender agora — como fizera em setembro do ano anterior — que ganhara também apenas uma parte deste prêmio: "Noi, e soli noi, abbiamo impedito e impediamo e fino all'ultimo vorremo impedire che all'Italia sia tolto il prezzo del su sangue".[70] Essas frases já haviam feito parte dos elementos-padrão dos discursos de d'Annunzio mesmo antes da marcha sobre Fiume, e o seu recuo trouxe consigo todos os outros aspectos da mitologia sacrificial:

> "Viviamo d'una vita intera e sincera, perché la nostra vita non è un dono da altri a noi fatto, ma si un dono che ad altri noi facciamo... *Nessun potere, né divino né umano, eguaglia il potere del sacrifizio, che si precipita nell'oscurità dell'avenire a suscitarvi le nueve imagini e l'ordine nuovo...*
>
> Il sacrifizio è la più alta delle vocazioni ed elevazioni in terra. Quel che è scritto col sangue no potrà mai essere abolito."[71]

Na medida em que o futuro estava ainda ao alcance mediante imagens representacionais ligadas ao espírito de sacrifício, a tendência a ver em toda a parte sinais de sacríficio passado e de redenção futura tornou-se uma obsessão. Até mesmo o olho — para ele não evidente — que perdera na Guerra Mundial,[72] d'Annunzio incluiu nesta embriaguez de "marcas", "signos fatais", "palavras inscritas" e "cicatrizes".[73]

Em novembro de 1920, os governos da Itália e da Iugoslávia assinaram em Rapallo um tratado que trouxe à Itália ganhos territoriais consideráveis ao longo da costa adriática e concedeu a Fiume um *status* especial. Esse resultado das negociações é visto pelos historiadores como a conseqüência de uma nova constelação na política internacional — o protetor da Iugoslávia, Woodrow Wilson, já não era mais presidente dos Estados Unidos, e Giolitti substituíra Nitti como primeiro-ministro em Roma — e criou a base para a anexação de Fiume, em 1924, ao território nacional italiano.[74] O ativo engajamento de d'Annunzio na política encerrou-se com a mesma sobreposição de imagens nacionalistas e cristãs do sacrifício e da redenção que o haviam precedido na primavera de

1919: "E se è necessario morire, Fiume non vorrà morire se non crocifissa alla bandiera d'Italia".[75] No final, foram o sítio ao porto de Fiume por navios de guerra italianos, as salvas de artilharia contra o *Palazzo Municipale* — que, supostamente, por pouco não atingiram d'Annunzio — e as baixas durante a defesa da cidade no Natal de 1920, que tornaram possível ao poeta se representar, na retirada, como o sumo-sacerdote de uma eucaristia nacional:

> "Ascoltiamo l'uomo di Dio. Riceviamo nel nostro sacrifizio il raggio dell'immortalità.
>
> Ci siamo tutti comunicati nell'elevazione del calice.
>
> Abbiamo tutti creduto di vedere il volto della Patria somigliante al volto del Filiuol d'uomo non apparito."[76]

O fato de o poeta ter planejado publicar uma coletânea de seus discursos fiumianos sob o título de "La Penultima Ventura" corresponde inteiramente às leis daquela versão da mitologia redentora, na qual não pode existir nenhum estado definitivo de redenção.[77] O que parecia prometer um fim sempre como futuro é retrospectivamente apenas um fim provisório. Nos quase dezoito anos entre o Natale di Sangue e o falecimento de d'Annunzio, contudo, *La penultima ventura* nunca foi publicado.

* * *

Benito Mussolini, ainda mais do que a propaganda oficial do Estado, sempre mostrou-se ansioso em creditar a d'Annunzio o episódio de Fiume — e mesmo a anexação posterior de Fiume em 1924 — como um capítulo glorioso da história italiana. O preço dessa generosidade foi um isolamento ativo dos acontecimentos de Fiume tanto da pré-história do Estado fascista como de sua ideologia e rituais. Mas se ele foi bem-sucedido em estabelecer uma distância entre a pretensão de d'Annunzio e a sua própria à glória histórica, Mussolini caiu presa da mesma lógica de redenção que estruturara a trama do episódio de Fiume. Isso não acontecia somente porque o conceito de redenção tornou-se um importante foco de interesse para a literatura e filosofia fascista oficial, mas também — e sobretudo — porque, iniciando este último em meados dos anos 1930, Mussolini foi consideravelmente pressionado pelo público a identificar novos objetos e a encenar novos atos de redenção. Diversamente de qualquer ideologia baseada no pensamento teleológico, o fascismo não podia oferecer novas metas a conquistar após a "redenção" da nação em 1922, tampouco garantir que o estado de ser-"redimido" pudesse durar para sempre. Eis por que a Itália, nos anos 30, conduziu uma guerra brutal de conquista contra a Etiópia, cujos objetivos estratégicos e político-econômicos não convenciam nem mesmo o governo que promovia a guerra. Daí por que a guerra africana de Mussolini foi oficialmente caracterizada como uma vingança contra e uma redenção da derrota que haviam sofrido as tropas italianas na Abissínia durante o ano de 1896. A situação do governo fascista alemão assemelhava-se tanto aos problemas de Mussolini que cabe perguntar se uma aspiração à redenção dos dois lados não foi uma poderosa motivação para a convergência ítalo-germânica no campo de batalha da guerra civil espanhola e uma razão fundamental por trás da avidez ilimitada por mais conquistas que, ao final, ajudaram a redimir o mundo do fascismo.

Gabriele d'Annunzio morreu de um ataque, em 1° de março de 1938, exatamente dezoito meses antes do início da Segunda Guerra Mundial. Em sua última carta a Mussolini, escrita em 26 de janeiro de 1938, ele admite — no tom de um oficial reformado que se orgulha de declarar publicamente que estava errado — que o império de Mussolini havia crescido com mais rapidez e em maior extensão do que ele — o poeta — jamais ousara sonhar. Por um momento era como se, realmente, a necessidade ilimitada de redenção tivesse se materializado num território nacional potencialmente ilimitado. "Doravante, na sua Itália, há uma viva e ativa realização do que fora uma profecia lírica, uma esperança por demais inatingível. A sua Itália 'faz de todos os oceanos' um único oceano que é louvado por um único nome: heróico Oceano. Suas únicas fronteiras são as do mundo inteiro, as do poder e da vontade italianas."

NOTAS

[1] Expressão com que Gabriele d'Annunzio designou os "conquistadores" de Fiume: "Il Calvario Trionfale (21.3.1920)", in *La Penultima Ventura. Scritti e discorsi fiumani.* A cura di Renzo de Felice, Verona, 1974, p. 217.

[2] *Carteggio d'Annunzio-Mussolini (1919-1938).* A cura di Renzo de Felice e Emilio Mariano. Verona, 1971, pp. 38 e ss. [Mas, no chamado movimento "fascista", as melhores coisas não foram geradas pelo meu espírito? A comoção nacional de hoje não foi anunciada por mim agora e — ai de mim! — há quarenta anos, e não foi promovida pelo líder do Ronchi? [...] Como eu posso então ser teu adversário? e como então queres ser o meu?]

[3] Cf., por exemplo, Denis Mack Smith, *Mussolini. Eine Biographie*, München, 1983, p. 73.

[4] D'Annunzio arrendou a Villa di Cargnacco no Lago Garda em fevereiro de 1921 e comprou a propriedade em outubro do mesmo ano. Em 22 de dezembro de 1923 doou sua casa ao povo italiano.

[5] Cf. Smith, *Mussolini*, op. cit., pp. 72 e ss. Smith, contudo, também assinala que d'Annunzio e o rei Vittorio Emmanuele eram as duas únicas pessoas que Mussolini "tratava quase como seus iguais" (p. 189).

[6] [Eu te darei todas as minhas forças e toda a minha paciência, em silêncio, *sem nada pedir, sem nada ambicionar.*]

[7] [ajudarei os trabalhadores a conseguir a redenção.] Sobre a posição de d'Annunzio como "patrono" da *Federazione Italiana dei Lavoratori del Mare*, cf. o prefácio de Renzo de Felice a *Carteggio d'Annunzio-Mussolini*, op. cit., pp. XXXI e ss. Nino Valeri, *D'Annunzio davanti al Fascismo. Con documenti inediti*, Firenze, 1963, pp. 143 e ss., desenvolve com base nesse episódio a tese (bem intencionada mas difícil de defender historicamente) de que, após a aventura de Fiume, d'Annunzio estaria mais próximo do socialismo do que do fascismo.

[8] O telegrama conotava naquele tempo um estilo de dominação orientado para a inovação tecnológica e caracterizado pela rigidez militar. Cf. Friedrich Kittler, *Im Geschichten und Funktionen eines kulturwissenschaftlichen Diskurselements*, Frankfurt, 1986, pp. 358-70.

[9] [Minha profunda convicção daquilo que parece nos dividir é resultado da ação de elementos estranhos. Meus sentimentos para contigo são absolutamente puros e nada que não seja puro me guia na minha dura lida cotidiana.]

[10] [Invejo estado perfeito virtude cristã em que te encontras.] *Carteggio*, p. 40.

[11] [de estabelecer aqui, às margens do lago, um pequeno campo onde possam descer os mensageiros apressados, e onde tu mesmo possas descer ou eu possa decolar, nos momentos de perigo iminente ou na necessidade de um conselho.] *Carteggio*, p. 92.

[12] Margherita G. Sarfatti, *The life of Benito Mussolini*, New York, 1925, p. 6.

[13] Renzo de Felice, *Fascism. An informal introduction to its theory and practice.* An Interview with Michael A. Ledeen. New Brunswick, 1978, pp. 49 e ss., 55, 75.

[14] Cf., além das edições supracitadas de Felice da correspondência de d'Annunzio-Mussolini e dos discursos fiumianos de d'Annunzio (notas 1 e 2), *La Carta del Carnaro nei testi di Alceste de Ambris e di Gabriele d'Annunzio*, Bologna, 1973, e Michael A. Ledeen, *The first Duce. D'Annunzio at Fiume*, Baltimore, 1977.

[15] Emilio Gentile, "Fascism as Political Religion", *Journal of Contemporary History* 25 (1990), pp. 229-51, aqui p. 231.

[16] Idem, ibidem, p. 243.

[17] Cf. ibidem, especialmente p. 247.

[18] "Poiché la parola era nuova, essa diede l'impressione che si volesse iniziare una nuova lotta, mentre in verità si trattava della continuazione del Risorgimento, non potendosi considerare compiuta l'unità nazionale finché l'Italia non fosse arrivata alle sue frontieri naturali e storiche. Venuta in uso la parola nuova, essa ebbe più sensi, appunto a causa dell'errore originale: giacché, per gli agitatori del regno, si referi sempre al movimento da loro iniziato; per gl'irredenti invece, a tutta la loro attività nazionale, dopo il 1866, e spesso anche alla più antica. Per questa erronea impostazione iniziale e per l'influsso delle ideologie democratiche, l'irredentismo fu concepito come applicazione del principio di nazionalità e rimase sempre incerto quanto ai limiti delle desiderate rivendicazioni..." [Já que a palavra era nova, ela deu a impressão de que se quisesse iniciar uma nova luta, ao passo que na verdade se tratava da continuação do Risorgimento, não se podendo considerar realizada a unidade nacional enquanto a Itália não alcançasse suas fronteiras naturais e históricas. Posta em uso a palavra nova, ela teve outros sentidos, exatamente por causa do erro original: uma vez que, para os agitadores do reino, ela se refere sempre ao movimento iniciado por eles; para os irredentistas, ao contrário, a toda a sua atividade nacional, depois de 1866, e mesmo à mais antiga. Por causa dessa errônea impostação inicial e da influência das ideologias democráticas, o irredentismo foi concebido como a aplicação

do princípio de nacionalidade e permanece sempre incerto no tocante aos limites das reivindicações desejadas...]

[19] Corrado Zoli, Ex Sottosecretario di Stato agli Esteri della Reggenza Italiana del Carnaro, *Le giornate di Fiume*, Bologna, 1921, p. 126.

[20] Idem, ibidem, p. 7.

[21] [Todo o fenômeno fiumano era, [...], um meio de ganhar tempo diplomática e politicamente. E o tempo trabalhava indiscutivelmente a nosso favor.]

[22] Cf., sobre um problema hermenêutico similar acerca da ideologia fascista, Christine Holbo, "Euthenic America: Hygiene, Habitation, and Americanization, 1890-1920", *Stanford Literature Review* (1993-94).

[23] Cf., como base para as considerações da seção subseqüente, o artigo "Erlösung" in: Heinrich Fries (ed.), *Handbuch theologischer Grundbegriffe*, vol. 1, München, 1970, pp. 337-53; Joachim Ritter (ed.), *Historisches Wörterbuch der Philosophie*, vol. 2, Basel, 1972, colunas 717-719; Michael Buchberger (ed.), *Historisches Wörterbuch und Kirche*, Freiburg, 1931, colunas 759-766; e o artigo "Chiliasmus", in Joachim Ritter (ed.), *Historisches Wörterbuch der Philosophie*, op. cit., vol. 1, colunas 1001-1005.

[24] *Handbuch theologischer Grundbegriffe*, op. cit., vol. 1, p. 339.

[25] Isto pode ser explicado pela interferência de duas perspectivas de observador. A partir da perspectiva — distanciada — do observador de "segunda ordem" fica claro para aquele que age nos acontecimentos de redenção como observador de "primeira ordem", que, a despeito do sacrifício por ele feito, ele talvez não partilhe de nenhum dos prazeres de ser-redimido. Cf. H.U. Gumbrecht, "Inszenierte Zusammenbrüche oder: Tragödie und Paradox", in H.U. Gumbrecht & K. Ludwig Pfeiffer (eds.), *Paradoxien, Dissonanzen, Zusammenbrüche. Situationen offener Epistemologie*, Frankfurt, 1991, pp. 471-94.

[26] As respostas a esta pergunta decorrem de uma tese do meu livro, *In 1926. An Essay on Historical Simultaneity*, Cambridge, Mass., 1994.

[27] Aqui citado conforme a *Crestomazia della Lirica di Gabriele d'Annunzio*, Interpretazione e commento di Enzo Palmieri, Bologna, 1972. O poema sobre o torpedeiro está nas pp. 95-7. É notável que o comentário desta edição de 1962 continue ainda totalmente sob a influência da mitologia redentora: "É um canto de promessa, no qual os tempos mantiveram a fé".

[28] Uma conexão adicional entre o torpedeiro e Fiume reside no fato de que o torpedo automático desenvolvido pelo capitão-de-fragata austría-

co, Lupis, foi posto em operação pela primeira vez em Fiume em 1872, por Whitehead.

[29] Num livro sobre a cultura do fascismo italiano, Jeffrey Schnapp analisa e documenta a impressionante freqüência do uso ideológico de designações para metais.

[30] [Navio de aço, direito veloz deslizante / belo como uma arma nua / vivo palpitante / como se o metal encerrasse um terrível coração; // tu que somente na fria coragem do homem te afias / como a arma na pedra de amolar / e não admites os vis / na couraça ardente da ponte que o terror queima; // mensageiro primeiro da morte no mar em guerra, / franco vélite do mar, / tu passas, — e o teu destino / sigo na onda olhando brilhar a esteira.]

[31] [A nuvem faz um anteparo. Mas o olho da alma avista / além do mar na distância / a cidade que se entrevê / alta sobre o seu golfo resplandecente com a nossa esperança, // resplandecente em todas as torres com a fé única: / "Sempre tua! Sempre a mesma!" / pois ainda acredita, / a triste irmã domada, na nossa promessa.]

[32] [E uma sombra se estende, aumenta sobre as águas (vejo-a / com um calafrio entrecortado / crescer, no torvelinho / lívido forma-se uma mancha como que de sangue coagulado); // estende-se da Lissa distante à margem materna. / Veja, aparece Faa di Bruno. / "Será então eterna / a vergonha?" E escuta. "Ninguém responde, ninguém?"]

[33] D'Annunzio tinha uma preferência pela idéia paradoxal de que os signos escritos na água do mar mantinham-se eternamente visíveis. Cf. por exemplo, a "Lettera ai Dalmati", in *La penultima ventura*, op. cit., p. 19: "E dir-se-á que a vitória da Itália foi escrita na água".

[34] Cf. *Geschichte der K.K. Kriegsmarine während des Krieges im Jahre 1866*. Nach authentischen Quellen verfasst von Josef Fleischer, K.u.K. Linienschiffsleutnant d.R. Geschichte der K. und K. Kriegsmarine. III. Teil. Die Kriegsmarine in dem Zeiträume von 1848-1871. Band 3. Wien, 1906, pp. 19 e ss.

[35] Cf., sobre a mudança de navio do almirante Persano, *Geschichte der K.K.Kriegsmarine,* op. cit., p. 196. Nessa obra (pp. 4, 6) os dois navios do grupo de fragatas blindadas foram descritos como segue:

> *Re d'Italia,* construído de madeira, totalmente blindado com chapas de 11 cm, 5700 toneladas de deslocamento, 800 cavalos-força, 12 milhas de velocidade, tripulação de 600 homens, 36 canhões: 2 Armstrong de aço temperado de 20 cm, 150 libras; 16 de sistema francês, de aço temperado, de 20 cm; 14 Cavalli de 16 cm; 4 lisos de 80 libras; 6 canhões de abordagem de 8 cm.

Affondatore, construído de aço, duas torres, blindado na linha d'água com chapas de 11 cm, 4070 toneladas de deslocamento, 700 cavalos-força, 10 a 11 milhas de velocidade, tripulação de 290 homens, dois canhões Armstrong de aço temperado de 25 cm, 300 libras.

[36] *Geschichte der K.K. Kriegsmarine*, op. cit., pp. 271 e ss.

[37] Assim, uma "Medalha de Ouro pelo Valor Militar" foi logo concedida ao nome de Faa di Bruno.

[38] *Geschichte der K.K. Kriegsmarine*, op. cit., p. 355.

[39] [mensageiro primeiro da morte no mar em guerra, / franco vélite do mar, / *oh! responde! O destino / é certo; e nesse dia se acendem os fogos nos altares.*]

[40] Cf., sobre as circunstâncias da entrada da Itália na guerra, Wolfgang J. Mommsen, *Das Zeitalter des Imperialismus. Fischer Weltgeschichte*, vol. 28, Frankfurt, 1969, pp. 305 e ss.

[41] Cf. Giovanni de Luna, *Mussolini. RoRoRo Bildmonographien*, vol. 270, Hamburg, 1978, pp. 28 e ss.

[42] Cf. R.A.C. Parker, *Das Zwanzigste Jahrhundert I. 1918-1945. Fischer Weltgeschichte*, vol. 34, Frankfurt, 1967, pp. 36 e ss.

[43] Cf. as estatísticas sobre os vários grupos étnicos representados em Fiume in Renzo de Felice, Introdução. "D'Annunzio e l'impresa fiumana (1919-1920)", *La Penultima Ventura*, op. cit., p. XXXVI; e Ledeen, *The First Duce*, op. cit., pp. 26 e ss., relata uma manifestação popular em 10.30.1918 em Fiume, no qual a integração de Fiume ao território italiano foi "decidida" por aclamação.

[44] [As nossas idéias colimam nesses pontos fundamentais: 1) A vitória não deve ser "mutilada" sob o pretexto da democracia ou do wilsonismo interpretado à maneira croata; 2) A partir do e no campo da vitória é necessário empreender uma profunda renovação da nossa vida nacional; 3) É preciso barrar o caminho aos sabotadores da guerra...] *Carteggio*, p. 3.

[45] Cf. Matt Price, "Bodies and Souls. The Rehabilitation of Maimed Soldiers after the Great War", *Stanford Literature Review* (1993-94), p. 7.

[46] [um penhor que o vencido recuperou do vencedor.] "Lettera ai Dalmati", in *La penultima ventura*, op. cit., p. 9.

[47] [Essa vitória nos custa um milhão de mortos e inválidos, outro milhão de feridos e enfermos.] "Aveu de l'ingrat (25.2.1919)", in *La penultima ventura*, p. 33. Por causa de uma interferência da censura francesa, este texto nunca foi publicado no *Le Figaro*.

[48] [não apenas a nossa guerra não terminou como está em seu momento culminante] "Lettera ai Dalmati", op. cit., p. 5.

[49] [Eu e meus companheiros não queremos mais ser italianos de uma Itália amolecida pelas ajudas transatlânticas do dr. Wilson e amputada pela cirurgia do dr. Clemenceau.] Ibidem, p. 16.

[50] [Entrou um pobre soldado de infantaria, envolto em seu casaco cinza; e permaneceu imóvel embaixo do gradil da janela, com a cabeça descoberta. Tinha uma cicatriz na testa; e não se lhe viam os braços. Assemelhava-se àqueles soldados do Carso, aqueles que às vezes matavam a sede somente com os ventos bora e siroco do Adriático, aqueles que vi nas crateras e trincheiras atolados até o meio da perna na lama cor de disenteria, aqueles que vi na igreja de Doberto deitados junto ao altar onde, em vez dos sagrados paramentos, estavam empilhados os capacetes e as botas dos mortos. Quem o mandara? O sacrifício da Eucaristia para mim começava naquele ponto. E do vidro vermelho da única lâmpada, suspensa do teto, parecia gotejar no silêncio o sangue luminoso. Desse sangue estava vestido o Primaz, quando entrou, e não de sua púrpura.] Ibidem, pp. 7 e ss. Afora o tema da redenção, uma outra relação conotativa entre o mito nacional e o mito cristão é dada pelo paralelo entre o corpo dos veteranos de guerra mutilados e o corpo do Cristo sofredor. D'Annunzio, além disso, associa com freqüência o corpo crucificado com a silhueta de um avião. Cf., por exemplo, "L'ala d'Italia è liberata (9.7.1919)", in *La penultima ventura*, p. 102: "Já foi dito que a silhueta da máquina voadora é parecida com a silhueta do madeiro do sacrifício e da salvação".

[51] [Não devo justificar-me da repugnância que tenho de fazer sermões para uma platéia acomodada, depois de haver falado tantas vezes rapidamente a companheiros decididos e de ter partido à frente deles.] "Lettera ai Dalmati", p. 5.

[52] Esta mesma observação é feita por Jeffrey Schnapp, "Pauses in d'Annunzio's Fiuman Word". Ms. Stanford 1993. A interpretação de Schnapp do modelo retórico de d'Annunzio não parte, contudo, da estrutura da mitologia da redenção, mas da interferência de gêneros de discursos específicos.

[53] A idéia de que, uma vez que o futuro não pode ser "antecipado", se pode viver somente no respectivo presente encontrou o seu desenvolvimento filosófico mais complexo na obra-prima de Heidegger, publicada em 1927, *Ser e tempo*. Cf., por exemplo, o parágrafo 74: "Somente o ente que é, em seu ser, essencialmente *futuro*, livre para a sua morte, se pode deixar lançar-se de volta a seu 'aí' fático, ao se despedaçar contra a morte — quer dizer, somente o ente que, como futuro, está eqüiprimordialmente no processo de *ter sido* pode, legando-se a si mesmo a possibilidade que herdou, assumir o

seu próprio ser-lançado-no-mundo e existir *momentaneamente* para 'seu tempo'. Somente a temporalidade autêntica, que é ao mesmo tempo finita, torna possível algo como o destino, ou seja, a historicidade autêntica".

[54] [Quereis que eu fale? Tenho me recusado a fazê-lo, quando me pediram. Por que estais me forçando? Vim em meio ao povo, veneziano entre venezianos, a este espetáculo santo que faz tremer no íntimo até mesmo o coração mal nascido. Como em Trieste, quero manter o silêncio para ganhar mais força, para que eu cresça com toda a vossa alma. Não é mais hora de palavras. Desperdiçamos eloqüência demais, para que estejamos com as armas nos pés. Se as palavras são fêmeas e se os fatos são machos, hoje todo combatente retoma o seu posto, todo cidadão tem o seu, em silêncio; e preparados. [...] É a melhor tarefa que um soldado pode ter: ocupar-se das próprias armas. *Grande aclamação.* A metralhadora está em silêncio, até que a comprimam os polegares certos. As bandeiras estão em silêncio, até que a tempestade da batalha as balance. Esta bandeira de Fiume não fala, mas ordena: do fundo dos séculos dá ordens ao futuro, como o gesto daquele líder que retornou, como a estátua de Alexandre a cavalo. Está imóvel como uma armadura. Tem por baioneta a vontade do povo livre. Não se agitará senão no auge de nossa alegria, amanhã. *Grande aclamação. Gritos de 'Viva Fiume!'* E o estandarte dos dálmatas retoma a sua cor esta manhã ao sol; o vermelho. Em todas as nossas bandeiras esta manhã o vermelho predomina. Que nos importa agora o verde? Que nos importa a esperança? Nós não esperamos mais, mas queremos. Estais entendendo? Queremos. Repeti este verbo. *Todo o povo grita: 'Queremos!'* Ao repeti-lo, em carne e em espírito, cada um de vós — mesmo o mais humilde — cria um novo destino. *O povo continua a gritar: 'Queremos!* Isto é suficiente.]"Della Loggetta del Sansovino nel giorno di San Marco (25.4.1919)" in *La penultima ventura*, pp. 49 e ss.

[55] Cf. Ledeen, *The first Duce*, op. cit., p. 61: "a conspiração para tomar Fiume foi um dos segredos mais mal guardados de todos os tempos". Sobre os episódios relativos à marcha de Ronchi a Fiume, mencionados a seguir, cf. ibid., pp. 58 e ss.

[56] [Olhai para mim. Sim, é verdade, estou com febre alta. Não sei se o meu rosto está pálido ou ardente. Mas certamente arde em mim um demônio, o meu demônio. E não me sinto enfraquecido pela doença, mas fortalecido.] "L'orazione piccola in vista Carnaro (12.9.19)" in *La penultima ventura*, p. 122.

[57] [Meu caro companheiro, a sorte está lançada. Estou partindo agora. Amanhã de manhã tomarei Fiume com as armas. Que o Deus de Itália nos ajude. Levanto-me da cama com febre. Mas não é possível protelar. Uma vez mais o espírito domará a carne miserável.] *Carteggio*, p. 9.

[58] [eis-me aqui. Hoje não vou querer pronunciar outra palavra.]

[59] [Eu voluntário, eu combatente de todas as armas, infante, marinheiro, aviador, eu ferido e mutilado de guerra creio interpretar o profundo anseio de toda a minha nação verdadeira ao declarar hoje restituída para sempre a cidade de Fiume à mãe Itália.] "La prima voce dell'arengo (12.9.1919)" in *La penultima ventura*, p. 127.

[60] Cf. Ledeen, op. cit., pp. 124 e ss.

[61] Cf. Jeffrey Schnapp, "18BL: Fascist Mass Spectacle", editado (1994) in *Representations*, p. 59, com referência ao fascismo italiano nos anos 30: "a promessa de uma coletividade nacional transfigurada está sempre ameaçada pela dissolução e pela perda. O fascismo nunca deixou de refletir o declínio, quer no domínio do corpo ou da história dos povos".

[62] Georges Bataille, *Die Psychologische Struktur des Fascismus. Die Souveränität*, München, 1978, p. 21.

[63] Cf. Atlantico Ferrari, *L'Asso di cuori. Guido Keller*, Rome, 1933, p. 110. Continua incerta a intenção de Keller com esta carta. A tese de Ferrari é pouco convincente: "É totalmente provável que Keller tinha a intenção de dedicar-se à psicanálise, e, para certos projetos que ele estava concebendo em sua mente, estas pessoas pareciam elementos bastante úteis".

[64] [Guido Keller — Asa Ação no esplendor — dá ao parlamento e ao governo que se resiste no tempo pela mentira e pelo medo, a tangibilidade alegórica do valor deles.] Cf. ibidem, pp. 122 e ss. Tendo em vista a quase ilimitada admiração de Keller pelo seu comandante, não parece impossível que o Secretário de Ação estivesse fazendo referência ao vôo de 9 de agosto de 1919, no qual d'Annunzio lançou quatrocentos mil panfletos sobre Viena.

[65] "Aggredire con audacia ed eleganza l'Europa", citado a partir do texto de Keller, "L'Aeronautica nel futuro" (1926), in *L'Asso di cuori*, op. cit., p. 199.

[66] [Tem o gesto que revela o estilo da disciplina de vontade que comanda a sua alma lírica e mística de artista a quem a aviação ofereceu a realidade do sonho.] Do texto de Keller, "Fiume". In *L'Asso di cuori*, p. 202.

[67] [A décima (corporação) não possui arte nem número nem palavra. A sua plenitude é aguardada como a décima Musa. Está reservada às forças misteriosas do povo no trabalho e na ascensão. É como uma figura votiva consagrada ao gênio desconhecido, ao aparecimento do homem novíssimo, às transfigurações ideais das obras e dos dias, à total libertação do espírito do anelo doloroso e do suor de sangue.] *La carta del Carnaro*, op. cit., p. 47. Cf. a

interpretação análoga desta passagem em Schnapp, "Pauses in d'Annunzio's Fiuman Word", p. 19.

[68] Traduzido de: "La fiamma intelligente". Prefácio a *Reggenza Italiana del Carnaro. Ordinamento militare dell'esercito liberatore*, Fiume d'Italia, 1920, pp. 8 e ss.

[69] [Depois de um ano de duras provas, estamos confirmados na nossa verdade e exaltados na nossa confissão.] "La fiamma intelligente", p. 25.

[70] [Nós, e somente nós, temos impedido, impedimos agora e até o último homem deveremos impedir que seja subtraído da Itália o preço do seu sangue.] Ibidem, p. 17.

[71] [Estamos vivendo uma vida plena e sincera, porque a nossa vida não é uma dádiva que os outros nos fizeram, mas sim uma dádiva que fazemos aos outros... *Nenhum poder, nem divino nem humano, equipara-se ao poder do sacrifício, que se precipita na escuridão do porvir para vos trazer as novas imagens e a ordem nova...* O sacrifício é a mais elevada das vocações e elevações na terra. Aquilo que é escrito com o sangue jamais poderá ser abolido.] Ibidem, pp. 28, 29, 33.

[72] Cf. ibidem, p. 9.

[73] Cf. ibidem, pp. 8, 14, 19, 23, 27, 33.

[74] Cf. Parker, *Das Zwanzigste Jahrhundert I. Fischer Weltgeschichte*, op. cit., vol. 34, p. 39; e Ledeen, *The First Duce*, pp. 197 e ss.

[75] [E se for preciso morrer, Fiume não desejará morrer a não ser crucificada na bandeira da Itália.] "Al popolo di Fiume (21.12.1920)", *La Penultima Ventura*, p. 432.

[76] [Escutamos o homem de Deus. Recebemos no nosso sacrifício o raio da imortalidade. Estamos todos comungados na elevação do cálice. Todos acreditamos ver a face da Pátria semelhante à face do Filho do homem que não apareceu.] (Orazione funebre [2.1.1921]) in *La penultima ventura*, p. 459.

[77] Cf. o prefácio de Renzo de Felice para *La penultima ventura*, pp. LXXXI e ss., sobre a história de sua publicação. Curiosamente, não há nesse prefácio nenhum comentário sobre o título escolhido por d'Annunzio.

3. BOXE

Em *El tamaño de mi esperanza,* sua primeira coletânea de ensaios críticos, Jorge Luis Borges, um jovem autor de crescente renome nos círculos literários de Buenos Aires, escreve sobre George Bernard Shaw. Por volta do final do ano, Shaw primeiro rejeita e, depois, finalmente aceita o Prêmio Nobel de Literatura (*Chronik*, 1926, pp. 184, 194). Com uma paradoxal metáfora de tempo, Borges caracteriza a obra de Shaw ao mesmo tempo como uma "reinvenção da Idade Média" e como comparável estilisticamente a um boxeador contemporâneo: "Shaw, sin vidrieras ni antiguallas y en un inglés que es contemporáneo de Dempsey, inventa la Edad Media"[1] (p. 95). Em que sentido a obra de Shaw pode ser comparada ao boxe? É realmente difícil ver o que precisamente motiva esses inúmeros intelectuais que, como Borges, usam o boxe como metáfora. Essa tendência é ainda mais desorientadora porque são raros os tipos de experiência ou os valores que o boxe não pode ocasionalmente representar. À primeira vista, a única especificação reside na associação predominante (embora certamente não exclusiva) do boxe com qualquer coisa (ou pessoa) que aparente ser irresistivelmente forte. É exatamente nesse sentido que um jornalista austríaco chama Robert Musil de "campeão dos boxeadores espirituais" (Fontana, p. 383). O pintor catalão Joan Mirò deve ter um sentido semelhante em mente, quando diz, numa entrevista, que ele "não entraria no ringue a não ser que fosse uma luta de campeonato, que ele não quer uma luta amistosa de treinamento, que agora [é] hora de lutar pelo título" (*The New York Review of Books*, 16 dez. 1993, p. 45). Na União Soviética, Victor Shklovsky usa, ainda, uma outra metáfora emprestada ao boxe para descrever a condição necessária para tal sucesso: "assim como um boxeador precisa de ângulo para golpear, o escritor precisa da ilusão da escolha" (Shklovsky, p. 45).

Entre outras coisas, é a concentração do boxeador, sua sobriedade e seu profissionalismo (ninguém fala de boxeadores amadores) que o torna um emblema da Modernidade. Assim, tentando encenar a alegoria tradicional da Morte sob a perspectiva de estranhamento, em sua peça *Orphée*, Jean Cocteau faz Azrael, o "assistente" da Morte, gesticular como o árbitro de uma luta de boxe: "Azrael compte avec une main en l'air comme un arbitre de boxe"[2] (Cocteau, p. 62). Para o filósofo Theodor Lessing, o boxeador pertence a um grupo de figuras modernas que ao fumar torna visível um estado constante de alta tensão psíquica: "Dann nämlich greift man zur Zigarre, wenn innere Sammlung geboten ist. Auf dem Theater, im Filme kehrt immer die bekannte Situation wieder. Zwei Politiker, um Leben und Tod ihrer Staaten verhandelnd, zwei Bankherren um Millionenunternehmen konferierend, zünden sich die Zigarre an. Der Alpinist, über dem Abgrund schwebend, der Boxer, zum Entscheidungskampt antretend, zunächst nimmt er einen Zug aus der Zigarette"[3] (Lessing, p. 142). Por outro lado, a imaginação dos intelectuais também aceita que a sobriedade, a tensão e a concentração são estados de espírito que o boxeador partilha com seus espectadores. Eis por que as multidões do boxe tornaram-se um ideal normativo para a audiência do teatro moderno (ver Mittenzwei, p. 219). É quase uma provocação trivial dizer que os eventos esportivos, especialmente as lutas de boxe, acabarão substituindo o teatro: "Immer mehr Stimmen werden laut, die den Untergang des Dramas und des Theaters in seiner gegenwärtigen Form ankündigen oder gar schon feststellen. [...] Neu ist die Auflage, dass das Drama selbst sich als Kunstform überlebt habe. Voreilige Grabredner beerdigen es, um Kino, Radio, Operette, Revue, Boxkämpfe als seine Erben zu proklamieren"[4] (*Vossische Zeitung*, 4 abr.). No entanto, um fato ainda mais importante do que todos os usos particulares da metáfora do boxe é a ubiqüidade discursiva desse campo de imaginação. Ela aparece, por exemplo, em *The internal constitution of the stars*, um *best-seller* de introdução à astronomia contemporânea, em que o autor, A.S. Eddington, físico de renome internacional, compara a perspectiva analítica de suas descrições ao truque cinematográfico da câmara lenta. A câmara lenta transformará a violência de certos movimentos em beleza e harmonia: "Os movimentos dos elétrons são tão harmoniosos quanto os das estrelas, mas numa escala espacial e temporal diferente, e a música das esferas está sendo tocada num teclado cinqüenta oitavas mais alto. Para descobrir essa elegância devemos desacelerar a ação, ou, alternativamente, acelerar a perspicácia de nosso espírito; assim como o filme em câmara lenta decompõe os golpes vigorosos do pugilista em movimentos de extrema graça e insipidez" (Eddington, p. 20). Nenhum intelectual parece capaz de escapar ao fascínio do boxe. Os que, por razões de gosto, sentem-se obrigados a desprezar esse esporte, como Thomas Mann, ainda assim admitem com rancor que ele é um emblema-chave do presente: "Wir leben in einer Zeit, deren verächtliche Fidelität uns zuweilen ein bisschen auf die Nerven geht, einer Zeit von wahrem Jazz-Band-Charakter, deren Helden der Preisboxer und der Kinostar sind und in der Verrohung und Verflachung ungeheure Orgien feiern: amüsante Orgien, ich gebe es auch zu, grossartige Orgien, ich gebe es auch zu; es wäre wohl philisterlich und kleinbürgerlich, über die neuen Zeiten zu flennen"[5] (Kolbe, p. 378).

Esta poderosa imagem do boxe como símbolo multifuncional encontra inúmeras materializações no mundo cotidiano. Se tais materializações transcendem a realidade do pugilismo profissional, elas se realimentam para melhorar seu *status* social, econômico e legal. Como o *The New York Times* afirma laconicamente em 22 de setembro: "A luta é hoje mais respeitável e também mais próspera". O luxuoso transatlântico alemão *Hamburg*, partindo para Nova York em 8 de abril em sua viagem inaugural, oferece aos seus passageiros um ringue de boxe (*Chronik*, 1926, p. 73). Celebridades, especialmente escritores, artistas e atores mostram-se ansiosos por ser fotografados enquanto praticam o boxe — de preferência com o tronco desnudo, com calças elegantes e sapatos da moda (ver *Die wilden Zwanziger*, p. 84, Burgess, p. 33). Dois dos raros *reportajes fotográficos* em *Caras y Caretas*, de 12 de outubro, focalizam o boxe profissional, uma delas apresentando um resumo do duelo pelo campeonato entre Gene Tunney e Jack Dempsey, e a outra, uma visão antecipada da luta próxima entre o campeão europeu Paulino Uzcudún e o campeão argentino Angel Firpo, "o touro selvagem dos pampas". Apesar da "falta de material experienciado" (*The 1926 Quad*, p. 223) — ou, em outras palavras (menos adequadas ao boxe), apesar de uma falta de tradição acadêmica — o Departamento Atlético da Universidade de Stanford está agora tentando formar uma equipe de boxe, pois, sem uma oportunidade dessas, a gama de atividades extracurriculares oferecida aos seus estudantes do sexo masculino carece de um atrativo essencial. Pois o boxe é visto como uma das poucas atividades capazes de reafirmar a identidade masculina num meio que tem problematizado cada vez mais a tradicional distinção entre sexos. Quando o astro cinematográfico, Rodolfo Valentino, é tachado, por um artigo anônimo no *Chicago Tribune* de 18 de julho, de "pink powder puff" — pompom cor-de-rosa — e acusado de incentivar a "efeminação dos homens americanos", a única reação "masculina" que ele consegue imaginar é desafiar o escritor para uma luta de boxe. Como ninguém se acusou, o amigo de Valentino, Jack Dempsey, organiza para ele uma luta com Buck O'Neill, jornalista esportivo de Nova York, no jardim de cobertura do *Ambassador Hotel.* No terceiro *round* dessa luta, Valentino derruba o seu oponente — mas apenas em parte consegue restabelecer sua imagem pública. Segundo Dempsey, está aí a razão por que o seu amigo cairá vítima de outra tentação de loucura de masculinidade (desta vez letal). Atacado de peronite, menos de um mês mais tarde, Valentino hesita muito tempo antes de consultar um médico (ver Morris, p. 181, Dempsey & Piattelli Dempsey, pp. 195 e ss.).

Por todo o mundo americano e europeu, nada parece ter mais

importância que o boxe. Uma das primeiras transmissões ao vivo da história da rádio espanhola, precedida somente por uma tourada, foi ao ar em 15 de maio, com a luta de Paulino Uzcudún pelo título europeu (Díaz, p. 114). Mas, apesar de tal entusiasmo, ao qual se abandonam com intensidade ostentosa, os intelectuais acham difícil explicar o seu fascínio pelo boxe, assim como o de toda a sociedade. É sintomático dessa desproporção entre entusiasmo e reflexão o fato de, no começo do ano, Bertolt Brecht ter iniciado uma série sobre *A vida do boxeador Samson Koerner* na *Scherls Magazin* (ver Mittenzwei, pp. 234 e ss.) — para nunca a terminar. O fragmento dessa biografia ficcional contém muitos motivos que vêm à tona sempre que o boxe é tematizado nos jornais ou em textos literários: a metrópole moderna, o crime, os transatlânticos, a bebida, os traiçoeiros camaradas negros, as brilhantes derrotas nas primeiras lutas. Mas Brecht parece perdido quando se trata de encontrar uma trama para a sua história (ver Brecht XI, pp. 121 e ss.). Ele é mais convincente na parábola *Golpe no queixo* que descreve o ponto crucial na carreira até então promissora do lutador Freddy Meinkes. Freddy só alcança sucesso enquanto se considera invencível, sem jamais pensar nisso, enquanto tem o sentimento de "dass er nicht an einen Mann hinschlage, sondern durch ihn durch, und dass also die Hand durch so eine Sache wie ein Kinn überhaupt nicht aufgehalten werden kann"[6] (Brecht XI, p. 117). Mas, algumas horas antes da luta pelo título, o treinador de Freddy o persuade — aparentemente com as melhores razões — a resistir à súbita vontade de tomar cerveja. Freddy começa a pensar, e, quando ele começa a pensar — e a controlar conscientemente seu corpo —, já não pode mais ser um bom boxeador. Ele é nocauteado no segundo *round* da luta. Seguindo as regras genéricas da parábola, a narrativa de Brecht termina com uma conclusão geral: "Ein Mann soll immer das tun, wozu er Lust hat. Nach meiner Ansicht. Wissen Sie, Vorsicht ist die Mutter des k.o."[7] (p. 120).

Mas enquanto o impacto do espetáculo do boxe faz com que todas essas esforçadas reflexões psicológicas, sociológicas e mesmo filosóficas pareçam bastante banais, o seu fascínio favorece a emergência de um estilo jornalístico vividamente torneado. Este novo discurso tem a pretensão de seguir diretamente os movimentos prestos e os golpes pesados dos lutadores, e ocupa-se longamente com a descrição do colorido local da ambientação do boxe; é rico em termos técnicos e absorve gírias que nunca tinham aparecido impressas. Esta é uma passagem de uma cobertura de uma luta pelo título europeu de pesos médios, em Milão, escrita pelo correspondente especial do *Berliner Tageblatt*: "Das Velodrom war gerappelt voll, wie immer, wenn Carpegna organisiert. Diesem muss man es lassen, dass der Boxsport in Italien hochgekommen ist; denn er versteht es glänzend, Menschenmassen reibungslos unterzubringen und ein Programm ohne Langeweile abzuwickeln. [...] Schon in der zweiten Runde konnte [Bosisio] den Kampf durch Abstoppen der Angriffe und schnelle, genaue Kinnhaken offen gestalten und errang bis zur sechsten Runde progressiv Punkvorteile. Die beiden darauffolgenden Runden kam Romerio sogar wiederholt in ernsthafte Gefahr, mit dem Boden Bekanntschaft zu machen, da er drei oder vier Direkte nicht vermeiden konnte. Von der zehnten Runde an trat dann wirklich die Folge des Übertrainings bei Bosisio ein. Er wurde müde, schlug ungenau, konnte Überraschungsangriffe nur mit Mühe abwehren, und sicherlich verdankt er den Punktsieg nur den ersten Runden"[8] (25 de julho).

Se a cobertura da mídia internacional pode servir como um indicador, um dos eventos mais importantes do ano é a luta pelo título de campeão dos pesos pesados, entre Jack Dempsey e o seu desafiante Gene Tunney, em 23 de setembro. Ela movimenta a maior multidão da história do boxe e uma das maiores aglomerações públicas já reunidas em torno de apresentações esportivas. A luta tem lugar na Exposição Sesquicentenária, em Filadélfia, mas as razões para essa escolha têm muito mais a ver com a política interna e com a imagem pública do boxe do que com o programa dessa feira um tanto desbotada. Dadas as dimensões econômicas inauditas nas quais o promotor Tex Rickard está planejando a luta, Nova York parece ser a escolha lógica. Mas a Comissão

Atlética do Estado de Nova York sustenta que Harry Wills, "O pantera negra", "um negro peso pesado enorme, de golpe certeiro, mas lento nos movimentos", é o principal lutador e, portanto, "[recusa-se] a permitir que Dempsey se apresente em Nova York, a menos que lute com Wills" (Heimer, p. 11, ver André & Fleischer, pp. 106 e ss.). Insistindo na sua experiência no negócio, segundo a qual as "lutas mistas não dão certo", Rickard opta por uma luta somente entre brancos e no Sesquicentenário de Filadélfia, embora, bastante ironicamente, a promoção da cultura afro-americana fizesse parte da agenda oficial desta exposição (ver Rydell, pp. 157 e ss.). Apesar do nível surpreendentemente baixo de apostas para a luta, que o *The New York Times* descreve como o "mais fraco da história das lutas pelo título de pesos pesados" (e admitindo que os cálculos que prevalecem em sua decisão sejam realmente financeiros), a jogada de Rickard rende resultados avassaladores. Numa época em que Babe Ruth está jogando para os *Yankees* por um salário anual de pouco mais de 50.000 dólares (que alguns observadores de beisebol ainda acham escandalosamente alto [ver Ritter & Rucker, p. 135]), o *The New York Times* de 24 de setembro publica os seguintes números oficiais sobre a luta em Filadélfia: "Foi estimado que os promotores teriam um lucro de aproximadamente 500.000 dólares. O número total de entradas pagas foi de 118.736. Ademais, 25.732 tiveram entrada livre [sc. pelo Sesquicentenário], o que soma um público de 144.468. As entradas pagas foram distribuídas tal como segue: 28.903 bilhetes de $27,50; 12.805 de $22; 23.014 de $16,50; 19.589 de $11; 15.747 de $7,70; 18.678 de $5,50. Foi também anunciado que a parte de Dempsey nos rendimentos alcançaria aproximadamente 700.000 dólares e a de Tunney aproximadamente 200.000 dólares". "Seis governadores e 2.000 milionários" (*New York Times*, 23 de setembro) estão na platéia, entre eles celebridades como William Randolph Hearst e Joseph Pulitzer, Florenz Ziegfeld e Charlie Chaplin, a nadadora do Canal da Mancha Gertrud Ederle e a família Roosevelt (ver Heimer, p. 15).

A imensa multidão põe à prova a tecnologia de transportes

e a organização do tráfego, o que parece interessar os jornalistas não menos que a própria luta: "A ênfase agora não está sobre os lutadores, mas sobre os clientes". Em trens especiais e carros particulares (para os quais estão reservados apenas 1.500 espaços de estacionamento) em torno de 50.000 pessoas vêm de Nova York, e pacotes de viagem e bilhetes foram vendidos no Meio-Oeste (especialmente em Chicago) e na Califórnia. Seguindo o *motto* "onde há uma multidão sempre tem de haver um avião voando em cima", os espectadores podem observar, durante as longas horas de espera pela luta, "aviões, escrevendo *slogans* propagandísticos com luzes coloridas, mergulhando, zumbindo perto da multidão, mas, graças à sorte que parece zelar pelos aviadores que voam sobre as multidões dos combates, nunca pousando" (*The New York Times*, 24 de setembro). Na excitação geral que os une à multidão, os jornalistas registram um número recorde de recordes quebrados pela sua própria cobertura jornalística. Pela primeira vez, os lutadores falarão "diretamente do canto do ringue". A transmissão ao vivo pelo rádio, cujos direitos foram vendidos por Rickard após uma intensa batalha de ofertas, é transcrita, "no escritório do *The New York Times*, por três estenógrafos peritos da Companhia de Estenógrafos Judiciais do Estado, trabalhando em revezamento". Um número estimado de 15 milhões de ouvintes em todos os Estados Unidos escutam a transmissão em seus apartamentos ou em jantares, juntos com fãs da Argentina, México e Europa (incluindo o príncipe belga, que é um torcedor declarado de Gene Tunney). Realmente, o "rádio substituiu a entrada". Isso também é verdade para alguns daqueles que estão incapacitados de ouvir: "o diretor da Escola Illinois para Surdos fez arranjos com o Jornal Jacksonville e com a Associated Press para que os detalhes de cada *round* fossem transmitidos aos surdos-mudos presentes nas ruas à frente dos escritórios do jornal" (*The New York Times*, 22 de setembro).

Então as "luzes [são] acesas e [inundam] a ferradura do estádio com um brilho suave. A bateria de alto-falantes em cima do ringue [começa] a destilar músicas de dança dos sucessos da Broadway, fazendo os pés dar batidas no chão empoeirado das primeiras fileiras em sincronia com os últimos sucessos da Broadway". Enquanto Jack Dempsey e Gene Tunney entram no ringue "com o que há de mais recente em roupão de banho que nunca foi visto no ringue", uma chuva forte começa a cair, e não cessará antes do término da luta. As imagens públicas de Dempsey e de Tunney moldaram-nos como alegorias de dois grupos sociais diferentes, ou, melhor, de duas versões diferentes do sonho americano. Jack Dempsey, o campeão, cujo nome de guerra é "O demolidor de Manassa" ("The Manassa Mauler"), vem de uma grande família de agricultores do Colorado; conseguiu evitar com sucesso o serviço militar na Grande Guerra e amealhou somas enormes de dinheiro desde a conquista do título dos pesos pesados em 1919. Mas, daí em diante, passou a maior parte do tempo produzindo filmes em Hollywood e viajando pelo mundo com a esposa, uma atriz ambiciosa. Dempsey está envolvido num difícil litígio com o seu antigo empresário, o que pôs em risco a possibilidade da luta em Filadélfia. Ao contrário, Gene Tunney, "O marine lutador", possui (e ostenta) uma ficha exemplar como soldado. A origem de sua família nova-iorquina é católico-irlandesa, e ele encarna com bastante estilo as ambições culturais que geralmente acompanham a ascensão social. Às vezes, no entanto, Tunney abusa da paciência do jornalista: "Temo que Tunney venha a descobrir que estava lendo um poema de Shakespeare ou de Kipling, ou de um desses grandes escritores, e acho que o título do poema seria, 'Era uma vez um Tolo'" (*The New York Times*, 22 de setembro). Essas duas figuras públicas radicalmente diferentes espelham dois estilos opostos de luta. O adjetivo mais freqüentemente usado para Tunney, até mesmo pelo seu oponente, é "científico" (ver Dempsey & Dempsey Piattelli, pp. 179 e ss.); é um "boxeador frio e inabalável" (*The New York Times,* 24 de setembro); os seus olhos e a sua mente sempre controlam o seu corpo. "Tunney é um bom boxeador, no melhor sentido do boxe, ao passo que Dempsey nunca se declarou um boxeador. Contudo, ele faz o tipo de um homem rigorosamente lutador que não precisa do boxe para nada" (*The New York Times*, 23 de setembro). Os fãs de Dempsey elogiam a sua "fúria combativa", e as suas "investidas felinas e selvagens". O seu "técnico principal planejou um programa elaborado de instruções visando a que o campeão mostre uma aparência assustadora, que se espera [talvez] amedronte Tunney até a impotência". Essa presença de ringue é encenada, precisamente, como uma imagem daquele ímpeto físico em que Bertolt Brecht vê a mais forte proteção contra o nocaute.

A grande maioria do público parece aprovar a sobriedade de Tunney. Ao contrário, nos últimos sete anos, "o sentimento popular tendeu sempre contra [Dempsey] na maioria das grandes lutas", mesmo na luta pelo título contra o seu desafiante francês Charpentier. "Que ninguém permitiu que o medo abalasse o seu sentimento está provado pela demonstração a favor de Tunney, e contra Dempsey, quando os contendores entraram" (*The New York Times*, 24 de setembro). Do primeiro *round* em diante, a vitória de Gene Tunney parece estar fora de qualquer dúvida. Mas apesar da sua explícita simpatia por Tunney, não há como não ouvir o narrador da transmissão ao vivo lembrar, num tom quase nostálgico, a *performance* do jovem e forte Dempsey: "Tunney solta uma direita no queixo de Jack, mas não abala nem um pouco Jack. Eles estão no meio do ringue. Jack escapa do golpe de Tunney e toma uma direita de leve no rosto. Ele recua até as cordas. Jack não mostra a velocidade que costuma mostrar. Não é o Jack com que estamos acostumados. [...] Todo mundo está berrando, 'Dempsey está grogue', mas não me parece que está. Esse não é o Jack Dempsey que estamos acostumados a ver [...] Tunney bate umas seis vezes com a esquerda e direita no rosto e Jack toma uma no olho quando bate a sineta. O primeiro *round*, *round* que é todo de Tunney". Nove *rounds* depois, quando Tunney, todo enrolado em toalhas brancas debaixo do aguaceiro (ver André & Fleischer, p. 108), é oficialmente aclamado vencedor por pontos, "há uma verdadeira explosão de aplausos para o novo campeão" — nada mais. Dempsey aparece como "uma vítima triste e lamentável... [...] A boca e o nariz jorram sangue, o olho esquerdo, ferido e castigado, [está] inteiramente fechado e sangrando. [Há] um corte embaixo do olho esquerdo de seis centímetros". Nisto, algo surpreendente, algo quase fantástico aconteceu. No processo dessa humilhante derrota, Jack Dempsey tornou-se o herói da multidão. "A multidão estava quase em silêncio, e, evidentemente, a favor de Dempsey, pois se ouviam poucas aclamações e geralmente um silêncio frio quando Tunney golpeava Dempsey ao redor do ringue, e as únicas aclamações vieram quando Dempsey conseguiu desferir alguns golpes certeiros. Era uma multidão estranhamente silenciosa e nada entusiástica" (*The New York Times*, 24 de setembro). Então, "eles começaram a berrar. Pareciam ter esquecido o próprio desconforto e gritavam o nome [de Dempsey]" (Heimer, p. 23). O próprio Dempsey não está menos perplexo com esta reação do que os jornalistas. Como ele mesmo lembra na sua autobiografia, "para a minha surpresa, eu fui bastante aclamado quando saí do ringue, como nunca antes. As pessoas gritavam, 'Campeão, Campeão!' Aquilo era, na verdade, uma derrota ou uma vitória?" (Dempsey & Piattelli Dempsey, pp. 201 e ss.).

Apesar das suas virtudes cívicas e admiráveis habilidades de boxeador, Gene Tunney não pôde ser um campeão popular. Mas, por que a derrota de 23 de setembro transformou Jack Dempsey em herói popular? Uma possível resposta para tal pergunta — uma resposta certamente mais precisa que as especulações contemporâneas sobre o fascínio do boxe — está numa cena de *The Sun Also Rises* (*O Sol Também se Levanta*) de Hemingway. Durante a *fiesta* em Pamplona, Brett, o principal objeto de desejo dos protagonistas masculinos do romance, abandona-se a uma relação passional erótica com um jovem toureiro. Ninguém é mais ciumento que Robert Cohn, o antigo "campeão de pesos médios de Princeton" (Hemingway, p. 4). Embora o boxe nunca tenha sido, para ele, mais do que um meio de superar seu complexo de inferioridade e seu ressentimento de judeu num mundo social dominado pelo WASP,[9] Cohn é um boxeador talentoso — e é, portanto, perfeitamente capaz de derrubar seu rival no quarto de hotel de

Brett. Essa "vitória", porém, não ajuda Cohn a superar seu ciúme. A derrota do toureiro torna-o ainda mais atraente para Brett do que seus triunfos na *corrida*: "Ao que parece, o toureiro estava sentado na cama. Ele deve ter sido derrubado umas quinze vezes, e ainda queria lutar mais. Brett o segurou e não o deixou se levantar. Ele estava enfraquecido, mas Brett não conseguiu segurá-lo, e ele se levantou. Então, Cohn disse que não bateria nele de novo. Disse que não podia fazer aquilo. Disse que seria uma maldade. Daí, o toureiro meio que cambaleou em cima dele. Cohn recuou contra a parede. 'Então, você não vai me bater?', 'Não", disse Cohn, 'eu teria vergonha disso'. Então o toureiro bateu-lhe no rosto com toda a força que tinha, e depois sentou-se no chão. Brett disse que ele não conseguia se levantar. Cohn queria levantá-lo e carregá-lo até a cama. Ele disse que se Cohn o ajudasse, ele o mataria, e que ele o mataria de qualquer jeito naquela manhã, se Cohn não estivesse longe da cidade. Cohn estava chorando, e Brett o tinha xingado, e ele queria fazer as pazes" (Hemingway, p. 210).

No ritual da tourada, não há vitória nem derrota. E embora existam na versão do campeonato de boxe, a vitória e a derrota não explicam o fascínio do boxe. O boxe diz respeito, antes, ao "Sein zum Tode" ("Ser-para-a-morte") e ao "Vorlaufen zum Tode" ("antecipação da morte") (Heidegger parágrafos 7 e ss.). O boxe tem o potencial de tornar a morte presente aos olhos dos espectadores e, se Martin Heidegger estiver certo, pode, portanto, contribuir para libertá-los dos múltiplos medos pelos quais eles inconscientemente tentam evitar a visão avassaladora da morte nas suas vidas cotidianas (parágrafos 51, 53). Sendo o seu final, a morte faz parte da vida física do homem, e a antecipação da morte, portanto, não pode ser exclusivamente uma realização da mente. Esse é um aspecto da análise existencial da morte que Heidegger não tematiza. A antecipação da morte deve incluir a experiência da exposição do corpo de alguém à ameaça de sua destruição. Estaria aqui a razão por que a admiração reverente dos espectadores se volta para aqueles lutadores cujos corpos trazem as marcas de uma destruição quase fatal? Isto explica por que os jornalistas expressam abertamente seu desapontamento com uma luta pelo título que não termina em nocaute? "De certo modo, foi uma decepcionante transferência de um título de pesos pesados. A batalha não terminou em nocaute. Na verdade, nos seus dez *rounds* a luta não teve nem mesmo uma queda. Isso se deve ao fato de que Tunney não é um golpeador definitivo e destrutivo" (*The New York Times*, 24 de setembro). A simpatia dos espectadores nunca está com aqueles cujas habilidades e cuja sobriedade permitem-lhes vencer uma luta sem enfrentar a morte. Em 23 de setembro, 144.468 espectadores em Filadélfia e 15 milhões de ouvintes ao lado dos aparelhos de rádio passaram do sonho iluminado de controlar seus corpos para o pesadelo utópico de consumi-los.

Fontes e Obras de Referência

Sam André & Nat Fleischer, *A pictorial history of boxing*. New York, 1981. — *Berliner Tageblatt*. — Jorge Luis Borges, *El tamaño de mi esperanza* (1926). Buenos Aires, 1993. — Bertolt Brecht, "Der Kinnhaken / Der Lebenslauf des Boxers Samson-Körner (1926)". In: *Gesammelte Werke XI*. Frankfurt, 1967, pp. 116-144. — Anthony Burgess, *Ernest Hemingway*. Hamburg, 1980. — *Caras y Caretas*. — *Chronik*, 1926. Tag für Tag in Wort und Bild. Dortmund, 1985. — Jean Cocteau, *Orphée*. Tragédie en un acte (1926). Paris, 1927. — Jack Dempsey & Barbara Piattelli Dempsey, *Dempsey*. New York, 1977. — Lorenzo Díaz, *La radio en España 1923-1993*. — A.S. Eddington, *The internal constitution of the stars*. Cambridge. — Oskar Maurus Fontana, "Was arbeiten Sie? Gespräch mit Robert Musil (1926)". In: Anton Käs (ed.), *Weimarer Republik. Manifeste und Dokumente zur deutschen Literatur 1918-1933*. Stuttgart, 1983, pp. 381-383. — Martin Heidegger, *Sein und Zeit*. Tübingen, 1984. — Mel Heimer, *The long count*. New York, 1969. — Ernest Hemingway, *The sun also rises*. New York. — Jürgen Kolbe, *Heller Zauber. Thomas*

Mann in München 1894-1933. Hamburg, 1987. — Theodor Lessing, "Psychologie des Rauchens (1926)". In: *Ich warf eine Flaschenpost ins Eismeer der Geschichte*. Essays und Feuilletons (1923-1933). Neuwied, 1986, pp. 141-145. — Werner Mittenzwei, *Das Leben des Bertolt Brecht oder: der Umgang mit den Welträtseln I*. Berlin, 1986. — *The New York Review of Books*. — *The New York Times*. — Michael Morris, *Madam Valentino. The many lives of Natacha Rambova*. New York, 1991. — Lawrence S. Ritter & Mark Rucker, *The Babe. A life in pictures*. New York, 1988. — Robert W. Rydell, *World of Fairs. The Century-of-Progress Expositions*. Chicago, 1993. — Viktor Shklovsky, *Third factory* (1926). Translated by Richard Sheldon. Ann Arbor, 1977. — The Associated Students of Stanford University (eds.), *The 1926 Quad*. — *Die wilden Zwanziger*. Weimar und die Welt 1919-1933. Berlin, 1986.

NOTAS

[1] [Shaw, sem vidrarias nem antigualhas e num inglês que é contemporâneo de Dempsey, inventa a Idade Média.]

[2] [Azrael conta com a mão no ar como se fosse um árbitro de boxe.]

[3] [Usamos o cigarro quando se exige uma concentração interior. No teatro, no filme, a situação comum sempre se repete. Dois políticos que negociam a vida e a morte de seus papéis, dois banqueiros numa conferência de negócios milionários, eles acendem os cigarros. O alpinista que paira sobre o abismo, o boxeador que inicia uma luta decisiva: eles primeiro dão uma tragada nos seus cigarros.]

[4] [Cada vez mais vozes se elevam anunciando, ou mesmo já diagnosticando o declínio do drama e do teatro em sua forma atual. [...] É nova a versão de que o drama sobreviveu a si mesmo como forma de arte. Oradores fúnebres apressados enterram-no para proclamar o cinema, o rádio, a opereta, a revista e as lutas de boxe como seus herdeiros.]

[5] [Vivemos num tempo cuja fidelidade desprezível às vezes nos dá um pouco nos nervos, uma época que tem um verdadeiro caráter de jazz-band, cujos heróis são o boxeador vitorioso e o astro de cinema, e festejam incrí-

veis orgias no embrutecimento e no achatamento: orgias divertidas, eu confesso; orgias magníficas, confesso também; seria filistino e pequeno-burguês choramingar com relação aos novos tempos.]

[6] [que ele não bate num homem, mas bate para atravessar o corpo dele e que, assim, o punho não pode de modo geral ser detido por algo como um queixo.]

[7] [Um homem deve sempre fazer aquilo de que tem vontade. Tal é a minha opinião. O senhor sabe, a cautela é a mãe do nocaute.]

[8] [O velódromo cuspia gente, como sempre, quando a organização era de Carpegna. É a ele que se deve o fato de o boxe ter se desenvolvido tanto na Itália; ele sabe magnificamente como acomodar, sem dificuldades, multidões de pessoas e como desenvolver um programa que não seja enfadonho. [...] Já no segundo assalto (Bosisio) podia manter o combate aberto bloqueando os ataques com socos rápidos e certeiros contra o queixo, e conquistou, progressivamente, até o sexto assalto, uma vantagem por pontos. Nos dois assaltos seguintes, repetidas vezes até, Romerio correu o sério risco de beijar a lona, pois não conseguiu evitar três ou quatro diretos. A partir do décimo assalto, as conseqüências do treinamento excessivo realmente começaram a se fazer visíveis em Bosisio. Ficou cansado, batia sem precisão, apenas com muito esforço conseguia defender-se dos ataques de surpresa, e, certamente, deveu a vitória por pontos somente aos primeiros assaltos.]

[9] White Anglo-Saxon Protestant: protestante branco anglo-saxão.

V.
Alta Modernidade / Pós-Modernidade

1. AS VOZES DOS CADÁVERES DA ARGENTINA[1]

ZULEMA YOMA DE MENEM / 1990

Na terceira página do *The New York Times*, dedicada a acontecimentos de política internacional, a correspondente na Argentina relata, em 15 de junho de 1990, os últimos acontecimentos em Buenos Aires: "Embora a separação entre o presidente Carlos Saúl Menem e Zulema Yoma de Menem tenha algo de melodrama, ela afirma que o problema propriamente dito está na incapacidade do presidente de barrar a corrupção no seu governo. A senhora Menem, que por ordens de seu marido foi impedida de entrar na terça-feira na residência oficial do presidente, há algum tempo acusava publicamente de corrupção importantes membros do governo, e afirma que seu marido foi influenciado contra ela. Com referência à sua luta contra a corrupção, a senhora Menem disse aos jornalistas, na semana passada, que não queria terminar 'como a senhora Ceausescu'. Ela está convencida de que seu marido, conhecido por não saber dizer 'não' aos seus amigos, precisa da sua mão mais forte no combate à corrupção... Desde a sua festa de casamento, há vinte e três anos, a união dos Menem viveu muitas tempestades. Há alguns anos se encontravam próximos da separação, mas se reconciliaram antes que ele fosse escolhido candidato peronista à presidência. Desde que Menem assumiu o cargo, há um ano, a senhora Menem tem se esforçado para desempenhar um papel ativo na política, e nisso tem deixado claro que discorda de muitas de suas medidas econômicas de contenção. A senhora Menem tentou construir seu próprio círculo político que se compõe, essencialmente, daqueles que caíram em desgraça junto ao presidente ou de peronistas demitidos por ele. Ela é apoiada pelos irmãos e irmãs, um clã árabe-argentino estreitamente unido, tido como maior e mais rico do que o clã da família Menem. Alguns de seus parentes ocupam cargos no governo Menem... Desde o início de maio, o presidente não volta mais à noite para a residência presidencial em Olivos; ele passa a noite com amigos e conselheiros em Buenos Aires. Nos meios jornalísticos conta-se que Menem e seus ministros costumam passar diariamente várias horas discutindo sobre onde ele deveria dormir na noite seguinte".

Quem alguma vez já se ocupou com a política argentina das décadas passadas vai encontrar nesse relato muitos detalhes conhecidos e, por isso, poderia quase supor que o reverso positivo do impulso da senhora Menem de "evitar o destino da senhora Ceausescu" é uma "compulsão à repetição". Assim como o presidente Carlos Saúl Menem com Zulema Yoma de Menem, também o presidente Juan Domingo Perón, nos anos 1940 e início dos 50, vivera na residência presidencial de Los Olivos com sua segunda mulher, Eva María ("Evita") Duarte Perón, e depois, mais uma vez, no início dos anos 70, com sua terceira mulher, María Estela Isabel ("Isabelita") Martínez de Perón; como Menem, Perón fomentava, na medida do possível, boatos sobre aventuras eróticas e proezas sexuais como parte central de sua imagem pública; como Zulema, Evita e Isabelita apresentavam-se como mulheres engajadas em política social, e tinham confiança em que ninguém veria, na proteção ativa a parentes e pessoas de confiança, uma contradição à sua pretensão moral de incorruptibilidade. Mas enquanto a presidência de Menem revelou-se uma repetição da presidência de Perón na medida em que a realidade política, de forma claramente consciente, é encenada como opereta ou *telenovela* (nessa medida, o bem-sucedido musical *Evita* apenas aperfeiçoou no palco internacional um traço essencial da política peronista), Menem poderia fracassar pelo fato de que, na sua apresentação do bem conhecido melodrama, *o corpo do presidente não repousa mais ao lado do corpo de sua mulher.*

O peronismo deixa perplexos os observadores que tentam apreender esse cenário com compreensão histórica e racionalidade política.[2] Já em seus primeiros doze meses como presidente argentino, um grande fracasso político foi previsto para Menem, por comentaristas políticos das mais diversas procedências ideológicas, tantas vezes quantas foi festejado como salvador de sua nação. De forma ainda mais flagrante atua o abandono dos esforços de compreensão que não se direcionam para o futuro imediato, mas suscitam a questão histórica de como a sociedade argentina, à qual, com justiça, se atribui um nível de educação correspondente ao padrão europeu, pôde, depois dos seis anos de governo do liberal-radical Raúl Alfonsín, ingressar pela terceira vez nas eleições presidenciais de 1989, na realidade melodramática do peronismo — embora este já tivesse desembocado por duas vezes, depois de 1955 e depois de 1976, no terror mortal de uma junta militar. Não tinha Jorge Luis Borges, tão popular entre seus conterrâneos (não só entre eruditos literários), feito uma advertência diante dessa particular "compulsão à repetição" — com o aforismo, sempre citado em Buenos Aires, de que ele despreza duas coisas, o espelho e a concubinagem, porque eles sempre reproduzem apenas o que já existe por si?

Carlos Saúl Menem / 1989

Menem não quer ser apenas uma reencarnação de Juan Domingo Perón. Seu estilo político, que despreza toda sutileza ideológica e estratégica, sua retórica próxima da Bíblia, seu rosto bronzeado de sol e as fartas suíças aproximam a imagem pública do presidente tanto quanto possível da iconografia popular de Juan Facundo Quiroga, um caudilho das primeiras décadas da história argentina, que com gestos francos de poder físico representava os interesses dos criadores de gado e da ortodoxia católica. Quiroga foi assassinado em 1835, por ocasião de um assalto a uma diligência do correio. Era natural da província de La Rioja, da qual

Menem, antes de sua carreira em Buenos Aires, foi chefe de governo (impressionando sobretudo pelos seus projetos megalômanos fracassados). A realidade dessa imagem da história nacional e o *slogan* de Menem, "a Argentina para os argentinos", conquistaram os eleitores, embora ele seja filho de imigrantes sírios e tenha se convertido do islamismo ao catolicismo somente porque a Constituição argentina prescreve que o presidente da nação pertença a essa confissão religiosa.

Menem distanciou-se muito da ideologia explícita e das estratégias do peronismo (que, desde os anos 70, se autodenomina *justicialismo*), a partir do momento em que tomou posse, em julho de 1989. Enquanto Perón fiou-se no apoio incondicional dos sindicatos e em sua popularidade junto ao lumpemproletariado dos subúrbios de Buenos Aires (então emergentes), que conquistou com a nacionalização de indústrias-chave e aumentos salariais ainda hoje lendários, Menem opta com tal firmeza pela austeridade na política social e pelo apoio ao capital multinacional que deixaria empalidecer até mesmo um *reaganike*. À pergunta inevitável (mas provavelmente inadequada) dos jornalistas, se ele, sendo um presidente peronista, não deveria temer a crítica de ter cometido um engodo eleitoreiro, ele responde, volta e meia, com uma gravidade singela sem argumentos. Em uma entrevista para o jornal *Página 12* (1° de julho de 1989), por exemplo: "Àqueles que acreditam estar desapontados e dizem que, em qualquer uma das nossas medidas, a essência do *justicialismo* está diluída, quero contrapor, de forma absoluta e definitiva, que eles estão profundamente enganados". Ou, de forma mais conciliadora, no mesmo jornal, em 23 de julho de 1989: "Deve-se também considerar quão rapidamente evolui o mundo. Por isso eu lhes digo claramente que não se pode mais pensar com os mesmos conceitos de quarenta anos atrás".

Evidentemente não se pode discutir as questões sobre a identidade do peronismo/justicialismo e sobre a ortodoxia de sua manutenção como um problema de semelhanças apreensíveis tipologicamente na ideologia e na ação política. Antes assemelham-se a seus conceitos como "repetição mágica" ou "reencarnação" — caso se esteja pronto a utilizar esses conceitos não como tropos de uma retórica da ironia ou da censura política. Menem não mora apenas na antiga residência de Perón; ele também se deixa conduzir a cerimônias públicas em um cabriolé preto Chevrolet, ano 1954, que Perón também usava; ele fala para as "massas" reunidas na Plaza de Mayo da mesma sacada em que Perón tantas vezes se deixou festejar, desde a tomada efetiva de poder em 17 de outubro de 1945; e, como Perón, Menem não se constrange em expor, espontaneamente, a confiança que reserva ao seu conselheiro astrológico: "Mas o que teria dito o general Perón", assim perguntou, irresoluto, o *Página 12*, se ele tivesse visto seu sucessor de cinqüenta e quatro anos, em 1° de agosto de 1989, perante mais de 50.000 espectadores, participar de um jogo beneficente, num uniforme de malha, com os jogadores da seleção argentina de futebol? Supostamente "o velho" (como hoje o chamam os peronistas) teria ficado entusiasmado de ver se completar, através de Menem, a tradição iniciada por ele com a exposição pública de um corpo de presidente esportivamente moldado. A realidade própria de Menem fala pelo seu autocomentário: "Eu sou presidente da nação e jogo num time com Maradona. O que me resta desejar?".

Não consegue compreender os efeitos dessa retórica quem, em vez de se concentrar na sua forma, concentra-se na sua semântica (para os presidentes peronistas assumidamente sem importância); não compreenderá quem a quiser interpretar, em vez de levá-la a sério, ao pé da letra. Menem *é* feliz sem desejos (e, na medida em que o diz, devolve algo de sua felicidade àqueles que a dão para ele com suas vozes e seus aplausos) quando joga futebol com Maradona, assim como ele não brinca com citações bíblicas, mas quer encarnar um papel supra-humano, quando, desde seu discurso de posse como presidente, em 8 de julho de 1989, perante o parlamento, se dirige à nação reiteradamente, com as palavras de Cristo "Levanta-te e anda!" e, geralmente (três vezes repetidas), "Sigam-me!".[3] A frase: "Eu venho com a realidade sobre meus ombros, e ela é sempre a única verdade", anunciava então que a realidade da presidência de Menem preencheria o espaço público da sociedade argentina, uma realidade em que as fronteiras entre transcendência e imanência estão borradas, e tudo se torna idêntico a tudo (o *justicialismo* à nação; a nação ao povo; o povo ao presidente; o presidente ao *justicialismo* etc.). Tal mundo não se articula em atos de diferenciação ou no gesto retórico da concisão, mas com o impacto surdo das tautologias avassaladoras. Elas já apareceram, potencializadas em três planos, quando o presidente Menem jurou, mais de uma vez, que queria se poupar dos testemunhos estatísticos sobre a situação catastrófica da nação pois ninguém ficaria mesmo poupado da sua evidência: "Isso seria redundante. Isso seria desnecessário. Isso seria inoportuno. Minhas palavras seriam supérfluas".

"EVITA" DUARTE PERÓN / 1952

A realidade e a época do peronismo constituem um mundo da reencarnação. Como *realidade*, a reencarnação é a presença ou a ausência de corpos; como *tempo*, ela é a presença desses corpos, sem que os respectivos presentes estejam mediados com os seguintes por intervalos de desenvolvimento teleológico ou separados por uma distância histórica. A presença dos corpos é uma função da proximidade espacial. Por isso a retórica do peronismo não presentifica nada ausente e não estende nenhuma linha de distinção na dimensão do passado, mas mostra exclusivamente a plenitude do presente e da proximidade. Ela é descomprometida na sua semântica, para que possa interessar-se, em vez desta, pela densidade de suas repetições.

Desde outubro de 1976, os cadáveres de Juan Domingo Perón e Evita Duarte Perón repousam numa cripta de La Recoleta, o cemitério de Buenos Aires onde as grandes famílias da Argentina enterram seus mortos.[4] Nas necrópoles de La Recoleta e de La Chacarita, pode-se andar durante horas ao longo das fileiras destes túmulos, e a maioria deles permitem, através de vidraças levemente embaciadas, a visão de uma metonímia dos cadáveres presentes — de caixões em decomposição e coroas de flores ressequidas. Seguindo o modelo do mausoléu de Lenin no Kremlin, o cadáver de Perón (contra suas últimas vontades) e o de Evita (por ordem de Perón, em troca de um honorário de 100.000 dólares) foram embalsamados com uma técnica que lhes dão a flexibilidade de corpos vivos e o frescor de rostos adormecidos — ao preço de um encolhimento ao tamanho de uma criança de 12 anos. Seu sangue foi primeiramente trocado por álcool e depois por glicerina aquecida a 60°. A construção em aço e concreto da cripta Perón, que corresponde à arquitetura usual das caixas-fortes dos grandes bancos norte-americanos, assegura que o presente de ambos os cadáveres permaneça conservado para a cidade de Buenos Aires e para a nação argentina.

Nos últimos meses antes de sua morte, em 26 de julho de 1952, causada por um câncer de útero em metástase, a doença e as atividades públicas febris e obsessivas consumiram o corpo de Evita — como os corpos de muitos santos[5] — que, segundo dizem, chegou a um peso de 30 quilos por ocasião da sua morte. O sindicato peronista entrou então junto ao Vaticano com um pedido de beatificação, mas o requerimento não teve sucesso — provavelmente porque a igreja argentina negou-lhe apoio (o que teria graves conseqüências políticas). Ainda assim, a história do cadáver de Evita corresponde àquela típica dialética da qual nascem os santos (não apenas cristãos) na morte dos corpos: quanto menos eles protegeram, em vida, seus corpos com zelo religioso, tanto mais importante torna-se a presença desses corpos como relíquias milagrosas para a comunidade remanescente. Milhões de argentinos despediram-se, em 1952, do cadáver de Evita, e planejou-se expô-la em câmara ardente na cripta de um monumento, que deveria elevar-se para os céus na forma de uma estátua colossal do corpo de Perón com cem metros de altura. Mas ainda antes que esse projeto de construção fosse posto em prática, Juan Domingo Perón precisou, em setembro de 1955, depois de um golpe militar, abandonar a Argentina. O início do fim desse primeiro capítulo na história do peronismo teriam sido as tensões entre o governo e a igreja, causadas pela ritualização da adoração de Evita, ordenada pelo Estado, e, sobretudo, pelo peso crescente de seus escritos nas salas de aula. Caracteristicamente, foi por ocasião da procissão de Corpus Christi, de 1955, que essa situação chegou pela primeira vez às vias de fato. Não havia lugar em Buenos Aires para a presença dos dois corpos santos de duas religiões rivais.

Depois do primeiro fim do peronismo, o anatomista espanhol Pedro Ara, que fora responsável pelo embalsamamento do cadáver de Evita, guardou-o no prédio do antigo sindicato e mandou inclusive que lhe fosse costurada uma nova túnica — como que esperando a importante visita de uma delegação do governo militar. Somente em novembro de 1955, a junta apoderou-se realmente do cadáver de Evita. De início, tentaram escondê-lo na central de serviço secreto, até que, no verão seguinte, vários caixões com tamanho e forma idênticos foram enviados de navio para a Europa. Acredita-se que um caixão, onde estava o corpo de Evita, depois de uma parada na embaixada argentina em Bonn, chegou à Itália, onde o cadáver descansou, durante mais de duas décadas, no cemitério de um convento feminino, sob a identidade oficial do corpo de uma ítalo-argentina. Com a concordância do governo argentino, o cadáver de Evita, não muito após o início do segundo mandato presidencial de Perón, foi conduzido a Madri, onde ele antes se encontrara em exílio. Da Espanha ele retornou a Buenos Aires somente após a morte de Perón, em novembro de 1974, durante a presidência de Isabelita, sua terceira mulher.

Entre 1919 e 1952, a vida de Evita Duarte Perón tomou um curso que a predestinou a uma representação no tipo hagiográfico do "santo nascido duas vezes". Como um emblema para as estruturas e tensões sociais de sua nação, ela nascera em Junín, povoado da província de Buenos Aires, quinto filho de um rendeiro de terra (que nunca confirmaria legalmente sua paternidade) com sua concubina, e já aos 15 anos de idade se mudou em definitivo para a capital, com um violonista. Apesar de toda a estilização de seu corpo segundo o modelo de Lana Turner e apesar da sua maior generosidade erótica, seu sonho trivial com uma carreira de atriz de cinema nunca transporia um início muito modesto. Mas Eva María Duarte deve ter tido uma voz fascinante. Mesmo antes de tornar-se, em 1943, a amante de Juan Domingo Perón, então com 48 anos de idade, com quem se casou em 21 de outubro de 1945 (quatro dias depois que, em Buenos Aires, demonstrações populares ininterruptas forçaram sua volta de um desterro ordenado pelo governo), Evita era uma apresentadora da estação de rádio Belgrano, amplamente conhecida e muito bem paga. Não por acaso, a maioria de suas fotografias clássicas na Argentina mostram-na na frente de um microfone. A transmissão do som da voz é até hoje a única possibilidade dada ao corpo humano de, vencendo todas as distâncias, agir de maneira exatamente igual sobre outros corpos como se estivesse em proximidade espacial. A presença de Evita Perón, que dominou a Argentina de 1945 a 1952, foi a *rádio-presença de sua voz* — em contraste com isso, seus discursos (sempre curtos) para pequenos grupos de proletários têm um efeito convencional e quase contido. Mesmo durante uma viagem triunfal de Evita à Europa no ano de 1947 e durante a longa permanência no hospital no final de sua vida, o rádio nacional insistiu nessa presença, apesar de todas as dificuldades técnicas então comuns nas transmissões desse tipo. Em face da sua voz radiofônica, desde o "segundo nascimento" de Evita como mulher do presidente (com o qual começou uma mudança de estilização do corpo segundo o tipo da beleza fascinante de Grace Kelly), todas as outras realidades de sua vida — os cargos políticos e as intrigas, as condecorações com as quais o exterior cobria Evita e as ações beneméritas com as quais Evita cobria o proletariado argentino — eram apenas variações de cenário.

Mais do que o próprio Perón, a voz de Evita cunhou aquele discurso que hoje Carlos Saúl Menem pronuncia. Ele foi — correspondendo a uma realidade da reencarnação — desde o início um discurso sem referências e conceitos relevantes, sobretudo um discurso sem dimensões históricas e narrativas. Da "história" os livros publicados postumamente sob o nome de Evita, *Historia del peronismo* e *Razón de mi vida,*[6] lembram apenas as cascatas de nomes de figuras heróicas históricas (a autora chega a se vangloriar de ter lido Plutarco com seu esposo), com as quais ela quer ilustrar as incontáveis virtudes de Perón. No que é, para a igreja, uma zona tabu da blasfêmia é tocado apenas de leve. Evita vê a aparição de Perón no mundo dos trabalhadores argentinos como uma volta da epifania do Natal: "Aquilo que aconteceu em Belém há quase dois mil anos repetiu-se aqui. Os primeiros que acreditaram nele não foram os ricos, nem os sábios, nem os poderosos, mas os pobres... Como em Belém, os pobres vivem e dormem ao relento, e as janelas de suas almas simples estão quase sempre abertas às coisas sobre-naturais. Por isso eles viram e acreditaram". Já nesse discurso do início do peronismo, os agentes dissolvem-se reciprocamente mediante uma embriaguez das identificações, e transformam-se em tautologias efervescentes. A própria Evita, desde seu segundo nascimento, pretende não ter sido "mais ela mesma": "Perón me possui totalmente". Mas porque Evita também se apresenta como parte do povo ("um de um bando de pardais"), enquanto Perón ("um condor, que descreve seus círculos na proximidade de Deus") é equiparado à nação, o discurso sempre volta a esbarrar na dificuldade de não conter mais distinções e hierarquias, para além das quais ele poderia encenar o "abraço" físico entre o povo (na maioria das vezes evocado como *los descamisados*) e o amor ancestral do casal presidencial e entre os quais havia lugar para a auto-referência predileta de Evita, ser "um arco-íris entre o povo e Perón": "Eu não teria condições de dizer se amo mais Perón ou a causa de Perón, pois para mim isso tudo é uma e a mesma coisa, tudo é um amor; e se eu digo em discursos e conversas que Perón é a nação e é o povo, então com isso eu apenas mostro que tudo na minha vida é selado por um único grande amor". Ou: "um dia me disseram que eu seria peronista *demais... Sim, eu sou peronista, fanaticamente peronista...* Mas não peronista *demais*. Eu seria peronista *demais* se o peronismo não fosse o que é: a causa de um homem, o qual, na medida em que se identificou com a causa de todo um povo, tornou-se ele mesmo infinitamente valioso. E quando se está diante das coisas do infinito, então é impossível louvá-las *demais*".

Também essa tirada só pode compreender quem toma Evita ao pé da letra, quem lê o predicado adjudicado a Perón, ser *infinitamente* valioso, não como superlativo absoluto ou hipérbole, mas como predicado *divino*. Como atrás da realidade dos discursos peronistas nunca se encontram significados "segundos", "próprios", Evita pode refutar a crítica de que seu discurso seria melodramático, na medida em que ela concorda enfaticamente: "Sim! Naturalmente ele é melodramático. Tudo na vida do pobre é melodramático. As preocupações dos pobres, porém, não são um melodrama de palco..., pois os pobres não inventam seus sofrimentos, eles os sofrem!". O que Evita reivindica sem mais nada para seu discurso "melodramático" não é a capacidade de *re-presentar* os sofrimentos dos pobres, mas de torná-los *presentes*. A função do tornar presente conota então aquele *status* que Evita reclama para si mesma: "Eu estou muito próxima do chefe, de forma que é inevitável que um pouco de sua presença maravilhosa me acompanhe, onde quer que eu esteja... É ele que nos conduz. Eu sou apenas a sombra de sua presença sobrenatural". Essa presença e a imediatez que fluem da proximidade *espacial* entre o corpo do presidente e o corpo de sua mulher tornam o tempo da Argentina — assim raciocina finalmente Evita por ocasião da sua volta do velho mundo da Europa — um *tempo da presença*: "Na Europa tudo parece ser história; na Argentina vemos tudo como justamente aconteceu... Quando mostravam para mim um velho livro de história, eu pensava que *nós*, no nosso país, já estávamos no começo de um outro livro".

"Isabelita" Martínez de Perón / 1974

Depois que o cadáver de Evita foi transportado da Itália para a residência de exílio de Perón em Madri, o antigo e futuro presidente da Argentina recorreu mais uma vez à arte do anatomista Pedro Ara. Ara narra: "Éramos quatro em torno do caixão. Na nossa primeira tentativa de trazer para fora o cadáver, o presidente e eu nos arranhamos nas dobradiças de metal que restaram da tampa do caixão. O senhor López Rega dobrou-as de volta com um alicate e nos possibilitou assim o livre acesso... Embora seu penteado estivesse completamente conservado, os cabelos do cadáver pareciam estar úmidos e sujos. Os prendedores de cabelo inoxidáveis quebraram-se nos nossos dedos. A esposa do general começou a soltar as tranças de Evita, para arejar, secar e limpar seus cabelos".

Excetuando-se o anatomista, os protagonistas dessa cena determinariam a história da Argentina nos anos 70. Depois de uma vitória triunfal nas urnas, Perón governou a nação novamente de 17 de outubro de 1973 (o dia da 28ª comemoração anual de sua primeira subida ao poder) até sua morte por enfarte em 1º de julho de 1974. Como vice-presidente eleita, sucedeu-lhe María Estela Isabel Martínez de Perón, que conhecera seu futuro marido, logo após o exílio dele, como dançarina de um clube noturno panamenho e que em Madri, de forma tão doméstica, ocupou-se com os cabelos do cadáver de Evita. Sua carreira política encerrou-se em 24 de março de 1976, quando foi arrebatada do palácio presidencial num helicóptero do exército (seu *comeback* público ela realizou como convidada de honra na posse de Menem no cargo presidencial). José López Rega, que servira a Perón como secretário em Madri, foi ministro social de Isabelita. Não é por acaso que se torna difícil encontrar sobre esses anos de realidade peronista relatos aos quais se possa atribuir o que denominamos "seriedade historiográfica". As livrarias de Buenos Aires vendem hoje muitas vezes como "romances" obras que mostram um notável aparato documentacional, enquanto que, por outro lado, os autores da "historiografia política contemporânea" sucumbem regularmente às fantasias dos seus pesadelos retrospectivos.[7] Consta que López Rega já havia sido introduzido, em 1952, como obscuro vigilante, na residência urbana de Perón, alguns dias antes da morte de Evita, para oferecer seu sangue numa transfusão salvadora. Ninguém sabe como ele chegou a Madri, onde aparentemente, descendo aos limites da servidão, conquistou a confiança de Perón com um "tratamento" — que zombava de qualquer competência médica — dos seus males na próstata. Mas, sobretudo, López Rega realizou em Madri e, mais tarde, em Buenos Aires, com o consentimento entusiasmado de Perón, sessões diárias pelas quais quis transferir, do cadáver de Evita para o corpo de Isabelita, "espírito, paixão e amor ao povo", como narra Feinmann em seu livro *López Rega*. Sempre que Perón ou Evita falavam à nação argentina, López Rega estava ao lado deles e repetia com os lábios, em silêncio, o texto de seus discursos.

Por López Rega, Juan Domingo Perón ficou sabendo, no ano de 1971, que ele seria a quinta encarnação de um ser que assumiu uma forma terrena pela primeira vez no século 35 a.C. como um faraó de nome Per-O — pelo menos é assim que narra Martínez em *La novela de Perón*. Mas mesmo quando, obedecendo a uma outra racionalidade, se parte do fato de que Perón, como presidente do início dos anos 70, simplesmente era a segunda encarnação de si mesmo, e que as ambições de Isabelita se limitavam a ser uma simples reencarnação de Evita — não se pode ver nesse casal mais do que *pálidas* personificações da realidade peronista. O *corpus* dos escritos de Isabelita publicados parece se limitar a um comentário às *Veinte Verdades del Justicialismo*, uma tábua de vinte mandamentos (hoje invocada com prazer por Menem), que Perón "revelou" ao povo em 17 de outubro (naturalmente!) de 1950. Seria um desafio para lingüistas objetivar a primeira impressão de leitura de que o texto de Isabelita aumenta ainda mais o excesso de tautologias de Evita. O que visivelmente chega a ser monstruoso são as remissões a citações de autores canônicos da literatura mundial em confirmação das "verdades" de Perón: assim são invocados La Bruyère, Pascal, Tagore e o Evangelho segundo Mateus como halo para a frase, "na nova Argentina, as únicas privilegiadas são as crianças", que, por seu turno, já em 1950, fora apenas uma variante do lema neotestamentário de Evita, "deixai vir a mim os pequeninos". O desamparo retórico de

Isabelita torna-se mais evidente onde ela capitula diante da tarefa de erguer as "verdades" de Perón, em si mesmas tautológicas, a um pedestal de interpretações tautológicas próprias — e, ao invés disso, irrompe em exclamações de admiração. "Para um peronista não pode haver nada melhor do que um outro peronista", diz a "sexta verdade" de Perón, e Isabelita nota: "Entre todas as verdades que nos deixou o general Perón, esta é a mais maravilhosa".[8]

O último "encontro com o povo" de Juan Domingo Perón realizou-se em 12 de junho de 1974 entre a Plaza de Mayo e a sacada do palácio governamental. No mesmo dia, num discurso na rádio, ele manifestou surpresa pelo fato de terem irrompido discussões sobre seu sucessor. Isso não porque o papel de próximo presidente fosse atribuído, de maneira absolutamente inambígua, à sua mulher Isabelita pela realidade técnica da Constituição, mas porque a realidade peronista das encarnações continha também inequivocamente uma *outra* resposta a essa pergunta: "Evidentemente não se quer compreender que o único sucessor de Perón é o povo argentino". O discurso de 12 de junho de 1974 na sacada termina com uma frase que confirmou a certeza de que o encontro de Perón com o povo não terminaria com sua morte. Ele deveria continuar a existir como um *presente do som das vozes*: "Eu carrego, nos meus ouvidos, a música mais maravilhosa — e esta é para mim a palavra do povo argentino".

Carlos Gardel / 1935

Em 24 de junho de 1935, no aeroporto da cidade colombiana de Medellín, um trimotor Ford F31 da companhia SACO sofreu um acidente quando decolava para Cali. No acidente o corpo de Carlos Gardel foi queimado. Ele era o filho ilegítimo de uma lavadeira, nascido em Toulouse, que conseguiu fama nacional e internacional como o maior cantor na história do tango e (depois do surgimento do filme sonoro) como estrela do cinema e do disco.[9] As cinzas de Gardel repousam em uma construção tumular em La Chacarita, ainda hoje sempre enfeitada com centenas de ramalhetes de flores frescas, onde uma estátua de bronze em tamanho natural substitui a presença de seu cadáver. Todo ano, no aniversário de sua morte, é vestida e queimada publicamente em Buenos Aires uma enorme armação de madeira, semelhante ao corpo. Uma fotografia do rosto de Gardel é o emblema de uma rede de pizzarias com o nome de Los Inmortales, e um elegante restaurante, decorado no estilo dos anos 1930, nas proximidades do hipódromo de Buenos Aires, onde Gardel costumava apostar seus muito admirados direitos autorais, faz sua propaganda com uma foto na qual Gardel acompanha, com seu binóculo, uma corrida de cavalos. Os habitantes da capital argentina gostam de referir-se a si mesmos com a frase: "Carlitos, tua voz está cada vez melhor".

Mas mesmo com toda a presença do rosto de Gardel e da voz de Gardel, os textos de suas canções mostram que o tango não é nada *menos* do que uma música da presença. Os cenários evocados pelos textos de tango são os bairros miseráveis de Buenos Aires durante uma grande época de explosão da prosperidade econômica que a Argentina viveu nos anos 80 e 90 do século XIX; seus heróis são criminosos e vagabundos, cafetões e prostitutas. Os tangos não apenas transmutam sua existência para um mundo de severos conceitos de honra e valores morais ciosamente mantidos; eles também deixam que seus protagonistas experimentem *em seus próprios corpos* "o estado passado de tudo o que é terreno". Para o selo Odeon, Carlos Gardel cantou, em 1930, a canção *Yira*:

> "Cuando estén secas las pilas
> de todos los timbres
> que vos apretás, buscando um pecho fraterno
> para morir abrazao...
> Cuando te dejen tirao,
> después de cinchar,
> lo mismo que a mi...

Verás que todo es mentira,
verás que nada es amor,
que al mundo nada le importa
¡Yira!... ¡Yira!
Aunque te quiebre la vida,
aunque te muerda un dolor,
no esperes nunca una ayuda,
ni una mano, ni un favor."[10]

Os textos de tangos sempre põem em cena um instante da plenitude da vida corporal, mas esse momento que a canção encena é, por princípio, um momento do *tarde demais* (raramente também do *cedo demais*). Tais modalizações do presente poderiam encaixar-se em seqüências de perspectivas que padecem de distância (ou melhor: que estabelecem distância) de uma complexidade semântica que praticamente não é mais passível de ser compreendida:

"*Cafetín de Buenos Aires*

De chiquilín lo miraba de afuera,
como esas cosas que nunca se alcanzan,
la ñata contra el vidrio,
en un azul de frio,
que solo fué después viviendo
igual que al mío...
[...]
¿Como olvidarte nesta queja,
Cafetín de Buenos Aires,
si sos lo único en la vida
que si pareció a mi vieja?
[...]
Sobre tus mesas, que nunca preguntan,
lloré una tarde el primer desengaño,
nascí a las penas,

bibí mis años,
y me entregué sin luchar."[11]

Para os argentinos não há praticamente sacrilégio pior do que *dançar* um tango que está sendo *cantado*. Pois enquanto a letra do tango lamenta a impossibilidade da *presença* física, os corpos em dança parecem querer conjurar a presença. Como a complementaridade dos passos de dança masculinos e dos femininos não é garantida pela coreografia do tango, ela precisa *acontecer* de instante em instante — no estreito contato dos corpos. Esse sucesso da presença é tão precário, que, como espectadores, vemos até os mais famosos pares de tango profissionais, de vez em quando, errar um passo — e começar de novo com outro passo. Provavelmente o medo do fracasso (como pressuposição necessária de sucesso e presença) está inscrito no tango desde aquela época no final do século XIX, quando ele era um dos rituais pelos quais uma pessoa podia se tornar um habitante dos subúrbios de Buenos Aires. Como dançarino de tango, colocava-se à prova uma competência e conquistava-se uma identidade que se distinguia da dos países de imigração, mas também das identidades dos *gaúchos* e dos ricos do centro da cidade.

Durante os anos do primeiro peronismo, "o tango dormiu" — sem que isso se explicasse por alguma medida de repressão ou censura. Talvez ele dormisse porque Perón e Evita, para muitos argentinos, era aquela realidade da presença física cuja ausência as canções dos tangos lamentam e que o tango enquanto dança procura forjar. Mas de onde vem o anseio argentino de presença, isso eu não sei. Eu só posso observar que ele, enquanto *anseio do retorno* estancado ou não, sempre esteve aí na história argentina — e que até hoje sempre volta a aparecer: numa política nacional, que desde as lutas pela independência sempre foi uma repetição da tensão entre província e capital; nas primeiras letras de tango; nas folhas rasgadas dos meus exemplares da revista *Caras y Caretas*, que, com seus longos artigos sobre as técnicas de tratamento de beleza feminina e suas narrações ilustradas dos "crimes de paixão", foi um dos grandes sucessos de público dos anos 20; e hoje, numa inflação, cujo ritmo faz sempre o dinheiro vir *cedo demais* e ir embora *tarde demais*.

JORGE LUIS BORGES / 1929

"Em 1946 assumiu o poder um presidente de cujo nome não gosto de lembrar. Logo depois, fui um dia honrado com a novidade, que eu havia sido... 'promovido' a inspetor de aves e coelhos nos mercados públicos".[12] A contenda entre Jorge Luis Borges e Juan Domingo Perón (cada um combatia com as armas que lhe eram próprias: Perón mandou Borges para o mercado de aves, e Borges nunca mencionava o nome de Perón) não era *de modo algum* um conflito de ideologias políticas contrárias. Borges costumava atribuí-lo às tramas das suas crônicas de família na história argentina do século XIX.

Por outro lado, Borges não estava apenas, como se pode imaginar, pouco inclinado à consumação do anseio de presença — ele até mesmo se tornou o escritor magistral de todos os distanciamentos hipercomplexos. Por exemplo, nos seus poemas sobre as letras de tangos:

> "¿Dónde estarán?, pregunta la elegía
> de quienes ya no son, como si hubiera
> una región en que el Ayer pudiera
> ser el Hoy, el Aún y el Todavía.
> [...]
> que [el tango] sólo es tiempo. El tango crea un
> [turbio
> pasado irreal que de algún modo es cierto,
> el recuerdo impossibile de haber muerto
> peleando, en una esquina del suburbio."[13]

"Que todo o próximo se torne distante" era a citação de

Goethe predileta de Borges. Ele falava tão enfaticamente da sua própria cegueira progressiva, na qual sumiam "da visão as coisas próximas", que alguns leitores estão convencidos de que teria sido mais uma metáfora para a visão poética do que uma realidade física. Borges favoreceu essa hipótese, na medida em que descreveu a cegueira como a conseqüência de um acidente e datou o surgimento de seus primeiros contos, que mais tarde fundamentariam uma fama literária internacional, no tempo imediatamente ulterior ao acidente: "Na noite de Natal de 1938 — ano da morte de meu pai — aconteceu-me um sério acidente. Eu subi correndo uma escada e senti de repente algo roçar na minha cabeça. Eu bati em um caixilho de janela aberto recém-pintado. Apesar do tratamento imediato, sofri uma infecção na ferida... Quando comecei a me recuperar, me preocupei com a incolumidade de meu espírito... Decidi, portanto, escrever um conto. O resultado foi *Pierre Menard, autor do Quijote*" (*Autobiographischer Essay*). Borges não estava interessado no ser-presente dos *corpos*, mas ao contrário, nas suas presenças (*Präsenz*), que também são possíveis na *ausência dos corpos*. Ele amava bibliotecas como amava sua cegueira, e se casou somente quando pôde afirmar nunca precisar ver a silhueta de sua(s) mulher(es) como a silhueta de um corpo próximo.

Mas, colocadas as coisas e os corpos à distância, Borges estava tão pouco interessado na história instauradora de distância quanto Juan Domingo e Evita Perón. Ele considerava uma aberração ensinar *história* da literatura. O primeiro texto de sua coletânea de poesias publicada em 1929, *Cuaderno de San Martín*, é um comentário irônico sobre todos os relatos historiográficos (para Borges: "mitológicos") sobre a fundação de Buenos Aires. A cidade desde sempre estaria no mesmo presente em que ele escreve, e ela desde sempre apenas imaginou seu passado:

> "[...] La tarde se había ahondado em ayeres.
> Los hombres compartieron un pasado ilusorio.
> Sólo faltó una cosa: la vereda de enfrente.

A mí se me hace cuento que empezó Buenos Aires:
La juzgo tan eterna como el agua y el aire."[14]

No mesmo *Cuaderno de San Martín*, encontra-se *Muertes de Buenos Aires*, um longo poema sobre os dois grandes cemitérios da capital argentina. É uma versão não-cristã do paradoxo cristão da "vida na morte", porque não conta com uma ressurreição dos corpos:

"Chacarita:
desaguadero de esta patria de Buenos Aires, cuesta
[final,
barrio que sobrevives a los otros, que subremueres,
lazareto que estás en esta muerte no en la otra vida,
he oído tu palabra de caducidad y no creio en ella,
porque tu misma convicción de angustia es acto
[de vida,
y porque la plenitud de una sola rosa es más que
[tus mármoles."[15]

De acordo com seus últimos desejos, o cadáver de Jorge Luis Borges foi enterrado na Suíça.

NOTAS

[1] "Die Stimmen von Argentiniens Leichen", *Merkur*, Caderno 9, Ano 44, Stuttgart, setembro de 1990.

Agradeço a Wilfredo Corral, Michael Predmore e Jorge Rufinelli os materiais com os quais eles contribuíram para esse artigo; a Susanne Berg, Monika Elsner e Juanjo Sánchez algumas opiniões, sem as quais eu praticamente não teria conseguido escrevê-lo; a Anita Barrenechea, Charo Cowes e Hugo Cowes, Luisa Granato e Mario Grasso, porque, para mim, foram vozes do presente da Argentina.

[2] Isso também vale para comentaristas políticos argentinos. Cf. como um caso paradigmático a dissertação (efetuada na FU de Berlim) de Cristián

Buchrucker, *Nacionalismo y peronismo. La Argentina en la crisis ideológica mundial (1927-1955)*, Buenos Aires, Editorial Sudamericana, 1987; José Pablo Feinmann, *Estudios sobre el peronismo*, Buenos Aires, Legasa, 1983; José Enrique Miguens & Frederick C. Turner (orgs.), *Racionalidad del peronismo*, Buenos Aires, Planeta, 1988; mas também William C. Smith, *Authoritarianism and the crisis of the argentine political economy*, Standford University Press, 1989.

[3] O discurso é citado segundo a edição do jornal *Clarín* de 9 de julho de 1989.

[4] Os detalhes sobre a história do corpo de Evita Perón tiro do volume ilustrado (sensacionalista) de W.A. Harbinson & M. Ricketts, *Evita!*, London, W.H. Allen, 1977 e do relato (seco em termos da ciência natural) do anatomista que empreendeu seu embalsamamento: Pedro Ara, *El caso Eva Perón*, Madrid, CVS Ediciones, 1974.

[5] H.U. Gumbrecht, "Faszinationstyp Hagiographie", in Christoph Cormeau (org.), *Deutsche Literatur im Mittelalter*, Stuttgart, Metzler, 1979.

[6] Eu traduzo segundo a versão inglesa desse livro: *Evita by Evita. Eva Duarte Peron tells her own story*, London, Proteus Books, 1978.

[7] Cf., por exemplo, Tomás Eloy Martínez, *La novela de Perón* (1985) e José Pablo Feinmann, *López Rega* (1987), ambos editados por Legasa em Buenos Aires.

[8] Isabel Perón, *Las Verdades del Justicialismo*, Buenos Aires, Ediciones Castañeda, 1983.

[9] Cf. Simon Collier, *Carlos Gardel*, Buenos Aires, Editorial Sudamericana, 1988.

[10] [Quando estiverem gastas as baterias / de todas as campainhas / que apertais, / buscando um peito fraterno / para morrer abraçado... / Quando te deixarem cansado, / depois de tanto trabalhar, / o mesmo que a mim... // Verás que tudo é mentira, / verás que nada é amor, / que ao mundo nada lhe importa / Yira!... Yira!... / Ainda que te quebre a vida, / ainda que morda uma dor, / não esperes nunca uma ajuda, / nem uma mão, nem um favor.]

[11] [Quando criança te olhava de fora, como essas coisas que nunca se alcançam, o nariz contra a vidraça, num azul de frio, que somente depois, em minha vida, foi igual ao meu... [...] Como esquecer-te neste lamento, café de Buenos Aires, se és a única coisa na vida que se pareceu com minha mãe? [...] Sobre tuas mesas, que nunca fazem perguntas, chorei uma tarde o primeiro desengano, nasci para as dores, bebi meus anos, e me entreguei sem lutar.]

[12] Jorge Luis Borges, *Autobiographischer Essay*, München, Hanser, 1980.

[13] [Onde estarão?, pergunta a elegia / sobre aqueles que já não são, como se houvesse / uma região em que o Ontem pudesse / ser o Hoje, o Ainda e o Todavia. [...] que [o tango] é apenas tempo. O tango cria um turvo / passado irreal que de algum modo é certo, / a lembrança impossível de ter morrido, lutando, numa esquina do subúrbio.] Jorge Luis Borges, *Obras completas. Obra poética 1923-1927*, Buenos Aires, 1967.

[14] [... A tarde se havia afundado em ontens. / Os homens compartilharam um passado ilusório. / Só faltou uma coisa: o caminho em frente. // A mim parece mentira que Buenos Aires tenha tido um início: / julgo-a tão eterna como a água e o ar.] Jorge Luis Borges, *Obra poética, 1923-1977*, Buenos Aires, Emecé Editores, 1977.

[15] [Chacarita:/ desaguadouro desta pátria de Buenos Aires, última costa, / bairro que sobrevives aos outros, que sobremorres, / lazareto que estás nesta morte e não na outra vida, / ouvi tua palavra de caducidade e não acredito nela, / porque a tua própria convicção de angústia é ato de vida, / e porque a plenitude de uma única rosa é mais que tuas lápides.] Jorge Luis Borges, *Obra poética, 1923-1977*, Buenos Aires, Emecé Editores, 1977.

2. "SUA JANELA PARA O MUNDO"[1] OU COMO DA MÍDIA "TELEVISÃO" SURGIU A "REALIDADE TELEVISIVA"[2]

I

Realmente não é difícil incluir a televisão na *cultura de massas*. Pelo menos no aspecto quantitativo, pois não se precisa de estatísticas para lembrar que nenhum outro meio de comunicação nem de perto experimenta hoje sua afluência de público e alcança sua influência sobre o cotidiano social. Quase se lamentando, Alfred Biolek comparou, em 8 de janeiro de 1988, no fraco programa de entrevistas de Joachim Fuchsberger, os seis milhões de espectadores que viram *Otto/Der Film* (a maior produção de sucesso do cinema alemão ocidental na última década) com a audiência de onze milhões de seu próprio programa de entretenimento. Também o conceito "cultura" não cria, entre nós, nenhum problema com a relação à televisão. De qualquer modo, não quando se usa a palavra sem implicações valorativas — como gostariam de fazer muitos teóricos. Através da "tarefa educativa" dos "meios de comunicação públicos legais", a televisão, na República Federal da Alemanha, além disso, está obrigada à função (parcial) de mediar a "alta cultura" para as "vastas massas". Afinal, desde o início de sua história, gosta-se de associar um aspecto pejorativo à televisão, sem o qual — o mais tardar desde Ortega y Gasset — o conceito de "massa" perderia sua identidade: "Os opositores da televisão dizem que ela seria o marca-passo da alma das massas, porque ela, com um *mínimo de esforço pessoal*, é mediadora de um máximo de excitação".[3]

Todos os aspectos citados que fazem da televisão uma parte da cultura de massa — sobretudo sua popularidade — perdem sua auto-evidência para aquele que se familiariza com a história desse meio de comunicação. A saber, a partir de uma perspectiva histórica, torna-se imediatamente claro quão longo e complicado foi o processo pelo qual a televisão "conquistou seu público". Mais importante ainda é, porém, a descoberta de que hoje a televisão não mais relaciona sua identidade com um "público de massas" a partir da mediação de "conteúdos culturais". Ao contrário, ela constitui, há muito tempo, uma *realidade televisiva* própria, que, desde o início, esteve tão ligada à realidade do espectador que, paulatinamente, ela a transformou e, nesse meio tempo, começou a substituí-la. Faz todo o sentido dizer que a realidade televisiva, no final do século XX, torna-se uma realidade cotidiana.

II

Quando, em 22 de março de 1935, foi oficialmente captada em Berlim a emissão do primeiro programa regular de televisão, há muito já havia diminuído o entusiasmo e a força de imaginação, que — estimulados pela apresentação pública de diversas inovações técnicas pelo fim dos anos 1920 — haviam feito da televisão algo como o emblema das expectativas de futuro baseadas na euforia causada pela técnica. O efeito do acontecimento com o qual a história internacional da televisão se iniciou, de qualquer modo, não era comparável aos sentimentos coletivos de choque que, um após outro, haviam acompanhado a introdução do gramofone, do filme e, sobretudo, do rádio nas décadas anteriores.

E, embora logo "a compra de um aparelho que não era caro tenha se tornado possível a muitos",[4] o consumo da televisão não se institucionalizou em nível amplo nos anos 30; o apoio do governo nacional-socialista — normalmente cônscio da técnica nas suas estratégias de propaganda — manteve-se contido. Isso se deveu originalmente à *concorrência* dos meios antecessores de comunicação, amplamente superiores nos resultados de sua transmissão, em comparação com os quais a televisão, num primeiro momento, não conseguiu conquistar uma identidade de conteúdo e de função. "Todos nós estamos acostumados com o som pelo rádio, e com a imagem pelo filme, e sempre voltamos a construir — por mais errado que seja — comparações inconscientes; a televisão é sempre o mais convincente possível quando ela marcha no mesmo passo dos acontecimentos".[5] Mesmo aquilo que, em uma década e meia mais tarde, deveria ser festejado como superioridade irrecuperável da televisão frente aos outros meios, a saber, o *efeito ao vivo*, queria-se, antes da Segunda Guerra Mundial, registrar apenas como deficiência frente à "presença" física, imediata, cujo fascínio certamente nunca foi, nem antes nem depois, tão forte como nos anos 30, a grande década das reuniões políticas e esportivas de massa. O prognóstico que, sob tais indícios, se fez da televisão, em 1939, soa hoje bizarro no seu comedimento:

> "A primeira impressão é como se a televisão fosse uma arte 'de inverno', como se ela precisasse ser reservada para as horas em que domina a escuridão ou, no mínimo, o crepúsculo. Isso tem fundamentos técnico-práticos: a imagem da televisão só é boa na escuridão; no outono ou no inverno, procura-se o quarto; e 'aprecia-se a casa somente à noite'. Em uma bela tarde de verão, gosta-se de ouvir música de rádio na varanda, mas só a contragosto sai-se do calor e da luz para o quarto a fim de assistir a imagens no mormaço abafado do ambiente fechado."[6]

Finalmente, parece que também se temia — com razão, como sabemos hoje — que, com a difusão do consumo televisivo, a *esfera de privacidade familiar* fosse destruída. "A invasão que a televisão realiza na vida doméstica é violenta e às vezes quase avassaladora. Ela é muito imediata, aparece com a ligação do aparelho, contra ela parecem fazer-se notar forças de defesa naturais, que não se originam de uma recusa, mas de um abalo..."[7]

A televisão só pôde se posicionar contra tais resistências a partir dos anos 50 (ao menos no que diz respeito à República Federal da Alemanha) — e isso nem mesmo imediatamente após a retomada das atividades das emissões na passagem de 1952 para 1953. Já em 29 de agosto de 1953, a "seção econômica" do *Frankfurter Allgemeinen Zeitung* perguntava — zombeteira ou impacientemente: "Quando virá a avalanche da televisão?". Também em um relato sobre a "Grande exposição alemã do rádio, do disco e da televisão" — realizada no mesmo ano em Düsseldorf, e que apresentou como atração principal uma "rua da televisão", onde 23 empresas haviam exposto e punham em funcionamento seus aparelhos de mesa e de pé — lia-se laconicamente: "A venda de aparelhos de televisão, todavia, não foi muito alta durante o período da exposição".[8] Ainda dois anos mais tarde, a avalanche não havia começado e os negociantes começaram a culpar a programação das emissoras pelos seus prejuízos. Presunçoso (como ainda hoje), informa o *Spiegel* em 31 de agosto de 1955:

> "Com a manchete 'Continua a calmaria no comércio de televisões', somente no mês passado o jornal especializado *Funkfachhändler* citou 'a qualidade não satisfatória dos programas' como o motivo principal para uma 'venda média ou até ruim de aparelhos'. Mesmo a pesquisa da NWDR, entre os ouvintes, chegou à seguinte conclusão: 'nem sempre as exigências dos telespectadores correspondem à concepção do produtor do programa'. Nos últimos meses, a curva do aumento de espectadores desceu visivelmente, embora bons receptores custem apenas o mesmo que um grande aparelho de rádio. A evolução ficou muito atrás dos prognósticos da indústria, que, segundo as estimativas do chefe da Philipps, Graf Westarp, queria vender, até o fim de 1955, 1.200.000 aparelhos no total (situação real no final de agosto de 1955: 176.000 telespectadores)."

Um anúncio de "aparelhos de televisão Telefunken", publicado no mesmo ano, mostra claramente qual a concepção básica da função específica da televisão que se encontrava na base do fracasso na produção de programas. Mas, ao mesmo tempo, ela mostra também que direção tomou a nova idéia que permitiria a marcha triunfal da televisão nos anos seguintes. No primeiro plano do anúncio, vê-se uma daqueles movéis de televisão, verdadeiras arcas, típicos da época do milagre econômico — completamente sem estilo diante de tanto estilo — que traziam aparelho de televisão, rádio e gramofone junto a um "permutador de 10 discos". Uma janela que se abria para um horizonte em forma de tela de televisão, à direita do móvel do televisor, sublinhava, em forma de imagem, que o "televisor Telefunken", por força de "quase 30 anos de experiência com televisores" — era esse o texto do anúncio — queria ser *sua janela para o mundo*. Através dessa janela aberta — no horizonte-tela — era visível um globo terrestre.

Esse anúncio nos possibilita diversas constatações interessantes (e com certeza geralmente involuntárias). Faz parte delas a premissa, aparentemente evidente, de que o lugar do móvel do televisor (e do telespectador) se situaria, como um lugar da objetividade, "fora do mundo". O que, sobretudo, deve ser sugerido é naturalmente a convicção de que a televisão amplia em formato mundial o ângulo de visão do espectador e o alcance de sua visão. Exatamente essa era a idéia condutora dos programas de televisão no início dos anos 50, como explicou um diretor ao *Spiegel*: "O que podemos fazer é a mediação de boas dádivas espirituais. As pessoas têm necessidade de coisas interessantes, não de entretenimento, como, por exemplo, no rádio. Elas não se deixam irrigar pela televisão, pois a televisão, ao contrário do rádio, não pode oferecer um entretenimento que não incomoda". O *Spiegel* caracterizava tais propósitos como "capacidade de ensinar", e os telespectadores honravam tais programas com um "índice de audiência de menos 2,5 (valor máximo: mais 10; valor mínimo: menos 10)".

Com certeza, foi somente devido à falta de jeito do desenhista da propaganda da Telefunken que o globo terrestre — com certeza contra o sentido intencionado do anúncio — parecia flutuar no horizonte-tela, a partir da imensidão cósmica, através do quadro da janela em direção à sala onde se encontrava o móvel do televisor. E exatamente *essa inversão da direção de movimento entre "telespectador" e "mundo"* podemos usar como um emblema para designar a mudança na concepção dos programas que logo vai iniciar. Agora o mundo deveria entrar no tubo de televisão. Já em 1956, a Philipps fez a propaganda de um aparelho de televisão com o pretensioso nome de "Raffael" por meio de uma foto de Heinz Erhard e do seguinte texto: "Proeminentes como hóspedes — então se alegra toda a família. De forma segura e confiável, os aparelhos de televisão Philipps possibilitam a vocês um *rendez-vous* com as estrelas do cinema, do rádio e do teatro". A nova idéia do movimento entre programa e telespectador fala ainda mais claramente num anúncio da Blaupunkt do ano de 1964: "Você foi ao teatro na semana passada? Sinceramente. Não, não foi. Novamente faltou tempo. Apesar disso, você não precisaria ter abdicado dele; um aparelho de televisão Blaupunkt *traz o palco para dentro de sua casa*".[9]

III

Diante desse pano de fundo, a primeira estrela da televisão da Alemanha tornou-se — segundo o *Spiegel* — Peter Frankenfeld com seu programa "1:0 para você".[10] O fato de ele ter trabalhado como animador junto às tropas do exército dos Estados Unidos e ter se orientado pelo estilo televisivo do americano Arthur Godfrey é, no nosso contexto, menos interessante do que a pergunta: O *que* Frankenfeld tomou de seus modelos?

> "'Eu vim do rádio, onde se aprende nas *Bunten Abenden* ('Noites divertidas'): entrar em cena, entusiasmar, vida risonha'. O próprio Frankenfeld percebeu que 'a velha encenação do animador não funciona bem na

> televisão'. [...] Godfrey sentava-se confortavelmente atrás da escrivaninha, gracejava em um agradável tom de conversa e apresentava talentos, sem jamais cair na alegria apressada do animador de rádio alemão. Ele atuava na tela de forma tão íntima e confiável quanto um simpático visitante diante do qual está-se sentado *na própria sala de estar*. Frankenfeld admirava 'esse bem-estar e essa calma que ele irradiava — eu, ao contrário, passava um efeito de excitação e inquietude'."

As *Bunten Abende* devem, portanto — como os programas culturais — ser fundamentadas na idéia basilar de motivar o telespectador, via *tele*visão, a *irromper* dentro de um mundo diferente, mais atrativo. Frankenfeld, ao contrário, abria o caminho *do estúdio e do palco para o "lar"* do telespectador. Ele iniciava o "1:0 para você" com a leitura das cartas dos telespectadores, com o agradecimento dos presentes dos telespectadores e com a resposta a perguntas dos telespectadores. A seguir ele vestia seu casaco xadrez — famoso na época — e essa mudança de roupa marcava uma inversão de movimento. Pois com ela iniciava, na dramaturgia do programa, aquelas brincadeiras para as quais Frankenfeld buscava seu parceiro na platéia e trazia-o para o palco — para a televisão:

> "'Eu preciso de três homens corajosos que participem de qualquer coisa', diz Frankenfeld. Com a ajuda de uma catapulta de mão, ele lança aros — 'pires voadores' no jargão do programa — na platéia. Então os três que tiverem apanhado os aros posicionam-se no palco, puxam de leve suas gravatas, apresentam-se."

Esses espectadores *da platéia*, com os quais os telespectadores "na frente da tela" podiam facilmente se identificar, *vinham para a televisão e para a tela* — portanto, eles não seguiam mais o movimento "clássico", via televisor, "para o vasto mundo".

Com as duas direções de movimento ao redor das quais se constituía o programa "1:0 para você" — Frankenfeld ia, através da tela, para junto do telespectador, e os (tel)espectadores iam através do palco para a tela —, a televisão finalmente correspondia àquelas necessidades do público nas quais fracassara até agora sua institucionalização. Ela proporcionava — por um meio de comunicação — aquele encontro na esfera privada do lar que, a partir de agora, ela devia de fato desagregar, e sugeria — tão logo Frankenfeld tivesse vestido o casaco xadrez —, por meio da função de representante do espectador da platéia, a possibilidade de estar presente diretamente no espetáculo da televisão, porque agora também seu ambiente de encenação se tornou tema do programa. A esfera privada do telespectador e a situação do programa de televisão começaram a se fundir em *uma* realidade — na *realidade televisiva*. Frankenfeld foi bem-sucedido em seus esforços para transpor todas as distâncias ainda restantes no primeiro momento:

> "Ele não é nenhum malabarista da palavra, nenhum humorista espirituoso. Ele é simplesmente um camarada singelo, que não tem papas na língua, e que por acaso pode ficar no palco. E ele é mais alguma coisa: é um sujeito bom. Ele não quer ser espirituoso — com isso ele jamais prenderia um grande público. Ele não quer realizar ou apresentar nada incomum, as pessoas sentir-se-iam melindradas... Exatamente porque Frankenfeld 'não tem muito espírito', ele toca o ponto nevrálgico do público. O ingênuo vence. A simplicidade triunfa. E todo aquele que vê ou ouve isso sabe imediatamente: ele não é muito diferente de mim, eu posso me identificar com ele. Ele é eu. Isso é tudo."

Mais importantes do que as brincadeiras no palco tornaramse as conversas entre Frankenfeld e seus convidados do público. Ele sabia deixar transparecer de forma notável suas situações de vida — totalmente cotidianas — e possibilitava aos telespectadores o sentimento de "conhecer pessoas interessantes". A realidade televisiva, na qual se haviam aproximado primeiramente "privacidade doméstica" e "situação do programa", tornou visível, com o exemplo dos voluntários de Frankenfeld, a privacidade de seus espectadores e começou a constituir uma nova esfera de interação — *entre* os tradicionais pólos "público" e "privado": "O espectador-cúmplice quer ver atrás da parede do vizinho".

Por isso também fez parte da era Frankenfeld, na televisão alemã, o mundo das "famílias televisivas", a popularidade dos Schölermanns e dos Hesselbachs.[11] Caracteristicamente, nas revistas com as programações da televisão desses anos (a "Família Schölermann", por exemplo, foi transmitida entre 1954 e 1960), estavam em equilíbrio aqueles programas em que os telespectadores "eram convidados dos 'Schölermanns' ou os Schölermanns eram convidados dos telespectadores". Como "Família Qualquerum", os Schölermanns e os Hesselbachs, com seu mundo na tela, atenderam à necessidade universal de "ver atrás da parede do vizinho". Nesse "ambiente privado normal", que, através do *medium*, tornou-se um "ambiente público pela metade", a televisão também logo introduziu os proeminentes e as estrelas através de entrevistas e *talk-shows*. Esse parece ser o lugar de sua identidade, não substituível pelo cinema, rádio e outros meios de comunicação.

IV

De qualquer modo, o "efeito ao vivo" não realizara, sozinho — como se esperara nos anos 30 —, a brecha para a institucionalização do consumo da televisão. Isso foi finalmente entendido na era Frankenfeld: "Assim se mostrou [...] que, na televisão, as fronteiras da transmissão direta se encontram exatamente lá onde elas também coagem o rádio: no impulso de viver um acontecimento em toda a sua extensão cansativa". Também aqui a solução se encontrou — ou se encontra — na construção de uma realidade televisiva própria, que, todavia, não surgiu mais apenas, como nos programas de entretenimento, "a meio caminho" entre a situação do programa e a privacidade do telespectador, mas *na convergência de três instâncias*: o acontecimento a ser transmitido "ao vivo", as exigências técnicas do meio de comunicação (no sentido mais amplo) e a privacidade do telespectador. Por isso, há muito, as ligas americanas de beisebol, futebol, basquete e hóquei sobre o gelo anualmente promovem uma adequação de suas regras — conseqüentemente, dos acontecimentos possibilitados por elas — à realidade televisiva. Na Europa tornaram-se famosas as dificuldades — e o fracasso — da tentativa de moldar o futebol à versão americana do mundo europeu. Para os Jogos Olímpicos de Seul, primeiramente se determinou o cronograma das competições segundo a complexa tarefa de possibilitar a um extenso público mundial o "estar presente" sem uma ruptura radical das estruturas de tempo nos seus respectivos "cotidianos". Finalmente, em reuniões políticas de cúpula — isso foi especialmente bonito de acompanhar em 1987 por ocasião da transmissão contínua da visita de Honecker à República Federal da Alemanha — os representantes das nações precisam "apertar as mãos cordialmente" tantas vezes até que esse seu gesto (de acordo com as estimativas da equipe de transmissão) saia bem "na televisão". O aperto de mão "correto na televisão", e assim "passível de transmissão", *é* a realidade de seu encontro, frente ao qual um "original" não pode mais reivindicar "maior autenticidade".

Há muito tempo, tais processos para a construção de realidade televisiva estão institucionalizados. E basta uma rápida olhada aos esquemas de programação atuais para reconhecer quais os *contornos de conteúdo* dominantes que são cunhados nessa realidade. No primeiro plano, encontram-se os "seriados" que continuam, de forma ligeiramente variada, os princípios fundamentais do tipo de programa "famílias televisivas". O número de protagonistas que se repetem "de seqüência em seqüência" permanece limitado; a estrutura dos seus papéis continua simples — apenas foi tornada mais flexível (provavelmente correspondendo a uma mudança na estrutura social) a obrigação de eles serem adaptados a "relações *familiares*". O princípio que abre as seqüências é a "variação da constelação de base"; de qualquer modo, as seqüências individuais não se juntam em um capítulo de uma "história". Somente a construção de uma "história", porém, sugeriria ao público a pergunta sobre uma "intenção daquilo que é apresentado" — ela não é feita, assim como, no final do século XX, não se procura mais o "destino" ou o "desígnio divino" atrás do desenvolvimento econômico ou do acontecimento político. Também perdeu importância — por exemplo, frente aos "seriados familiares" dos anos 50 e 60 — o esforço por uma "unidade da ficção", propiciadora de ilusão. Mais do que nunca, os telespectadores conhecem os amores e as rivalidades entre os atores, as diferenças entre seus salários, os níveis de audiência alcançados por cada série e, em relação direta com esses níveis, o seu valor de mercado. Um *slogan* como "Götz George é Schimanski" evidencia que há muito a realidade das séries de televisão está localizada *entre* a tela e o noticiário sobre a televisão.

Partindo-se do critério da *estrutura* do programa, então são naturalmente *séries* não só "Dallas" ou "Schwarzwaldklinik", mas também os diversos *shows* de entretenimento (a partir do momento em que sobrevivem às suas primeiras seqüências), "Sportstudio", "Internationale Frühschoppen" e mesmo "Taggeschau".[12] Por isso pode-se perguntar — com base nesse paralelismo em termos da estrutura do programa — se nesse meio tempo, a oposição "ficcional/referencial", pela qual se pode, num primeiro momento, separar "Dallas" de "Tagesschau", não se tornou obsoleta frente a um conjunto de indícios da realidade televisiva, *comum a ambos os "seriados"*. Também a continuidade do "Tagesschau" repousa sobre o retorno permanente de um pequeno grupo de protagonistas centrais, cujos papéis nunca são apresentados de forma demasiado complexa e que, sobretudo, nunca devem mudar radicalmente (uma bonita demonstração disso foi a pura irritação da televisão frente à tarefa de reestruturar a figura da "estrela de seriado F. J. Strauss" devido aos comentários do político de mesmo nome por ocasião de seu encontro com Gorbatchev). Finalmente, o público do "Tagesschau" também "sabe" que o que é visível na televisão "não é toda a realidade" — há muito ele leu no *Spiegel* e no *Bild* que "realmente" surgiu uma "desavença" entre Kohl e Gensche, o que o coloca na situação especial de saborear, como "cúmplice", os respectivos desmentidos de ambos os políticos.

Se está correta a hipótese de que a "realidade televisiva", no momento, desenvolve sua identidade através de uma adequação às estruturas da "realidade dos seriados", então os elementos da "realidade dos seriados" também teriam de permitir sua identificação nas características disseminadas nos programas, do estilo atual de alegorização típica do consumo de televisão. Faz parte dele uma tranqüilidade que permite a emergência de uma *multiplicidade de realidades* sem que se dê, adicionalmente, grande valor à compatibilização. Como vimos, então, frente a esse horizonte de realidades, parece que até aqui, para a constituição de mundos cotidianos, *oposições fundamentais*, como "ficcional/referencial" ou "original/cópia", *perderam seu estatuto*.[13] Da mesma forma, a realidade televisiva, como *pluralia tantum*, dissolve a unidade da esfera espaço-tempo, porque as duas dimensões não se encontram mais na presença física do telespectador. "Uma imagem desaparece e uma nova aparece, e agora o olho penetra com firmeza as figuras de luz. Esquecemo-nos da nossa corporalidade; libertamo-nos da conexão à terra, e estamos 'presentes'" — assim já em 1937 um jornalista que acompanhara na tela o congresso do Reichspartei de Nürnberg daquele ano, descreveu o efeito da *descorporalização*, hoje conhecido de todo telespectador. Se e como ele se diferencia dos efeitos paralelos no cinema ou na leitura de um livro e se está certa a suposição de que os meios de comunicação eletrônicos constituem sua realidade sobre a *superfície* da tela, que, por sua vez, rejeita o corpo do espectador[15] — essas são perguntas que ainda hoje se encontram a uma distância notável de respostas sociológicas ou psicológicas satisfatórias. Por isso a descrição da "realidade televisiva" primeiramente ainda não pode prescindir de assinalar, sobretudo, divergências evidentes da realidade constituída em interação direta — quando alguns fatos sustentam que a realidade televisiva (mesmo em situações de distância espacial da tela) há muito se tornou *nossa realidade preferencial.*

Muitos motivos vêm-nos à mente quando queremos explicar o sentimento "pós-moderno" de que o presente tornou-se mais "largo" — sobretudo o medo novo de dar o próximo passo rumo ao futuro, porque cada passo poderia desencadear a "catástrofe da humanidade". Mas tão logo se presentifica quantos acontecimentos dramáticos e profundas reviravoltas precisou vivenciar uma testemunha histórica européia entre 1915 e 1945 e compara essa densidade de acontecimentos com o vivido entre 1959 e 1988, então podemos *também* nos perguntar se a realidade não se aproximou, na segunda metade do século XX, do princípio básico da estrutura de seriado da realidade televisiva: *variação sem mudança/ sem história.* A pergunta consecutiva, se a "terceira revolução técnica" não mudou "verdadeiramente" algo fundamental, já está, então, respondida — e por certo exatamente com a observação de que somente pouquíssimas mudanças foram vivenciadas.

Notas

[1] De um anúncio da empresa Telefunken (aqui citado segundo: *Fernsehen. Illustrierte Monatshefte für Fernseh-Freunde.* Dritter Jahrgang. Hamburg, 1955). O esboço que segue é o resultado de um trabalho coletivo com Monika Elsner, Thomas Müller e Peter-Michel Spangenberg no projeto parcial A/5 ("Pré-história e início da história da televisão") da linha de pesquisa especial 240 da Universidade de Siegen ("Estética, pragmática e história dos meios de comunicação utilizadores de tela de imagem na República Federal da Alemanha"). As pessoas supramencionadas ajudaram com material muito mais do que o autor e publicaram apresentações mais detalhadas sobre o mesmo tema no jornal *New Literary History*, bem como no volume, organizado pelo autor e por K. Ludwig Pfeiffer, *Materialität der Kommunikation* (Suhrkamp Taschenbuch Wissenschaft 750), Frankfurt, 1988.

[2] "'Ihr Fenster zur Welt' oder Wie aus dem Medium 'Fernsehen' die 'Fensehwirklichkeit' wurde", in Hans-Georg Soeffner (org.), *Kultur und Alltag*, Göttingen, Otto Schwarz, 1988.

[3] Calr Hänsel, *Fernsehen — nachgesehen*, Frankfurt, Berlin, 1952, p. 210 (o grifo é meu).

[4] Kurt Wagenführ, "Entwicklungsmöglichkeiten des Fernsehens" (1939). In: id., *Anmerkungen zum Fernsehen 1938-1980*, Mainz/Stuttgart, 1983, pp. 21-25.

[5] Id., pp. 24, 25.

[6] Id., p. 23.

[7] Kurt Wagenführ, "Im verdunkelten Zimmer. Der Programmaufbau des Fernsehsenders", *Unterhaltungsblatt der OAZ*, 13.2.1939.

[8] Heinz Monzel, "Die Düsseldorfer Ausstellung", *Rufer und Hörer. Monatshefte für Rundfunk und Fernsehen* 8 (1953/1954), pp. 66-71.

[9] Ambos os anúncios acham-se em Claus Eurich & Gerd Würzberg (orgs.), *30 Jahre Fernsehalltag. Wie das Fernsehen unser Leben verändert hat*, Reinbek, 1980, p. 15 (o grifo no segundo anúncio é meu).

[10] Segundo a matéria de capa do *Spiegel* de 31.8.1955, "Der Bunte Abend ist tot. Fernseh-Conferencier Peter Frankenfeld".

[11] Cf. meu artigo "Fernsehfamilien. Medienforschung: die Ewings und die Hesselbachs", *Frankfurter Allgemeine Zeitung*, 8.7.1987.

[12] Nome de vários programas tradicionais de televisão na Alemanha, sendo "Tagesschau" um noticiário famoso. (N. do T.)

[13] Peter-Michael Spangenberg trabalha no momento em uma investigação sobre a pragmática da situação de comunicação "televisão", que deve ser fundida em uma reflexão sobre a mudança da dicotomia "realidade/ficção" pelos meios de comunicação com a tela.

[14] "Nürnberg ferngesehen", *Hier Berlin*, nº 38, 1937. Citado segundo: *Fernseh-Informationen* 18 (1987).

[15] Cf. sobre isso Vivian Sobchack, "The scene of the screen. Beitrag zu einer Phänomenologie der 'Gegenwärtigkeit' im Film und in den elektronischen Medien". In: Gumbrecht & Pfeiffer (orgs.), *Materialität der Kommunikation*, op. cit., pp. 416-428.

3. ESPAÇOS DE TEMPO PÓS-MODERNOS[1]

para Avital R.

I

Talvez a filosofia e as humanidades (em total contraposição à possível expectativa de que elas demarquem as linhas de frente do pensamento precursor) sejam os últimos bastiões dentro dos quais, já no final do século XX, o pensamento pós-moderno ainda não se tornou auto-evidente — ou precisa se impor contra um acirrado combate de retirada do pensamento "racional" moderno. Se precisou ser assim para ele, então esse atraso poderia ter sido condicionado pelo hábito do pensamento acadêmico remunerado de somente refletir sobre o pensamento cotidiano *de maneira reativa.*

De qualquer modo, durante as últimas décadas, entraram em cena formas leves e não-dramáticas do pensamento cotidiano, frente às quais as teorias acadêmico-institucionalizadas sobre o pensamento geralmente mostram-se perplexas. Somente os filósofos e os humanistas parecem (juntamente com alguns políticos) ter recuado, assustados, diante dessa mudança no estilo de pensar: é como se eles tivessem fechado os olhos de repente diante do novo observado apenas por um instante. *Pode*-se ler o artigo introdutório de Robert Weimann para este volume[2] como um movimento — surpreendentemente ofensivo — na luta em defesa do pensamento clássico da era moderna. Pois (no mínimo) não se deve excluir o fato de que a práxis cotidiana da linguagem, da arte, da política já há muito tempo não é mais aquela que, desde o século XVIII, se quis abarcar com as categorias "representação" e "autoridade" (entre outras), assim como o fato de que somente agora — ainda muito longe de dar por encerrada a discussão sobre "representação" e "autoridade" — se começa a notar a necessidade de manter, fundamentar e modificar o uso desses conceitos. Se meu próprio artigo estivesse localizado no mesmo plano que a reflexão de Weimann, se, portanto, ele se perguntasse sobre a possibilidade de ainda salvar as tradicionais categorias filosóficas centrais (talvez mediante uma "transformação"), então eu não veria nenhuma chance de desenvolvê-lo frente a uma argumentação crítica ou alternativa. Mas eu concebi esse artigo de modo que ele esteja em relação, *não alternativa, mas complementar*, com o artigo de Weimann: pois quero tentar observar tal pensamento cotidiano e fazer-lhe a descrição (da melhor maneira possível com os conceitos filosóficos de que dispomos) antes de reagir a ele com objeções ou de maneira concordante, justamente porque eu estou convencido de que nesse meio tempo ele se distanciou bastante dos modelos de sua descrição canonizados na filosofia e nas humanidades.

O "pensamento moderno", tal como predominou talvez por séculos no cotidiano e tal como os modelos filosóficos, em todo o caso, ainda o firmam e perpetuam por escrito (pode-se denominá-lo também "pensamento logocentrista", com um acento crítico, que eu quero evitar aqui), viu-se, singularmente, ao mesmo tempo separado do corpo humano e ligado a ele. Essa dupla relação entre o pensamento e o corpo está co-articulada no conceito de *sujeito*. Frente ao "mundo", o sujeito estaria em uma posição excêntrica, ocuparia o lugar a partir do qual o "mundo" é experimentado e a partir do qual, agindo, intervimos no "mundo". Experimentar e agir, porém, não seriam possíveis sem as dimensões de *espaço* e *tempo*: "agora a crítica da razão pura prova, com as representações de espaço e tempo, que elas são as intuições puras quando temos exigido exatamente que devam ser, para que estejam *a priori* na base de todo o nosso conhecimento das coisas", lê-se em Kant ([1804] 1958, p. 598). Por um lado, o pensamento compreende-se como *puramente espiritual* — mas, por outro lado, ele permanece ligado *ao corpo*. A dimensão dessa ligação é o *espaço*. Pois toda experiência atual ou toda intervenção agente está sempre *dividida* em *zonas* espaciais — por exemplo, no "mundo ao alcance real", no "mundo ao alcance potencial" e no "mundo fora do alcance potencial" (Schütz & Luckmann, 1975, pp. 66 e ss.). No mesmo contexto, Heidegger fala do "'aqui' da presente posição, ou, melhor, situação fática", que não seria "nunca um lugar no espaço", mas o "espaço do âmbito da totalidade dos instrumentos com os quais ele está preocupado, espaço aberto a ele na orientação e no dis-tanciamento (*Ent-fernung*)" ([1927] 1984, p. 369). Mas a dimensão do espaço não serve apenas como uma gradação de zonas de experiência e ação, ela também contribui para a *identificação de fenômenos* no mundo — e exatamente porque "se parte do princípio de que duas coisas diversas não podem ocupar ao mesmo tempo o mesmo lugar no espaço" (Luhmann, 1984, p. 525).

Quando o sujeito quer mudar uma distribuição existente de fenômenos para as zonas de sua experiência e ação, ou quando quer trocar a "coisa" que ocupa um determinado lugar, fazem-se então necessários para isso movimentos corporais, que, por sua vez, exigem *tempo*. Movimentos são "objetos temporais no sentido específico" (Husserl, [1907] 1973, p. 23). Assim como nós associamos a dimensão do *espaço* ao *corpo*, incluímos o *tempo* na *consciência*. No conceito de "fluxo de consciência", a fenomenologia procurou apreender essa segunda correlação. Cada ponto de uma vivência presente está cercado, no fluxo de consciência, por um duplo horizonte: de um lado, pela *retenção*, o eco que recorda a vivência imediatamente anterior; de outro, pela *protenção*, a antecipação do presente imediatamente ulterior com a implicação de que a vivência que dela sairá ainda permanece igual frente à vivência no presente ainda presente. Retenção e protenção são tidas como aqueles elementos estruturais da consciência antropologicamente constantes, aos quais devem corresponder o horizonte do passado e do futuro da vivência, da experiência e da ação — mas sua relação aparece como determinada de um modo historicamente específico. Estas determinações fazem parte das estruturas fundamentais dos estados sociais de saber — e, sob essa perspectiva, a época do pensamento moderno caracterizou-se por uma assimetria entre o horizonte do passado e o horizonte do futuro, pela assimetria entre o "espaço de experiência" e o "horizonte de expectativa" (cf. Koselleck, 1979). Enquanto as configurações de experiências realizadas ocupavam o "espaço de experiência", o futuro era vivido como aberto, como ainda não ocupado. Sua abertura só era limitada pelas premissas de que o futuro seria, em todo caso, diferente do passado.

A limitação das dimensões "espaço" e "tempo" é considerada ainda hoje como aquela estrutura em que a relação entre "corpo" e "consciência" pode ser vivida a um tempo como unidade ("espaço") e como diferença ("tempo"). A essa vivência correspondem diversas premissas fundamentais de experiência e de ação. Faz parte delas o conhecimento de que duas coisas jamais ocupam o mesmo lugar espacial ao mesmo tempo — noutra perspectiva: que só se pode tomar o lugar do outro na imaginação (mas não com o corpo). O corpo, por sua vez, é dado à vivência imediata somente no estado presente; os estados passados e futuros do corpo só podem ser trazidos para o presente pela lembrança — ou seja, pela consciência. Esse estado de coisas, resultante da dimensão espaço/tempo, o pensamento filosófico havia identificado como condições "meta-históricas" do quadro onde se inserem a experiência e a ação. A essa suposição eu poderia agora contrapor observações do cotidiano pós-moderno que parecem mostrar que *esse ajoujamento supostamente meta-histórico de espaço/tempo há muito já se pôs em movimento* — sem que suas mudanças tivessem conduzido a quaisquer dificuldades dramáticas de adaptação. *Pode*-se reduzir essa transformação à institucionalização das inovações e dispositivos técnicos no cotidiano e seus efeitos, à unidade/diferença de corpo e consciência (Elsner, Gumbrecht, Müller & Spangenberg, 1990). Mas queremos apagar essa pergunta histórica em favor das observações do presente.

II

Aeroportos são emblemas das relações espaço/tempo pósmodernas. Pois uma frase como "eu estou em Nova York", se for pronunciada no saguão do Aeroporto Kennedy de Nova York por um passageiro sem cidadania americana e sem o visto americano, tem uma pragmática que, há algumas décadas, só era imaginável em casos extremos de exceção. Esse passageiro pode ter visto, na aterrissagem, o Edifício Empire State a uma distância que a fenomenologia do espaço parece caracterizar como "alcance potencial" no qual o público de filmes da virada do século acreditava que os objetos da tela eram dados à sua experiência e ação. Na verdade, para um tal passageiro, o Empire State está *fora* do alcance potencial. O mundo do saguão do aeroporto, ao contrário, está para ele ao alcance real, mas esse alcance não é Nova York, mas uma esfera sem nome que na experiência se unia aos saguões de trânsito de todos os outros aeroportos. Talvez mesmo hoje proceda a tese de Michel Serres, de que esses espaços de trânsito ou de distribuição (*échangeurs*) estejam no centro da nossa maneira de viver (1987, p. 60). Pois diferentemente de Nova York, visível agora mesmo para o nosso passageiro, Montreal ou a Cidade do México, que ele (ainda) não pode ver, podem estar ao seu alcance potencial — seja como for, ele poderá encontrar e comprar inúmeros vôos de conexão para lá, se dispuser do visto necessário.

Mas não são só as zonas de espaço cotidianas que se deslocam em um saguão de trânsito; também aqui se pode estar com o corpo concomitantemente em diversos tempos. Se nosso passageiro vem da Europa, então é possível que ele tenha tomado seu café da manhã ainda na Europa e que, após um segundo café da manhã no avião, sinta vontade de almoçar. Essa vontade corresponderia a um tempo social de seu corpo que ele trouxe consigo da Europa. Esse tempo estaria, por assim dizer, "presente espacialmente" no corpo do viajante, mas entraria em conflito com o "tempo local" dos empregados do restaurante do saguão, que — num horário tão cedo de *sua* manhã — oferecem apenas café e sanduíches de queijo. Mas estariam também nos tempos de nossa situação fictícia — talvez visível nos rostos cansados dos madrugadores —, nesse lugar *uno* do saguão de trânsito, os tempos dos passageiros vindos do Oeste dos Estados Unidos. Quem finalmente sabe, por experiência própria, como é bom viver antecipadamente o tempo do lugar definitivo de chegada, se possível já durante o vôo, ao invés de se adaptar ao tempo de cada um dos aeroportos de baldeação, saberá também adaptar-se, na complexa temporalidade do saguão, aos fusos horários obteníveis a partir do Aeroporto Kennedy. O presente *uno* das séries de relógios que se encontram em muitos terminais, mostrando os respectivos tempos dos diversos fusos horários, *é* essa temporalidade complexa. Juntamente com a espacialidade distribuidora do saguão, ela gera um sentimento de que se têm diversas possibilidades à disposição, o qual se contrapõe à direção-alvo do viajante, de *um* lugar de partida para *um* lugar de chegada: parece enfraquecer sua intencionalidade e linearidade. *Poderíamos* também simplesmente fazer conexão com o vôo anunciado no portão seguinte — sem querer saber qual o seu destino.

Aterrissado no aeroporto daquela cidade cujo centro agora realmente está ao alcance potencial do passageiro, porque ele dispõe do visto correspondente, tornou-se difícil para ele dizer o que mudou, no espaço de uma década, na *imagem fenomênica dos centros das cidades* desde a última visita. Podem-se identificar lá — pressupondo o conhecimento das especificidades de cada região — camadas arquitetônicas dos anos 50, 60 e talvez também dos 70. Mas o impiedoso ímpeto de restaurações dos anos 80, junto com as formas neo-históricas e pós-modernas de construção (descritas por Flierl), não adicionou uma nova etapa à seqüência de estilo cronologicamente ordenável, mas fez de uma pluralidade difusa nas objetivações dos estilos artísticos passados uma diversidade expressiva, em que a identidade histórica de cada elemento individual ganha um destaque quase agressivo. Somente a imaginação ou o museu permitiam, antigamente, esse "passeio através das épocas", ao qual conduz hoje qualquer trajeto pelo centro de uma metrópole. Mas, outrora, retornava-se da imaginação ou do museu para um espaço de estilo específico do próprio presente — e justamente esse espaço estilístico do presente existe hoje apenas na pluralidade de espaços do passado. Ela não é provavelmente nenhuma moda imposta ao público por arquitetos e urbanistas, mas corresponde a uma ampla necessidade social. Pois no café em estilo *art nouveau* que acabou de ser inaugurado, as garçonetes devem estar fantasiadas com o traje de trabalho típico da virada do século, e a música no *milk-bar*, evocando a atmosfera de vida dos anos 50, deve soar como um *pot-pourri* das canções de sucesso descomprometidas da era pré-rock, que, na verdade, só podem ser tocadas nas bojudas *music-boxes*. Há muito, nos *parques de diversão*, o realismo 1:1 substituiu os mundos em miniatura ("Amsterdam" ou "Berlim em escala 1:5"). Os visitantes (a partir da perspectiva gulliver) achavam as cidades em miniatura "encantadoras" e admiravam a habilidade artesanal graças à qual elas resultaram tão "fiéis ao original". Em contrapartida, na cidade do Velho Oeste *Fort Fun* (em Sauerland!), à qual meus filhos, durante um ano inteiro, semana após semana, tentaram barganhar uma visita, dizem que os balcões, as cadeiras e as mesas do *saloon* (e sobretudo suas portas de vaivém) são, sempre que possível, antigüidades trazidas do Velho Oeste — e mesmo crianças de seis anos, diante de um tal padrão inflexível de autenticidade, acham sem atrativo as barracas de tiro com rifles eletrônicos (apesar de todo o seu fascínio técnico). O que permanece *fora* dessa autenticidade artificial da cidade do Oeste em Sauerland? As discretas placas de identificação, talvez, nas quais se confirma a autenticidade dos materiais de construção ou das fantasias (podem irromper acirradas discussões sobre a questão de saber se os "índios" que atacam as diligências do correio alugadas por 15 marcos alemães são habitantes de Sauerland ou "índios autênticos"). Mas "irreais", para os visitantes adultos, certamente também são as *passagens* — da cidade do Oeste para o *Space Center* ou para a feira anual de Viena. Em contrapartida, para as crianças, justamente essas passagens é que parecem constituir a *realidade especial do parque de diversão*.

A pluralidade dos mundos, já que nos parques de diversão ainda custa apenas o preço da entrada e um pequeno passeio de domingo, está à disposição, para a ampla maioria dos *espectadores de televisão* que usam o controle remoto, completamente sem movimento físico (cf., para o que segue, Spangenberg, 1988; Gumbrecht, 1989a). Somente um número cada vez menor de intelectuais "críticos ideológicos" ainda nutrem suspeitas em relação ao caráter ilusório das imagens do noticiário diário: a Casa Branca na tela *é*, para todos os outros espectadores, *a* Casa Branca, e o Kremlin *é o* Kremlin. Além disso, em transmissões ao vivo e em entrevistas, a diversidade dos mundos também é vivenciável como uma diversidade de fusos horários e zonas lingüísticas. Uma pressão no botão de canais do controle remoto da televisão supera a diferença entre alcance real e alcance potencial, pois todos os programas que estão anunciados no caderno de programação encontram-se, num determinado momento, ao alcance potencial. Nesse mesmo instante, estão fora do alcance potencial todos os temas imagináveis que não estão dispostos como partes da programação — mas, quando se deixa de lado tal delimitação temporária, praticamente não existe uma zona "fora do alcance potencial".

A relação espacial entre o corpo do espectador e as imagens apresentadas pelo aparelho de televisão depende de posições de câmera que os receptores, do lugar que ocupam, não podem influenciar — mas também do volume (novamente a ser modulado pelo controle remoto). Na verdade, os mundos revocáveis na tela estavam, *até agora*, vedados fundamentalmente apenas à experiência, não à ação do público. Mas um outro futuro já começou: de um lado, com os aparelhos de cada telespectador cujos ligar e desligar e troca de canal são registrados pelas emissoras para possibilitar uma pesquisa de "níveis de audiência" globais (eles influem, num prazo médio, sobre a programação, e, por intermédio disso, há a possibilidade da presença dos telespectadores, simultânea ao programa, junto aos produtores de televisão). E mesmo essa reciprocidade da presença já evoluiu: nos EUA pode-se ver (por exemplo) programas religiosos em que os moderadores-pregadores pedem aos espectadores, no instante antes reservado à "coleta", que façam imediatamente no aparelho de televisão as respectivas dádivas, mediante o número de um de seus cartões de crédito — e minutos mais tarde aparece na tela como uma fantasmagoria a soma total das dádivas. Naturalmente, a televisão do século XXI não terá realizado, apesar disso, *todas* aquelas possibilidades de experiência e ação que antigamente se acumulavam no predicado divino da *onipresença*. Mas nem por isso se trata, nas nossas observações, de medir e valorizar a ampliação do humanamente-possível frente a épocas mais antigas. De qualquer modo, não são de refutar as mudanças fundamentais da constituição do espaço/tempo — e as dificuldades de descrição condicionadas por elas, as quais provam que os repertórios de conceitos disponíveis não são mais suficientes, há muito tempo, para apreender sequer aquilo que há muito já se tornou indiscutível no cotidiano pós-moderno.

Isto vale também e especialmente para um hábito de ver televisão, que se pode detectar sobretudo nas crianças, sem que sejam capazes, como os adultos, de entender a realidade correspondente de sua vivência. O assistir a e "por" *unidades de programa* parece, na verdade, tornar-se hoje uma relíquia da era do livro. Ocupa o seu lugar a mudança entre uma contínua diversidade de programas (*zapping*), a qual talvez nem seja mais orientada por alguma necessidade de consistência de sentido ou de informação (cf. Enzensberger, 1989, pp. 89-103). Nem mesmo a fronteira entre "programa" e "propaganda" — que os pedagogos dos meios de comunicação querem ver como algo próximo de um comando imperativo de desligamento — parece ser sentida pela criança como uma transição difícil. Minha filha de seis anos diz que ela, na verdade, só nota o fim da série dos espaços de propaganda "porque então as imagens se tornam novamente lentas". Os espaços de propaganda evidentemente são para ela o centro inquestionável da realidade televisiva. Esse hábito presente na criança que vê televisão indica, porém, como me ficou claro em um colóquio da Universidade de Wisconsin no primeiro semestre de 1988, uma mudança altamente importante no âmbito da epistemologia e da história da economia. Naquele congresso, a conversa entre os especialistas era de que se teria alcançado o ponto máximo dos preços cobrados pelos canais de televisão para as unidades temporais de propaganda, porque seus clientes — portanto, os produtores de propaganda — não tinham mais nenhuma certeza do ponto até onde (se é que existe algum ponto) os espaços de propaganda ainda atuam como estimuladores de venda. Se essa insegurança não fosse eliminada, ela — no mínimo — teria suscitado a questão de saber se os telespectadores continuavam a associar os objetos que apareciam na tela a "realidades" fora da tela. Talvez ainda seja consumida apenas a imagem televisiva. Quando se pensa que os fregueses do ramo têxtil já estão, há muitos anos, comprando a preços elevados camisetas com símbolos de marcas e nomes de produtos — ao invés de pedir um pagamento por tal função propagandística —, então uma tal conclusão praticamente não parece mais surpreendente ou mesmo inverossímil.

III

Pode-se tentar enfeixar observações dessa natureza — que naturalmente podem ser complementadas, ampliadas e prosseguidas a bel-prazer com muitos fatos e nuances — em delineamentos conceituais de "temporalidade pós-moderna" e "espacialidade pós-moderna", onde se poderia esperar que tais esboços indicassem primeiramente (e sobretudo) a insuficiência de nossos meios de descrição. Seja como for, elas serão incluídas nos planos do "tempo *social*" e do "espaço *social*" e devem comportar estruturas de experiência, que antes tínhamos situado fora de qualquer antropologia — fora do humanamente possível. Por isso as reflexões correspondentes têm uma relevância filosófica que transcende a experiência dos particulares históricos e sociológicos.

A *construção do tempo* dos modernos fora expressa (como já mencionamos na linha de Koselleck) por uma assimetria entre "espaço de experiência" e "horizonte de expectativa", bem como por um "futuro aberto" para o qual acreditava-se poder nos dirigir a partir do presente e que se acreditava poder formar e preparar no presente mediante o agir. Exatamente essa constelação gerou a impressão do curso histórico determinado em *uma* linha ("do tempo"). Mas, no fim do século XX, não mais vivenciamos nosso futuro, de modo algum, como "aberto". Apesar de sentirmos um certo alívio com os progressos do desarmamento realizados no final dos anos 80, o horizonte de expectativa permanece ocupado pelo cenário de um fim — causado pelos homens — da humanidade ou do planeta. Iniciativas de paz bem-sucedidas podem afastar essas ameaças para bem longe, mas não as eliminam definitivamente, pois não é possível esquecer ou destruir esse saber tecnológico cuja utilização significa o fim de toda a vida sobre a terra. Portanto, evita-se o "próximo passo" em direção a um futuro qualitativamente diferente do presente, devido a um sentimento indeterminado de medo, mas exatamente por causa disso mais efetivo, de que esse passo pudesse se tornar aquele "passo a mais" que tornaria irreversível o caminho para a catástrofe. Em vez de deixarmos o presente para trás, empurramo-lo, por assim dizer, cada vez mais para o futuro — com o esforço, transformado em um imperativo universal, de "antecipar o futuro", cujo reverso é a proibição de deixar que o tempo se escoe, de que se "perca tempo" (Lyotard, 1988, pp. 78 e ss.). O tempo parece mover-se mais lentamente, mas, paradoxalmente, essa impressão de maneira alguma traz consigo o sentimento de que dispomos de mais tempo.

É verdade que, no outro lado do duplo horizonte de tempo, o da retenção, as experiências do passado não foram reabilitadas como afirmações normativas de cada ação presente (se esse hábito pré-moderno tivesse reaparecido, então o esforço de antecipação do futuro seria supérfluo); mas os espaços e meios do passado podem ser reproduzidos materialmente em uma perfeição técnica até há pouco tempo desconhecida, de forma que o presente se preencha com uma diversidade de passados. Ambos os movimentos, o adiamento do futuro ameaçador para um futuro distante e o preenchimento do presente com múltiplos passados, convergem na impressão de *que no tempo social pós-moderno o presente está se tornando mais amplo* (tão amplo que não é mais transformado em passado por nenhum futuro que se transponha para o presente). Justamente por isso, temos motivos para acreditar que o tempo pós-moderno não seria mais uma época ulterior numa seqüência de épocas (por exemplo, ordenadas teleologicamente), mas que ele realmente encerrou a construção histórico-filosófica das épocas que se substituem umas às outras. Esse seria um sentido não-trivial que se poderia dar ao predicado pós-história (cf. Gumbrecht, 1985). Mas quando também o curso da história orientado linearmente parece tornar-se "mais lento" (para os europeus é surpreendente verificar que, entre 1962 e 1989, não decorreu um número maior de anos do que entre o fim da Primeira e o fim da Segunda Guerra Mundial), então o presente tornado mais amplo apresenta-se numa diversidade proliferadora de tempos — seja em um aeroporto, na arquitetura dos centros das cidades ou na frente de uma tela de televisão. A identidade da construção social pós-moderna de tempo pode ser experimentada, portanto, como uma tensão: de um lado, encontra-se o sentimento da "*mobilização geral*" (Lyotard) por meio de um presente que é formado por uma diversidade de espaços temporais. E, de outro lado, esse presente estende-se por uma *amplitude cada vez mais amorfa*, com o que, ao final, o sentimento de um curso do tempo histórico dá lugar à impressão de um estado de suspensão.

No caso da *espacialidade* pós-moderna entrou em cena uma desassociação entre a posição do corpo de um experimentador/agente — em dado momento — e as zonas acessíveis à sua experiência/ação. Hoje em dia, a mudança entre tais zonas não necessita mais amiúde de nenhum movimento do corpo e não exige, portanto, nenhum tempo. Na era da "discagem direta", para aquele que telefona de Berlim, não há nenhum Atlântico entre Paris e Nova York — a relação entre os lugares deixou de ser uma relação espacial. Mesmo onde o movimento no espaço e a mudança dos objetos de percepção condicionada por esse movimento ainda exigem intervalos mínimos de tempo — como em um vôo, por exemplo —, esse movimento quase não é mais experienciado fisicamente. Pois, abstraindo-se o fato de que não é ele mesmo que realiza seu movimento para a frente, o corpo de um passageiro de avião sente o movimento apenas nas fases de aceleração ou de freagem da decolagem e da aterrissagem. Durante o vôo — sobretudo com o céu coberto de nuvens — é necessário estar a par do movimento realizado para que também o possamos perceber.

Assim como nossa relação com os fenômenos percebidos não é mais uma relação espacial em que o corpo humano deixou vazia a posição que ocupava o centro das zonas de ação do seu corpo, a realidade pós-moderna do *trabalho* também se afasta do conceito clássico que definia o "trabalho" como a apropriação da natureza *pelo corpo* (cf. Dotzler e Rincón in Weimann & Gumbrecht, [1989], pp. 375-83, 360-67). A atividade dos "trabalhadores" que vigiam as telas de monitores para registrar as perturbações (tornadas raras) nos processos automatizados de produção é uma relação entre o intelecto humano e uma forma agregada do mesmo — onde, de um lado, o computador substituiu o corpo como portador do intelecto. Se nos conscientizarmos de que, em muitos países, essa forma de "trabalho" ainda não substituiu por completo sua forma física apenas devido a motivos sociopolíticos, então estamos próximos da idéia de que, num futuro próximo, mudará a sensação produzida até agora pela vivência humana de uma realidade "palpável", que contrapõe ao corpo uma "resistência material". E, com isso, também a diferença entre "significado" e "referência" poderia entrar em colapso, diferença que é tão importante — e lingüisticamente tão difícil de ser descrita — para a consciência que acompanha nossa comunicação.

Muito antes de os filósofos constatarem — com base na observação de diversos sintomas convergentes — uma "perda do corpo" (mais precisamente: uma perda da experiência imediata do corpo imposta por relevâncias cotidianas), amplos movimentos de compensação já haviam, na verdade, se institucionalizado. Entre eles encontram-se o incremento — que, no final do último século, dificilmente se poderia intuir — da prática de esporte e do número de espectadores dos diversos desportos e a "liberação da sexualidade", que rapidamente degenerou numa obrigação fomentadora de neuroses, liberação que Michel Foucault, na sua última obra, esclareceu ironicamente a partir de uma perspectiva histórica (Foucault, 1976). Ora, justamente em ambas as versões — na do esporte e na do erotismo "emancipado" — torna-se totalmente claro para muitos contemporâneos que o corpo aparece como um "objeto de desejo" *inatingível*, na medida em que se procura experienciá-lo de maneira imediata. Acrescenta-se a isso o temor — completamente fundado — de que a imediatez da experiência do corpo pode se instalar justamente ali onde ela é ameaçadora: o medo da Aids anulou os "progressos" da nova promiscuidade dentro do menor tempo possível, e certamente milhões de pessoas já morrem anualmente vítimas da fome (dos problemas da produção e distribuição de alimentos para uma população mundial sempre em ascensão), enquanto, alhures, tratamentos de emagrecimento que sinalizam uma volta à corporalidade são vendidos por altos preços.

Também a reflexão sobre a espacialidade pós-moderna nos conduz a um diagnóstico paradoxal: de um lado, as mudanças do comportamento cotidiano, que devem ser observadas aqui, podem ser entendidas como uma reação a um desaparecimento gradativo da experiência imediata do corpo; exatamente esse desaparecimento da experiência do corpo, porém, intensificou nossa atenção ao corpo — e talvez tenha até produzido, indiretamente, aquela nova sensibilidade do espaço que a arquitetura contemporânea está cunhando.

IV

Desde Aristóteles tem se reconhecido, como premissa de qualquer pensamento aceitável, a proibição de atribuir a um e mesmo objeto um atributo e, ao mesmo tempo, o seu oposto:

> "É impossível que uma coisa ao mesmo tempo convenha e não convenha à mesma coisa e sob o mesmo aspecto.
>
> Esse é o princípio mais firme de todos.
>
> Pois é impossível que alguém possa supor que o mesmo seja e não seja.

> Por isso, todas suas provas remetem a essa opinião como a opinião última.
>
> Todo o verdadeiro deve estar, sob todos os aspectos, em concordância consigo mesmo.
>
> Pois o verdadeiro concorda com o real, mas, com o falso, o verdadeiro logo estará em desacordo." (Aristoteles, 1969, p. 15)

Durante dois mil e quinhentos anos, a cultura ocidental, em todas as situações, manteve a *diferença entre identidade e diferença*. Somente os textos de Jorge Luis Borges (que muitos canonizaram, não por acaso, como um "pai do pós-modernismo") revelam a seu público intelectual o entendimento de que a própria linguagem não se contrapõe, de modo algum, à supressão dessa diferença, da qual, por sua vez, resulta a *simultaneidade de diferença e identidade*: no conto de Borges, o texto de Pierre Menard do *Quixote* deve ser idêntico e, ao mesmo tempo, diferente do texto de Cervantes.

Nas páginas anteriores, quis mostrar que a descrição da temporalidade e espacialidade pós-modernas depara-se com fenômenos semelhantes de um apagamento da diferença entre identidade e diferença. O *tempo*, enquanto tempo histórico, parece ter alcançado, em um presente que se torna cada vez mais amplo, um estado de suspensão *e, ao mesmo tempo*, parece, numa multiplicidade de temporalidades simultaneamente vivenciáveis, ter-se movimentado com mais veemência do que nunca fizera antes. Com a experiência imediata do corpo o espaço foi perdido *e, ao mesmo tempo*, com uma nova concentração sobre o corpo, é vivenciado numa diferencialidade insuspeitável. Pode-se ter a opinião de que tal des-diferenciação entre diferença e identidade nada mais é que um indício da insuficiência passageira de nossos conceitos (mais ou menos) filosóficos no caso da apreensão dos mundos cotidianos contemporâneos. Todavia, talvez também esteja sendo preparado, para além da observação de tal insuficiência, o entendimento de que a dominância da lógica na nossa cultura, dominância que durou tanto tempo, levou à solidificação de modos de assimilação da realidade que são "distantes da realidade". Provavelmente não é possível decidir, com base em argumentos *filosóficos*, por uma ou pela outra possibilidade de explicação. Além disso, é mais urgente — onde filósofos e intelectuais mantiveram os olhos fechados por tanto tempo — a resposta à pergunta sobre as *conseqüências do deslocamento pós-moderno de espaços e tempos.*

Partimos do pressuposto de que uma delimitação específica da dimensão espacial e da temporal estivera incluída entre as estruturas constitutivas da subjetividade da era moderna. Essa subjetividade — mais precisamente: a possibilidade de pensá-la transcendentalmente — funcionara como garantia para a exeqüibilidade das reivindicações de objetividade, de verdade e consenso, pelas quais a ciência (e, eventualmente, também a política) orientou-se durante os séculos passados. Mas, se os tempos/espaços da era moderna entraram — por assim dizer, "às costas da filosofia" — num processo de reestruturação (ou talvez até de dissolução), então não podemos mais esperar realizar de pronto os objetivos totalizantes de objetividade, verdade e consenso. Certamente, não podemos atribuir aos meios de comunicação essa transformação como explicação monocausal, mas, ainda assim, nossa experiência com a mídia serve para presentificar — metaforicamente? — a mudança acontecida. A mídia constitui uma *realidade a partir de uma diversidade de mundos.* Essa diversidade de mundos nos é apresentada como sociedade, mas *não mais* construimos a partir disso *uma realidade comum*, porque cada usuário da mídia seleciona e combina, individualmente, cenários móveis do "programa" — assim como a experiência permite que a temporalidade e a espacialidade pós-modernas transformadas tornem-se subordináveis à vontade *individual*, porque elas não se limitam mais a uma esfera intersubjetiva de coordenação recíproca da experiência. Talvez esse estado seja simplesmente a etapa alcançada presentemente na história da prática de conhecimento (cf. Gumbrecht & Müller-Charles, 1989b). Na Idade Média, o homem via-se como parte do cosmo. Somente no início da era moderna, ele foi deslocado para a posição excêntrica de um *observador* dos fenômenos — sem que, para ele, pudesse se tornar evidente o estado paradoxal da exigência que se encontrava no fato de querer ser observador e, ao mesmo tempo, parte deste mundo. Se se confiar na análise de Michel Foucault (1966, pp. 225 e ss.), então somente depois da virada do século XVIII para o XIX surgem finalmente indícios de que os homens começam a observar-se enquanto observam — e, na medida em que tal posição secundária de observador foi institucionalizada, estabeleceu-se também a convicção de que *aquele conhecimento depende do ponto de vista e do aparato cognitivo do observador.*

Aqui convergem os pequenos contos epistemológicos do "observador" e as conseqüências da transformação pós-moderna nas dimensões "tempo" e "espaço": *a experiência do outro só pode ser experienciada como experiência individual do observador e, conseqüentemente, em relação ao outro, somente como experiência contingente.* Essa situação não exclui de modo algum a idéia de que poderia ser importante, por motivos éticos, políticos (e muitos outros), manter — ou encontrar — no discurso e na experiência, instâncias de autoridade (instauradora de consenso). Mas, ao mesmo tempo, ela presentifica quão difícil — desesperançosa? — se tornou a busca de tal autoridade. Talvez a melhor estratégia se encontre — em vista da procura de instâncias de autoridade — numa reorientação das expectativas. Quero concretizar essa frase um tanto vaga de quase conclusão pela minha própria relação com o telefone. A campainha do telefone (atenuada, nesse meio tempo, na maioria dos aparelhos, a uma harmonia acústica) é, para mim, por princípio, *o* emblema da contingência na vivência do outro (aliás, meu telefone começou a soar precisamente no momento em que comecei a formular essa frase). O telefone pode tocar quando eu tento me concentrar, quando eu estou envolvido em uma conversa ou quando adormeci — e nunca é certo qual o preço que pago por deixar o telefone no gancho. Freqüentemente, porém, meu telefone também permanece quieto — de maneira atormentadora — justamente quando eu espero, ansioso, uma conversa. Por isso afirmo, magoado, que o aparelho sempre toca quando eu não tenho tempo para satisfazer o desejo de conversa de um outro usuário que se anuncia quando toca o telefone. Mas isso é uma reação exagerada, porque ela supõe, secretamente, a possibilidade de uma "coordenação plena de sentido" de todos os usuários do telefone. E eu começo a me despedir da angústia que sinto de uma tal possibilidade.

NOTAS

[1] "Nach modern zeitenräume", in R. Weimann & H.U. Gumbrecht (orgs.), *Postmoderne — globale Differenz*, Frankfurt, Suhrkamp.

[2] O autor se refere ao volume citado na nota 1, anterior.

BIBLIOGRAFIA

ARISTÓTELES (1969). *Elemente der aristotelischen Logik*. Adolf Trendelenburg & Rainer Beer (orgs.). Reinbek.

ELSNER, M., GUMBRECHT, H.U., MÜLLER, T. & SPANGENBERG, P.-M. (1990). "Von Revolution zu Revolution. Kulturgeschichte der Medien", *Funkkolleg Kommunikation und Medien* (Studieneinheit 11).

ENZENSBERGER, H.M. (1989). *Mittelmass und Wahn. Gesammelte Zerstreuungen*. 4ª ed. Frankfurt/Main. [Ver H.M. Enzensberger, *Mediocridade e loucura e outros ensaios*, São Paulo, Ática, 1995.]

FOUCAULT, M. (1966). *Les mots et les choses. Une archéologie des sciences humaines*. Paris. Trad. alemã: *Die Ordnung der Dinge*. Frankfurt/Main, 1971, 1974.

FOUCAULT, M. (1976). *Histoire de la Sexualité I. La volonté de savoir*. Paris. Trad. alemã: *Sexualität und Wahrheit I. Der Wille zum Wissen*. Frankfurt/M., 1977. [Ver M. Foucault, *História da sexualidade I: a vontade de saber*, Rio de Janeiro, Graal, 1977.]

GUMBRECHT, H.U. (1985). "Posthistoire Now", in: Gumbrecht, H. U. & Link-Heer, U. (orgs.). *Epochenschwellen und Epochenstrukturen im Diskurs der Literatur und Sprachhistorie*. Frankfurt/Main, pp. 34-50.

GUMBRECHT, H.U. (1989a). "Wie kann man Fernsehen beschreiben?". In

Erlinger, H.D. & Leist, W. (orgs.). *Medien und Bildung*. Essen, pp. 53-64.

GUMBRECHT, H.U. & MÜLLER-CHARLES, U. (1989b). "Umwelten/Grenzen. Eine Aporie-Spiel-Retrospektive". In Fischer, J. (org.). *Ökologie im Endspiel*. München, pp. 69-75.

HEIDEGGER, M. [1927] (1984). *Sein und Zeit*. 15. ed. Tübingen.

HUSSERL, E. [1907] (1973). *Ding und Raum. Vorlesungen 1907*. Ulrich Claesges (org.). Den Haag.

KANT, I. [1804] (1958). *Welches sind die wirklichen Fortschritte, die die Metaphysik seit Leibnizens und Wolffs Zeiten in Deutschland gemacht hat?*. In Kant, *Werke*. Wilhelm Weischedel (org.). vol. 3, Wiesbaden.

KOSELLECK, R. (1979). "'Erfahrungsraum' und 'Erwartungshorizont' — zwei historische Kategorien". In id. *Vergangene Zukunft. Zur Semantik historischer Zeiten*. Frankfurt/Main, pp. 349-375.

LUHMANN, N. (1984). *Soziale Systeme.Grundriss einer allgemeinen Theorie*. Frankfurt/Main.

LYOTARD, J.-F. (1988). *L'inhumain. Causeries sur le temps*. Paris.

SCHÜTZ, A. & LUCKMANN, T. (1975). *Strukturen der Lebenswelt*. Neuwied.

SERRES, M. (1987) *Statues. Le second livre des fondations*.

SPANGENBERG, P.-M. (1988). "TV, Hören und Sehen". In Gumbrecht, H.U. & Pfeiffer, K. L. (orgs.). *Materialität der Kommunikation*. Frankfurt/Main, pp. 776-798.

VI.
Epílogo

1. A MÍDIA LITERATURA

I

Literatura como mídia? — a pergunta pode ser legítima. Pois, ao menos na linguagem cotidiana alemã, usa-se o termo *medium* especialmente para designar dispositivos técnicos utilizados para possibilitar a comunicação realizada através de distâncias espaciais e, às vezes, também temporais: o rádio e a televisão (tipicamente mencionados), o livro impresso ou as tabuinhas de cera da Antigüidade (mencionadas após alguma reflexão). Entretanto, não há provavelmente um conceito científico ou cotidiano corrente de literatura cujos objetos de referência poderiam ser associados com um e apenas um meio no sentido acima circunscrito e, por outro lado, coincidiriam com os objetos de referência desse meio. Por exemplo, nem todos os textos que denominamos "literatura" foram textos originalmente impressos em forma de livro, e nem todos os livros impressos denominamos "literatura".

Mas se se pode ver que é legítima a questão de saber se a literatura é um meio de comunicação, então também está correto que esta questão é potencialmente vazia. Pois ambos os conceitos em discussão, "mídia" e "literatura", podem naturalmente ser traduzidos de tal maneira a contrapelo dos sentidos predominantes que a "literatura" aparece como uma "mídia". No caso desta coletânea sobre a história dos meios de comunicação, os editores tornaram a pergunta potencialmente inócua, "se *x* é um meio de comunicação", uma tarefa introdutória para os autores, na medida em que prescreveram de antemão um conceito de meio de comunicação essencialmente excêntrico (mas ainda assim plausível). Meios individuais de comunicação devem ser determinados pela convergência de um tipo sempre determinado de "presença à distância" com um feixe sempre determinado de "relações de asseveração". Isto quer dizer, para ilustrar de modo bem provisório esses dois conceitos complexos, que, em primeiro lugar, o que deve ser chamado mídia torna presente, de modo sempre específico, objetos espacial e temporalmente ausentes, e que, em segundo lugar, tais modos de tornar presente estão ligados a certas suposições (geralmente implícitas) sobre a confiabilidade e a aplicabilidade do que assim foi tornado presente.

A pergunta com a qual eu me defronto por ora não é — para enfatizar pela última vez — se a literatura é um meio de comunicação, mas qual o conceito (e, em última instância, também: qual a história) de "literatura" que se modela com uma tal concentração na "presença à distância" e nas "relações de asseveração". Começando pelo final, o que não é inusitado na narração de histórias, ou seja, com os conceitos (não necessariamente acadêmicos) de literatura que predominaram na nossa época, encontramos no início da constatação que a palavra "literatura" quase não pode mais ser usada hoje como denominação classificatória. O *New York Times Book Review* diferencia entre *fiction* e *nonfiction*,[1] sendo que a rubrica *fiction* não se limita aos textos narrativos (como se esperaria de uma convenção do idioma inglês) — e, ainda assim, sempre fica aquém da *nonfiction* quanto ao número de títulos discutidos. Algo análogo vale para a distinção que a língua alemã faz entre *Belletristik* ["belas-letras"] e *Sachbuch* ["literatura especializada"]. O que nós, leitores, porém, esperamos dos livros discutidos como *fiction* e *Belletristik*? Talvez devêssemos sublinhar, primeiramente, que não esperamos nada de muito preciso. Em outras palavras: os conceitos de literatura (e seus substitutos) predominantes no estado presente de nossa cultura são conceitos estranhamente vagos. Quando se procura, então, dar alguma precisão a suas associações pré-conscientes e semiconscientes, fica claro quão esclarecedoras são as perspectivas "presença à distância" e "relações de asseveração". Pois, sem dúvida, enquanto leitores, estabelecemos — primeiramente — uma proximidade específica com os autores da literatura, uma relação de intimidade (imaginada). Uma tal impressão de proximidade e intimidade talvez resulte apenas do fato de que com isso não esperamos ser convencidos de qualquer coisa por um autor literário ou instruídos definitivamente sobre qualquer outra coisa, ou do fato de que, conseqüentemente, não há um objeto de referência comum entre autores e leitores. A proximidade entre os autores e os leitores de literatura resultaria da ausência, em ambos os lados, de interesses relevantes em termos de prática cotidiana. Porque nem o autor nem o leitor — assim Jean-Paul Sartre descreveu essa situação há mais de meio século, no seu ensaio *O que é literatura?* — tem um motivo obrigatório e nem mesmo importante para interessar-se um pelo outro e se comprometerem um com o outro, por isso a relação que existe entre eles pode ser caracterizada como um "pacto de magnanimidade". Os leitores de literatura — segundo lugar — estão propensos a propor a questão, geralmente necessária e amiúde obsessiva no cotidiano, de saber se são confiáveis as referências ao mundo apresentadas por um texto. É exatamente isto — de modo nenhum uma "falta de referência" em todos os casos — que se expressa em inglês com a frase *willing suspension of disbelief*[2] e a que nos referimos quando dizemos (pelo menos em alemão) que a "ficcionalidade" é um componente central da literatura. Não tem nenhuma importância para nossa relação com os textos literários se seus autores nos asseguram, em um sentido pragmático, uma referência ao mundo e, conseqüentemente, confiabilidade. Uma — terceira — expectativa em relação à literatura e que os escritores gostam de confirmar tem uma estrutura potencialmente paradoxal. Atribuímos aos textos literários — em face de todos os outros discursos — uma mais-valia (praticamente impossível de ser determinada de modo mais claro), mas nossa única certeza frente a esta mais-valia repousa no fato de que ela não se deixa traduzir numa mais-valia relevante em termos da prática cotidiana, enquanto permanece obscuro o princípio de sua fundamentação. A maioria dos leitores e dos especialistas em literatura partem do pressuposto de que ela se encontra em determinadas qualidades formais, e assim eles contribuem de boa vontade para sua ulterior mistificação desta mais-valia, na medida em que sublinham imediatamente que seria preciso, para a percepção de uma tal qualidade formal, um gosto especialmente cultivado. É por este critério permanecer vago que o leitor é levado muitas vezes à ambição de evidenciar a sua intimidade com a literatura por meio de uma confiança cega na validade desse critério. Afinal (e talvez de modo surpreendente), durante muitos séculos, mostravam-se inextinguíveis a esperança ou o temor de que a literatura fosse "transgressiva" ou "subversiva", em todo caso perigosa de uma ou de outra maneira para os que estavam no poder. Se e como se realiza essa atribuição não é de modo nenhum a questão com respeito ao meio de comunicação "literatura". Importante é apenas sublinhar que essa expectativa há pouco motivada eticamente suscita repetidas vozes de protesto que visam reconduzir a literatura à sua determinação "própria" de transgressividade sempre que ela se afasta demasiado desta função.

Há um conjunto de colocações e asseverações — a proximidade imaginada entre leitores e autores, a ficcionalidade como suspensão do ceticismo sistemático, a mais-valia da forma textual e a transgressividade social —, do qual não podemos necessariamente esperar (mas também não excluir peremptoriamente) que tenha se formado dessa maneira ou se formará fora das culturas ocidentais. E mesmo dentro da cultura ocidental, essa configuração tem mais o valor de uma apreensão momentânea representando nosso presente do que o valor de uma estrutura institucional estável a longo prazo. Portanto, a história do meio de comunicação "literatura" não é nem uma história transcultural, nem uma história que tem a ver apenas com modalizações de uma estrutura com *status* meta-histórico. Todavia, acredito que, partindo do *status* de mídia que a literatura ocupa no nosso presente, podem ser rastreadas até a Idade Média uma série de etapas de transformação, que consideramos, com alguma boa vontade, como continuidade e podemos contar como história. Essa história parece não ser nem impulsionada por um princípio básico específico, nem estar subordinada a um determinado objetivo. Ela nada mais é do que uma genealogia histórica, nada mais do que a documentação de uma continuidade, cujas diferentes etapas nem mesmo apontam necessariamente para algo semelhante a um "denominador comum". As etapas nessa genealogia do meio de comunicação "literatura", que gostaria de descrever sumariamente nas próximas páginas, são o início do século XII, as décadas de uma primeira institucionalização da arte da imprensa no final de século XV, a funcionalização ético-política da literatura no Iluminismo, o Romantismo e o apogeu das vanguardas literárias no início do século XX. O fato de essa genealogia iniciar-se na Idade Média não implica a tese de que antes da Idade Média — sobretudo na Antigüidade grega e romana — não tenham existido textos que se aproximassem ou correspondessem ao nosso conceito de mídia "literatura". Mas quando, partindo do presente nos permitimos conduzir ao passado por meio das transformações deste meio de comunicação, encontramos sabidamente no fim da Idade Média o momento histórico em que a continuidade dessa tradição se interrompe. Este hiato é o ponto de partida de nossa genealogia.

II

A maioria daqueles textos em vernáculo que atribuímos ao século XII — e, muito raramente, a séculos anteriores — foi-nos transmitida em manuscritos do fim da Idade Média, a partir dos quais os filólogos (sobretudo do século XIX) extrapolaram sua história literária da Alta Idade Média. As formas textuais que encontramos em edições modernas (inclusive as atribuições de textos a determinados nomes de autores) têm, portanto, um *status* completamente hipotético, e nunca podemos estar certos de quando teve início a transmissão escrita de uma tradição textual antes dos primeiros testemunhos que nos foram transmitidos. No entanto, mesmo considerando todas essas cautelas permanece interessante que, entre os nomes de autores referidos nos manuscritos vernaculares, aquele que possui a referência cronológica mais antiga pertence a um protagonista histórico, a saber, Guilherme IX, o duque da Aquitânia (1071-1127), que, segundo a transmissão convergente da historiografia latina, esteve, durante toda sua vida, em conflito com a autoridade clerical e espiritual da Igreja. Este fato é tão interessante porque é indubitável que, independente de quem inventou e recitou os textos atribuídos a Guilherme IX, com isso ele se colocou não apenas fora da moral promovida pela Igreja, mas também reivindicou para si aquela competência específica na produção de textos que a Igreja queria manter reservados para si. Até o início da Idade Moderna, a Igreja reclamava para si a competência exclusiva em todos os campos que descreveríamos hoje como "produção intelectual", de forma que os textos de Guilherme IX eram transgressivos não apenas porque embelezavam de forma totalmente explícita a sexualidade fora dos laços matrimoniais, mas também (e talvez devêssemos dizer: sobretudo) porque, pela sua simples existência, encontravam-se, como formas textuais elaboradas singularmente, próximos culturalmente do limiar da escrita — mas fora dos limites institucionalizados da competência da escrita. Ambos os tabus, o do controle sexual e o do controle cultural, os cantos atribuídos a Guilherme parecem querer rompê-los de modo completamente consciente e quase programático, na medida em que ignoram a questão antes central da colocação por escrito, a saber, se o conteúdo de determinados textos compensa o gasto de pergaminho e de tempo de trabalho na transcrição. O mais alto grau de provocação frente à reivindicação de domínio cultural por parte da Igreja é incorporado por um texto de Guilherme IX, que se refere a si mesmo como destituído de conteúdo e ao eu imanente ao texto como algo dormente (e, mais tarde, como alguém enfeitiçado):

"Farai un vers de dreit nien:
non er de mi ni d'autra gen,

non er d'amor ni de joven,
    ni de ren au,
qu'enans fo trobatz en durmen
    sus un chivau.

Non sai en qual hora.m fui natz,
no soi alegres ni iratz,
no soi estranhs ni soi privatz,
    ni no.n puesc au,
qu'enaisi fui de nuitz fadatz
    sobr'un pueg au."[3]

O conceito e a modalidade da ficção parecem ainda não estar desenvolvidos na cultura medieval, pois não há — ao menos no plano específico dos textos vernaculares que nos foram transmitidos — um terceiro termo para a diferenciação entre verdade e mentira. Mas o recolhimento do cantor (do eu imanente ao texto: com certeza não fora ainda desenvolvido um papel de autor no sentido de uma produção textual escrita), como observamos em Guilherme IX, pode muito bem ter cumprido a função da modalidade ficcional, na medida em que suspendeu o nexo necessário entre os conteúdos apresentados pelo texto. O que ocorria nos textos e nas situações envolvendo o texto era um jogo, muitas vezes um provocante jogo com fogo, um jogo que nobres privilegiados, como Guilherme da Aquitânia, davam-se ao luxo de realizar — mas nunca era a de seriedade religiosa ou cotidiana que se expunha realmente à crítica da moral eclesiástica.

Na maioria das nove canções atribuídas a Guilherme da Aquitânia, o cantor dirige-se aos seus ouvintes como pessoas familiares ou como "companheiros" (é provável que este seja o significado que mais se aproxime do provençal *companho*). Se já aí se manifesta um gesto de familiaridade, também aparece nesse *corpus*, pela primeira vez, uma fórmula de presença à distância, que se tornará característica dos cantos trovadorescos. O texto deve ser entregue, na forma escrita, por um mensageiro (às vezes o mensageiro é um passarinho), a uma amada que vive à distância do eu imanente ao texto, tornando presente, assim, o eu para a amada. Sem dúvida, na canção já citada, os contornos desta dedicatória imanente ao texto se tornam tão obliterados quanto qualquer pretensão de compromisso ou de confiança da parte do cantor:

"Fag ai lo vers, no say de cuy;
E trametrai lo a selhuy
Que lo.m trametra per autruy
Lay vers Anjau,
Que.m tramezes del sieu estuy
La contraclau."[4]

As conotações sexuais desses versos fazem parte daquilo que sempre se pode esperar, no século XII, das canções trovadorescas provençais — e daquilo que constituiu, sobretudo, o seu valor provocativo. Se considerarmos que, não obstante o valor provocativo adicional de sua escrituração, as canções trovadorescas sempre foram destinadas a apresentações variadas, então é possível facilmente imaginar como este potencial de obscenidade foi cenicamente degustado e teatralizado. Descobrimos, portanto, nesses textos bastante antigos em vernáculo, referências à presença à distância, relativizações do compromisso textual, pretensões a uma mais-valia textual fundamentada numa competência formal e — sobretudo — diversos gestos de transgressão, em suma, uma admirável gama de fenômenos que lembram a mídia "literatura" na nossa época. Por outro lado, não está claro se a presença à distância da canção trovadoresca já era experienciada como uma forma de proximidade psíquica, se a relativização de sua reivindicação de verdade pode realmente ser comparada ao nosso conceito de ficção, e se a reivindicação de qualidade formal imanente aos textos já é compreendida como um valor a ser reconhecido pelo receptor.

Em todo o caso, os gestos de provocação das canções trovadorescas — e isto pode ser um desenvolvimento que se repete na história da literatura — são domesticados no espaço de poucas décadas. Quando surgem, no terceiro quartel do século XII, os romances cortesãos em verso de Chrétiens de Troyes, *Erec*, *Cliges*, *Yvain*, *Lancelot* e *Perceval*, os enredos fundamentam-se na conciliação entre o ideal do amor cortesão e a instituição cristã do matrimônio — mesmo quando essa conciliação não tem êxito em alguns casos (*Lancelot*, *Perceval*). De qualquer modo, esses textos, em suas longas introduções "poetológicas", procuram fortalecer o seu valor ético de tal forma que a escrituração não deva mais ser experienciada necessariamente como um rompimento da reivindicação eclesiástica de exclusividade sobre a produção intelectual.[5]

III

Com a institucionalização da imprensa a partir da segunda metade do século XV, modifica-se tão fundamentalmente a rede de relações em torno dos textos fixados na escrita, que se propôs considerar este período — e não já o da literatura cortesã da Idade Média — como o início da continuidade histórica da mídia "literatura".[6] Parece ter sido decisivo o fato de que, ao contrário dos textos manuscritos, as letras e palavras impressas não mais podiam ser vistas como marcas de um movimento corporal do copista (ou autor) e de que essa mudança convergiu com uma nova atitude da parte do receptor, qual seja, considerar os textos impressos cada vez menos como indicações para a recitação oral. Com uma metáfora — e, talvez, de modo completamente ametafórico — é possível dizer, portanto, que a introdução da imprensa desaloja o corpo do escriba e o corpo do receptor da situação de comunicação midiática que se desenvolve em torno do livro moderno. Somente agora se impõe a figura do autor em relação à produção textual contemporânea — como uma concretização da subjetividade do início da época moderna. No papel de autor, o puro ato espiritual da produção textual como invenção é nitidamente distinto da fixação escrita do texto e da sua exposição oral. O sujeito-autor como sujeito espiritual é equiparado ao significado textual intencionado pelo autor, que, para leitores e autores, se transforma num padrão da leitura bem-sucedida. Os leitores procuram ativamente a intenção dos autores e, ao mesmo tempo, torna-se uma obsessão para os autores ver suas intenções serem resgatadas pelos leitores-sujeitos (embora os leitores, pela mídia do livro impresso, tornem-se cada vez mais anônimos para os autores) — de modo que, no final, surge uma nova hierarquia na relação entre autores e leitores. Esta hierarquia imbrica-se com uma outra, geralmente implícita, que privilegia aquilo que se supõe presente "na alma" ou "no interior" do autor, desfavorecendo a "mera superfície textual", na qual se manifesta este interior mais profundo. Num tal contexto, durante os séculos XV e XVI, desenvolve-se uma conotação cada vez mais evidente da palavra "expressão" que, somente agora, passa de uma metáfora a um conceito-padrão, conotação esta que insinua que a superfície textual — falada ou escrita — nunca corresponde totalmente àquilo que um sujeito "tem a dizer". Somente isto, por outro lado, torna a "interpretação" (como diríamos no século XX) uma necessidade existencial. Somente a interpretação — que, no caso ideal, sobrepuja as possibilidades de expressão do texto — alcança novamente, resgata novamente o que a alma do autor já contém — sem que isto possa se articular de modo completo além do corpo do autor ou num texto.

No entanto, a imprensa parece ter se colocado não apenas — com conseqüências tão amplas — entre o corpo do copista e o texto fixado pela escrita. Ela também apoiou a idéia (tão clara para nós como para a Antigüidade clássica) de que os textos defrontam-se com "o mundo", de que eles são "reflexos do mundo". Não é por acaso que, durante os dois primeiros séculos da história do livro impresso, realiza-se uma recepção, riquíssima em influências, da *Poética* de Aristóteles, que está centrada no conceito de "mímesis", isto é, da imitação da realidade. Ao passo que os textos da cultura cortesã da Idade Média, enquanto elementos de um jogo direcionado para a provocação, eram parte de uma forma de vida e, conseqüentemente, parte de um mundo social, os leitores modernos esperam dos textos que eles se defrontem com o mundo — ou com os mundos — e o(os) reflitam. Somente sob estas condições abre-se para a categoria da ficção um lugar institucional e uma função, pois só agora começa a ter relevância a asseveração da referência ao mundo por parte dos autores e dos textos. Somente porque uma tal asseveração de referência ao mundo tornou-se importante para autores e leitores, existe um espaço para a ficção enquanto suspensão consciente do ceticismo diante dessa asseveração. A exemplo da categoria da ficção, também a prática moderna da identificação do leitor parece depender de um rompimento entre mundo efetivo e mundo textual. Se os cantadores de poesias trovadorescas assumiam papéis "especificamente literários" ou apenas encenavam o que eles já eram socialmente, isto continua sendo uma questão aberta — talvez para sempre. Em contrapartida, acreditamos que Cervantes, com seu herói Dom Quixote, inventou uma paródia do leitor que tendia a se identificar com livros impressos, que se deixava transportar preferencialmente para papéis e mundos que lhe deviam continuar inacessíveis no seu cotidiano.

Os conceitos familiares para nós de autoria, de intenção de autor e leitura, de reflexo do mundo, de ficção e de identificação são, portanto, grandezas que se tornam constitutivas da mídia "literatura" somente a partir do início da era moderna. Aqui podemos mencionar apenas algumas conseqüências dessa revolução estrutural. A expectativa de uma proximidade específica entre o produtor e o receptor de literatura, por exemplo, somente agora se transforma na projeção de uma proximidade psíquica específica entre indivíduos, os quais, *de facto*, estão menos familiarizados entre si do que em qualquer momento anterior (o *topos* dos autores frente aos seus "queridos leitores" e o *topos* do autor como "parente anímico" do leitor), porque somente agora — ao contrário do que acontece, por exemplo, na poesia trovadoresca — está totalmente eclipsada a dimensão da distância e da proximidade espacial. Ao mesmo tempo, os autores vêem-se expostos, de modo crescente, à pressão da responsabilidade moral pela sua produção textual. Não basta mais escrever e recitar esses textos em que se consumam as formas de vida específicas de certos grupos sociais — os textos devem agora obedecer a um vago critério de "utilidade". Se aqui se manifesta a mais-valia específica da mídia "literatura" (a literatura deve, ao mesmo tempo, alegrar os leitores e ser relevante em termos de utilidade), então a crescente ênfase desse aspecto pode esclarecer por que os tons provocativos da literatura, no início da era moderna, aparecem claramente abafados. Os autores não podem mais se dar ao luxo de não ser instrutivos. Muito mais do que nos séculos anteriores, eles cuidam para que seus textos tenham uma estrutura narrativa ou argumentativa contundente que possa ser identificada como portadora — como alegoria — de uma figura positiva de sentido. Uma vez que os leitores agora vêem tais estruturas e figuras de sentido como expressão de uma intenção do autor — e certamente também já como propriedade espiritual do autor —, os textos, em sua forma lingüístico-material, não são mais reiteradamente acomodados às convenções de grupos sempre novos de receptores. Eles permanecem estáveis e, desta forma, se carregam, a longo prazo, de conotações de historicidade, as quais, por sua vez, remetem às situações de seu surgimento.

Na era do livro impresso, a comunicação é cada vez mais compreendida como circulação de figuras de sentido mais ou menos complexas — e isto vale para a mídia "literatura" tanto quanto para todas as outras modalidades de interação lingüística. Com isto, porém, passa para um segundo plano uma função da comunicação que era tão óbvia na Idade Média que praticamente não recebia menção. A comunicação medieval era sempre — numa cultura regida pela idéia da "presença real" divina —, pelo menos parcialmente, a produção de presença corporal. Isto valia também para o intercâmbio de manuscritos, cuja escrita era inevitavelmente a marca de movimentos corporais. Onde a mídia "literatura" conserva esta função de produção da presença, ela é institucionalmente desarticulado e passa a ser compreendido como "teatro" (bem no sentido moderno do conceito), como aquela forma especial de literatura da qual a presença corporal é constitutiva. Retrospectivamente, no entanto, isto significa que não podemos contar com um "teatro medieval" no sentido equivalente, porque todo ato de comunicação na cultura medieval era concomitante e inevitavelmente um ato de produção de presença corporal. Não seria difícil mostrar que também o teatro moderno muda, em poucas décadas, sua função principal para a comunicação enquanto circulação de figuras de sentido. Os corpos dos atores não apontam mais para si e para a sua presença, mas para significações complexas, em relação às quais as configurações de papéis e corpos têm o estatuto de signos (*signifiants*) a serem decifrados.

Na literatura impressa, por outro lado, desenvolve-se até um grau especialmente alto a independência dos textos em relação ao seu enraizamento em certos padrões situacionais (e nisso se inclui a presença daqueles que os usam como meio da comunicação). Muito mais claramente do que, por exemplo, os livros didáticos, as coletâneas de sentenças jurídicas ou os repertórios de canções, os textos literários tornam-se (para usar um termo cunhado por Niklas Luhmann)[7] "comunicação compacta" (*Kompaktkommunikation*). Isto quer dizer que os leitores agora podem esperar dos textos remissões àquelas situações de realização que eles devem imaginar como quadro para a utilização desses textos. No lugar da recitação da canção diante da dama adorada (caso isto tenha sido de uso na corte) aparece agora, como livro impresso, uma coleção de "Poemas para amantes", cuja forma em versos e estrofes perpetua-se por séculos, embora seus textos logo se tornem objeto privilegiado de uma leitura silenciosa. Um livro de cem novelas com um relato que as emoldure substitui aquela roda sociável de amigos (que talvez não seja nada mais do que um produto da imaginação histórico-literária sentimental) que, reunidos ao redor de uma mesa, narram histórias curiosas e edificantes. A moderna mídia "literatura" ensina seus leitores a imaginar não mais apenas significações textuais, mas também a presença do uso destes textos.

IV

Há motivos pertinentes para utilizar o nome "literatura" apenas para aquelas formas de meios de comunicação que se cristalizam em torno do livro impresso. Em contraposição aos meios de comunicação medievais, são constitutivos destes últimos meios o papel do autor (inclusive a intenção autoral) e o papel do leitor solitário, uma proximidade entre autor e leitor, que é exclusivamente proximidade psíquica ou intelectual, e o pressuposto de que os textos funcionam sempre como representação do mundo (no modo ficcional e não-ficcional). Ao desdobrar, como eu sugeri, o conceito da mídia "literatura", fazendo-a abarcar formas específicas da comunicação no contexto da cultura medieval, é possível defender a tese de que suas possibilidades específicas nunca se aproximaram tanto de uma manifestação ideal típica quanto no século XVIII, isto é, na época do Iluminismo — que, do ponto de vista da história da cultura, também foi a época do domínio máximo do espírito sobre o corpo. Nunca antes e nunca depois a literatura do Ocidente esteve centrada de forma tão inequívoca na constituição de significações, na sua validação enquanto representação do mundo e na sua circulação enquanto conhecimento sobre o mundo. Por algumas décadas, o conceito de literatura, na verdade, desdobrou-se para englobar a gama de todos os textos e gêneros de textos, dos quais os leitores — seja em que modalidade específica for — podiam esperar a mais-valia de uma ampliação e complexificação de seu saber sobre o mundo.

Com isso reforçou-se, sob uma constelação duplamente paradoxal de condições, a pretensão da literatura de ser transgressiva, pretensão que fora um tanto abafada no início da era moderna. Nosso conceito de Iluminismo ainda é determinado por sua reivindicação tradicional de que o novo saber veiculado por sua literatura era cada vez menos um conhecimento que se alimentava da tradição de instituições corporativas e que servia à legitimação dessas instituições. Nisto estava seu valor provocativo: o de ser um saber a serviço da mudança e da inovação. Por outro lado, porém, o saber do Iluminismo era notavelmente cego em relação ao seu próprio lugar relativo. Quase sem exceções, ele se apresentava como o correlato de uma natureza "cósmica" ou "puramente humana", e seus produtores afirmavam de modo totalmente autólatra (por exemplo, no artigo "Philosophe" da *Encyclopédie ou Dictionnaire raisonné des arts et des métiers* editado por Diderot e d'Alembert a partir de 1756) que sua distância, seu isolamento mesmo em relação à sociedade, era uma garantia da objetividade do saber produzido por eles. Paradoxalmente, a transgressividade da literatura do Iluminismo realizou-se, por isso, na sua autoencenação como natureza e humanidade, e sua reivindicação de objetividade baseava-se numa subjetividade que não raro se encenou como individualidade, ou seja, como excentricidade de uma virtude perseguida por uma sociedade que se tornou desumana.

Ficcionalidade como eliminação da diferenciação entre "verdadeiro" e "falso", ficcionalidade como suspensão de um ceticismo básico diante do saber configurava uma atitude que só podia permitir-se de modo comedido uma literatura que se fiava, tanto quanto a do Iluminismo, na adequação universal do saber que circulava nela. Por isso, a expectativa-padrão frente a seus textos estava fundamentada na premissa de que eles apresentavam fatos totalmente verdadeiros, embora esses fatos verdadeiros estivessem amiúde articulados em histórias inventadas ou "fábulas". Se um jovem de nome Candide e um sábio judeu de nome Nathan realmente viveram, pouco importava que os leitores soubessem. Tanto mais que eles estavam dispostos a aceitar seriamente como "verdade" a mensagem para a qual convergiam o *conte philosophique* de Voltaire e o drama de Lessing, a saber, a mensagem de que cada indivíduo particular — nem que fosse por interesse próprio — era obrigado a cultivar aqueles dons que a natureza lhe deu. Segundo este tipo de compreensão, a literatura do século XVIII era altamente alegórica — e isto também quer dizer: dependente da possibilidade de estabelecer uma distinção inequívoca entre o saber que os seus autores intencionavam mediar e os processos e formas literários que foram utilizados para esse fim.

A "presença à distância" característica da mídia "literatura", isto é, a proximidade constitutiva entre autores e leitores concretizou-se, durante o Iluminismo, sobretudo na hipótese global de que os autores, para o bem de seus leitores — e opondo-se às ameaças de censura e repressão —, colocavam à disposição um saber novo e depurado de todos os preconceitos. Complementarmente a isso, um gênero literário, o romance epistolar, conquistou uma simpatia inimaginada e um prestígio lacrimejante, ao oferecer aos leitores acesso aos sentimentos mais subjetivos e excêntricos dos protagonistas que trocavam correspondência. Quanto mais uma correspondente de cartas estivesse afastada das atividades oportunistas da sociedade — tal era a premissa à qual se atinham *best-sellers* como *Clarissa Harlowe* de Richardson ou *La nouvelle Héloïse* de Rousseau —, tanto mais desenvolvida seria sua capacidade de auto-reflexão e, quanto maior sua capacidade de auto-reflexão, tanto mais a heroína teria moralmente razão perante a sociedade. Neste sentido, o romance epistolar do Iluminismo é quase um desdobramento hiperbólico do paradigma da literatura, institucionalizado desde o início da era moderna, como "expressão" — sempre incompleta — de uma "profunda" interioridade, à qual os textos jamais podem corresponder totalmente, motivo pelo qual eles necessitam da interpretação. Mas foi justamente a "exterioridade" material dos textos, sempre como que desprezados, que conseguiu pregar uma peça na reivindicação moral de autotransparência e auto-reflexão. Pois, uma vez publicadas em livros impressos, as cartas altamente emotivas das heroínas virtuosíssimas não se subordinavam mais ao controle de seus autores ficcionais e reais. Podia-se então — e pode-se ainda hoje — descobrir nestes textos de Julie e de Clarissa poderosos anseios de manipulação, o seu egocentrismo e sobretudo os limites daquela autotransparência na qual se fundamentava a reivindicação de objetividade do indivíduo excêntrico. Nada foi mais precário para a autocompreensão da literatura do Iluminismo do que tais descobertas de inconsistência por parte de seus leitores, mesmo que essas inconsistências e estas descobertas fossem tão pouco "reais" quanto os sentimentos e reflexões de suas protagonistas.

V

Esta incompatibilidade entre as posições da subjetividade e as reivindicações de objetividade tornar-se-ia o *leitmotiv* epistemológico do século XIX. Ela motivou aquela "crise da representação" que se preparava por volta de 1800 e que Michel Foucault descreveu repetidamente — às vezes em tons quase dramáticos. Ela pode ser explicada — com Niklas Luhmann — como uma conseqüência de uma complexificação daquela perspectiva pela qual a cultura ocidental observa o mundo: na medida em que essa perspectiva tornava-se auto-reflexiva, produzia, conjuntamente com o saber sobre o mundo, uma consciência de sua vinculação à posição. Mas, sobretudo, a premissa da incompatibilidade entre posição da subjetividade e reivindicação de objetividade fundamenta a tese hegeliana do "fim do período da arte" na produção artística "romântica" cada vez mais subjetiva.

No nosso contexto, tudo isso é digno de nota, em parte porque a nova situação epistemológica pode ser vista como uma perfeita inversão da epistemologia do século XVIII, na qual a "isenção de preconceitos" do sujeito, a ser conquistada por meio da excentricidade, era a condição mais importante de sua objetividade (no século XIX, ao contrário, qualquer excentricidade já parecia "excêntrica demais"). Mas, sobretudo, tornou-se agora uma obsessão — ora programática, ora pré-consciente — de toda literatura chamada "realista" da época superar justamente a crise de representação. Todavia, isto ocorreu num quadro de condições sócio-históricas que se haviam modificado dramaticamente durante as décadas das reformas e revoluções burguesas. Sob governos que estavam comprometidos com a tarefa de apresentar sua política como realização de ideais reformadores ou revolucionários, pela primeira vez a experiência do cotidiano social contrastou com as representações de ideais da vida social coletivamente mediadas. Desenvolveu-se um campo de atividades de lazer — agora aberto, por princípio, a todos os grupos sociais — como uma esfera da mediação entre cotidiano social e imagem normativa da sociedade. As atividades de lazer possibilitavam (sob condições específicas e restrições temporais) a realização daqueles desejos que a imagem normativa da sociedade sempre prometera, sem que o cotidiano social pudesse realizar essas promessas; de diversos modos, as atividades de lazer eliminavam a impressão de um hiato entre cotidiano social e ideal social — e elas tiveram sucesso nesses dois casos, na medida em que funcionavam como compensação (das expectativas não realizadas no cotidiano social) ou como reconciliação (com esse cotidiano). Mas como os atos de compensação e os atos de reconciliação só podem ser efetivos quando não se apresentam como tais (quem se contentaria com uma satisfação das necessidades que se apresentam como compensação?), o desenvolvimento do campo social do lazer coincidia com um desaparecimento quase brusco das longas declarações de intenção e das consignações de função que, justamente no século XVIII, haviam tantas vezes acompanhado determinadas ações.

No século XIX — segundo nossos conhecimentos estatísticos, a grande época da leitura solitária não orientada para um objetivo —, a recepção literária tornou-se uma zona central no campo das atividades de lazer e, justamente a partir desta ligação, surgiu, primeiramente compreendida como um título de honra, a autocompreensão da literatura como "carente de função" (o que, na nossa retrospectiva histórica, não pode ser confundido com uma falta factual de função social). É exatamente com essa aparente carência de função que se relacionava a expectativa tradicionalmente vaga de que a literatura reservasse aos seus receptores uma mais-valia específica, que não podia ser calculada em termos de funções relevantes para o cotidiano. Esta mais-valia foi amiúde associada à contribuição dos textos literários para a formação de uma imagem normativa da vida social e individual — uma visão que elevou a leitura literária à posição de uma quase-religião e, assim se supõe, desempenhou um papel fundamental na decisão de políticos da educação, em diversas nações européias, de organizar e financiar uma disciplina acadêmica dedicada à literatura. Ao mesmo tempo, durante todo o século XIX, foram sobretudo as obras de autores literários (pensamos em Balzac e Dickens, Manzoni, Pérez Galdós e Tolstoi) que sustentaram a crença, tornada epistemologicamente problemática, na possibilidade de apreensão e representação objetiva do mundo. Nisto afirmava-se, ao mesmo tempo, o *status* quase-transcendental da literatura e o seu papel de mediadora entre a imagem normativa da sociedade (que conservava a idéia da objetividade do saber apresentado nela) e a experiência social do cotidiano (que revelava de modo sempre problemático a conservação de tal objetividade). Esta salvação — passageira — da crença na representação e na objetividade pode ter sido um dos motivos principais por que — ao menos no campo do romance realista — conceitos como ficção ou imaginação são temporariamente eclipsados pela reivindicação da "carência de função" que pode ser ligada, sem dificuldade, à "imparcialidade" e à "objetividade".

Mas poderia um meio "literatura", que estava então tão fortemente associado a um *status* quase-transcendental e à função da estabilização do saber, manter sua associação tradicional com a transgressão e a transgressividade, que contraria este *status* transcendental? Todas as suas funções e associações (parcialmente novas) confluíram numa imagem do papel do autor literário, que nunca alcançou nem antes nem depois do século XIX uma posição tão nítida. De um lado, para os escritores do século XIX, não era de modo algum uma quebra de tabu atribuírem a si mesmos a posição de sacerdotes e mediadores do transcendental, na medida em que esta posição correspondia às funções novas, quase-religiosas da literatura. Por outro lado, essa distância sacerdotal do autor em relação às trivialidades do aquém era também a distância do indivíduo heróico que se festejava a si mesmo — não sem orgulho — como gênio marginalizado da sociedade e por ela perseguido, distância que foi levada ao paroxismo do extático, ao contrário do que ocorreu no século XVIII. Quando Charles Baudelaire, em 1857, na dedicatória de sua coletânea de poemas, *Les fleurs du mal*, dirige-se ao "leitor hipócrita — meu sósia, meu irmão", situa a solidariedade entre autor e receptor, a que alude, na distância deliberada daquele que, rechaçando todas as convenções morais, se isola da sociedade. Mas, para Baudelaire, o leitor — assim como o autor — é um "hipócrita", porque ele também está repetidamente encenando essa distância agressiva como distância honrosa do sacerdote e do vidente. Finalmente, a proximidade produzida pela mídia "literatura" em relação a seus leitores, nos textos do século XIX, é celebrada sobretudo como a proximidade recíproca de indivíduos excêntricos — e isto quer dizer, como uma dupla excentricidade, que, paradoxalmente, torna-se um fenômeno de massa por força da popularidade da leitura literária, exatamente no século XIX. Um modo específico no qual se realiza a transgressividade e a excentricidade do autor-indivíduo é a compulsão a inovar. Desde o início do século XIX, espera-se de todo o texto literário que seu conteúdo e sua forma sejam inéditos. Isto afasta a literatura cada vez mais do domínio social de uma possível institucionalização — distanciando-a, a longo prazo, da competência de compreensão de grupos cada vez maiores de leitores.

VI

Pode-se considerar a literatura do "alto modernismo" — assim denominada segundo uma formação vocabular anglo-americana — do início do século XX na Europa e na América do Norte, a literatura de Joyce e Pound, de Döblin e Marinetti, Artaud e Breton, como produto de uma convergência de diversas crises que já se preparavam na mídia "literatura" do século XIX. Sobretudo, no mais tardar por volta de 1920, ao fim de uma série de inovações cada vez mais frenéticas, um conjunto de escritores altamente influentes parece ter abandonado a esperança de reconquistar, com as técnicas discursivas específicas de seu meio, a possibilidade de representação do mundo, colocada em questão há já um século. Isto comprova, ainda que tardiamente, o prognóstico do "fim dos períodos da arte" — ao menos para aqueles observadores que, com Hegel, dispunham-se a ligar o conceito global de arte à função de representação. Como reação a um tempo corriqueira e extremamente esotérica a essa experiência, instaurou-se o gesto de dificultar ativamente e em última análise impossibilitar a função representativa dos textos (e, pensando na pintura "não figurativa", também a função representativa de meios estéticos não-textuais) ao introduzir a formação de figuras semânticas no nível do conteúdo. Esse bloqueio de plano do conteúdo e da função tradicional de representação torna-se o princípio de movimentos artísticos como o dadaísmo e o surrealismo. Junto com a automarginalização técnica da mídia "literatura", o gesto, agora já convencional, de automarginalização social perde, entre os escritores, aquela ironia e aquele caráter ambíguo que lhe deram vida durante décadas. Para autores como Hart Crane, Louis-Ferdinand Céline ou Zora Neale Hurston, a impressão de uma excentricidade insuperável torna-se de tal modo uma experiência existencial avassaladora, que a sua postura perante os leitores se converte muitas vezes em misantropia. Faz parte desta amargura a crescente crença na "carência de função" da mídia "literatura", que na verdade não é nada mais do que um presságio, um tabu, atrás do qual se podem realizar os efeitos compensatórios e reconciliadores dos textos literários. De modo geral, porém, a mídia "literatura" encontrava-se definitivamente perante seus receptores potenciais numa situação em que — como formulou Niklas Luhmann certa vez[7] — as condições da inclusão na comunicação literária, dada a sua complexidade, tornaram-se *de facto* condições para a exclusão. No século XX, a literatura é definitivamente apreendida como um meio de comunicação esotérico.

Junto com esses gestos excessivos, desesperados e altamente provocantes do alto modernismo, surgem, durante os anos 1920 — sobretudo naquelas culturas nacionais em que as transgressões autodestrutivas de movimentos como o surrealismo eram quase que exceção: na Itália e na Alemanha, por exemplo, ou na Argentina e na Espanha — novas formas (rompendo com o realismo do século XIX) de representação e interpretação do mundo, que no plano da auto-referência apresentam-se muitas vezes como "realismo mágico". Ligaram-se a essa jovem tradição, no último terço deste século, autores da América Latina, Ásia, América do Norte e Europa, que se empenharam — amiúde com sucesso — em reconquistar, para a literatura, as funções da representação do mundo e da fundação de sentido — mas, sobretudo, seus leitores. Apesar dos notáveis sucessos do realismo mágico ou de determinados gêneros e discursos "pós-modernos", não se deveria encobrir com um tabu a questão de saber se a mídia "literatura", cuja continuidade se iniciou historicamente na cultura ocidental, não se aproximou, nesse meio tempo, de seu fim histórico. Pois alguns dos componentes que, no transcorrer dos séculos, foram cunhadores de identidade e de função para a literatura, parecem ter perdido, na cultura da nossa época, seus pontos de referência extraliterários. As sociedades ocidentais de tal modo se dessensibilizaram diante de diversas formas de transgressão que a provocação efetiva só pode ser suscitada por "efeitos especiais" com uma intensidade que um meio ligado à leitura solitária não pode produzir. A ficcionalidade como suspensão consciente do ceticismo pressupõe um mundo onde são valorizadas todas as experiências com os binarismos "real/irreal" e "verdadeiro/falso" — pois ficção não é nada mais do que a suspensão temporária desses binarismos. Se é verdade, porém, que as imagens produzidas hoje pelo cinema e pela televisão são cada vez menos classificadas como "reais/irreais" e "verdadeiras/falsas" e que a percepção da diferença entre as imagens televisivas e a experiência visual primária desaparece cada vez mais, então é possível prever também a obsolescência da ficcionalidade enquanto dimensão pragmática. Finalmente, os novos meios técnicos institucionalizados desde o fim do século XIX introduziram padrões na produção da presença à distância, com os quais os textos impressos em livro praticamente não podem concorrer. Sob diversos planos da percepção, eles permitem às pessoas ausentes no espaço tornarem-se corporalmente presentes numa tela — sem que essas pessoas percam sua presença intelectual diante dos *media* tradicionais.

Não é impossível que a sobrevivência da mídia "literatura"

dependa inteiramente da questão de saber se a conjectura clássica — e desde sempre vaga — de uma mais-valia inerente a ela pode ser deslocada para novos eixos de associação e de funcionalização. Poderia a literatura, por exemplo, num sentido intensificado e concretizado em relação ao século XIX, se tornar um substituto para a religião? Aqui, até que enfim, se coloca também a questão do preço a pagar pela sobrevivência da literatura.

Notas

[1] [ficção e não-ficção]

[2] [suspensão voluntária da descrença]

[3] [Farei un verso sobre o puro nada: / não será sobre mim nem sobre outra pessoa, / não será de amor nem de juventude, / nem de nada mais, / acabei de trová-lo dormindo / sobre um cavalo. // Não sei em que hora nasci, / não sou alegre nem triste, / não sou estranho nem sou íntimo, / nem pode ser de outro modo, / porque assim fui enfeitiçado de noite / sobre uma alta montanha.] Alfred Jeanroy, *Les chansons de Guillaume IX, Duc d'Aquitaine (1071–1127)*, 2ª ed., Paris, 1964, p. 6.

[4] [Fiz o verso, não sei sobre quem; / e o enviarei àquele / que por outro o enviará de minha parte / lá para Anjou, / para que me envie de seu estojo / a contrachave.] Alfred Jeanroy, op. cit., p. 8.

[5] Cf. a mais detalhada e amplamente documentada versão das observações históricas apresentadas neste segmento em meu artigo: "The Transgression(s) of the First Trobadour", *Stanford French Review 14* (1990), pp. 117-142 [reproduzido neste volume às pp. 35-66].

[6] Cf., por exemplo, as contribuições para o volume editado por Gisela Smolka-Koerdt, Peter M. Spangenberg & Dagmar Tillmann-Bartylla, *Der Ursprung von Literatur. Medien, Rollen, Kommunikationssituationen zwischen 1450 und 1650*, München, 1988.

[7] Niklas Luhmann: "Das Kunstwerk und die Selbstreproduktion der Kunst". In: H.U. Gumbrecht & K. Ludwig Pfeiffer (orgs.), *Stil. Geschichten und Funktionen eines kulturwissenschaftlichen Diskurselements*, Frankfurt / M., 1986, pp. 620-672, aqui p. 628.

[8] Niklas Luhmann, "Ist Kunst codierbar?", *Soziologische Aufklärung*, vol. 3. Opladen, 1981, pp. 245-266.

Este livro foi composto em Sabon pela Bracher & Malta, com fotolitos do Bureau 34 e impresso pela Editora Parma em papel Pólen Soft 80 g/m² da Cia. Suzano de Papel e Celulose para a Editora 34, em maio de 1998.